人本哲学视野下的课程与教学论

胡绪阳 著

语文德性论

湖南师范大学出版社

图书在版编目（CIP）数据

语文德性论/胡绪阳著．—长沙：湖南师范大学出版社，2010.1
ISBN 978-7-5648-0016-1
Ⅰ．语…　Ⅱ．胡…　Ⅲ．汉语—教学研究　Ⅳ．H19

中国版本图书馆 CIP 数据核字（2009）第 018030 号

语文德性论
◇胡绪阳　著

◇责任编辑：蒋旭东
◇责任校对：黄　莉
◇出版发行：湖南师范大学出版社
地址/长沙市岳麓山　邮编/410081
电话/0731.88853867　88872751　传真/0731.88872636
网址/http：//press.hunnu.edu.cn
◇经销：湖南省新华书店
◇印刷：国防科大印刷厂

◇开本：710×1000　1/16
◇印张：19
◇字数：320 千字
◇版次：2010 年 1 月第 1 版　2010 年 1 月第 1 次印刷
◇书号：ISBN 978-7-5648-0016-1
◇定价：38.00 元

总　序

这套丛书是由湖南师范大学课程与教学论的一批博士、教授和博士生指导教师们合作完成的。

课程论已有许多流派，大都来自国外。这些年来，虽然我们也介绍和研究其他学派的状况，但主要还是自我探索，逐步建立自己的理论，我们相信做到一定地步就会有自己的风格。

哲学天然地与教育学靠近，教育学跟哲学也如此靠近。实际上，把教育的一般理论工作做好，哲学就到了我们这里。所以，重要的就是我们做好自己的理论工作。

这套丛书中有一本名为《教育基本原理》就是直接做这种努力的。我们所建立的理论是在我们自己心灵里长出来的，也许有借鉴，但不会去做任何移植，而只是按我们本来的理解去做的。如果哲学也在这里显现了，那也是不请自来的，我们只需要虔诚地做自己的工作，并不刻意求助于什么。

已经有人问：这个哲学有命名吗？甚至有人为我们命名。事至如此，就干脆也取个名吧，它就叫人本主义哲学，或人本主义教育哲学。

本丛书的其他各部都是直接讨论课程的。我们也曾做过课程哲学（人民教育出版社 2003 年版《课程与教学哲学》）。这里的每部课程论著作都尽可能作了理性思考，它与一般的教育理论有相近的品格，这种理性思考常常自然地成了一种哲学阐释。

人的课程是我们人本主义哲学的一个专门概念，特在此对其作一个简要的阐述。

一、人的教育

因为有了人，才有了教育；人将教育办成是人自己的教育，教育当然地就是人的教育。可是，曾几何时，某些宗教力量、政治力量力图左右教育，使教育变形、变异，不再像人的教育。

我们曾经把教育视为上层建筑，又曾经把教育视为生产力，教育总不是自己。上层建筑是上层建筑自己，生产力是生产力自己，唯有教育不是自己。

我们曾经要教育为政治服务，又要教育为经济服务。而教育是直接为人本身服务的，经济间接一点，政治更为间接，曾经是要最直接为人的发展与幸福服务的事业去为那些离人相对较远、相对间接的东西服务。本应当是经济为教育服务，政治更应当为教育服务，但是倒置了。这种倒置反映的是教育低下的地位，实质上反映的则是人的地位低下。教育不被作为人的教育来看待。

教育在让人成为工具的过程中自己也变成了工具，成为为另外一些东西服务的工具。那些东西若善待人、善待教育，教育未尝不可为之服务，教育服务是有条件的；然而，那些东西为人、为教育服务则应是无条件的。当然，这也被倒置了，教育甚至被迫去无条件地为那些损害教育的东西服务。

教育自己也不很争气，自己也随声附和地说了不少，教育自己也没有把教育看做是人的教育，我们的许多教育理论都没有这样看。教育总是借用别的学科的理论来作为自己的基础，教育理论曾长期没有自己独特的概念和命题，没有自己的东西来阐明自己，来指引自己，总依赖别的什么来指引。

当然，人们已经可以看到，教育正在回到人间的途中，但是教育真正成为人的教育尚需时日。

二、人的课程

学校事实上是通过提供课程来提供教育的。假定教育已经意识到自己是人的教育，然而，在课程还不是人的课程的时候，那种意识就还只是意识而已。没有人的课程，人的教育会在何方？

我们有语言课程、文学课程、体育课程、数学课程、物理课程……难道它们不都是人的课程吗？人教着，人学着，还会不是人的课程吗？

可是，我们可以比较一下，同是数学课程，有的更像人的课程，有的就离人很远；同是体育课程，有的更像人的体育课程，有的就还差得很远。

没有非人的教育，人的教育的概念也就没有意义；没有非人的课程，人的课程的概念也没有意义。

有一部教育学著作在讨论到“学生”这一节时，第一句话是这样的：“学生是人”①。当年，笔者在看到这句话时曾经惊讶不已——“工人是人”、“农民是人”的话在哪里有过？还需要说“军人是人”吗？怎么会有“学生是人”这样的命题呢？若不知其背景，真还以为中国的教育学已经到了无话可说的地步，事实上，那是历史的哀叹：学生曾经不被视为人。若深切地知晓过去，还会进一步感受到这句话沉甸甸的历史分量。

非人的教育并不是一个杜撰出来的纯粹概念，非人的课程也绝非只存在于想象之中。历史可以证明这一点，并且，虽然现实在变化，却也还在继续证明着这种存在。

本应当人于其中活灵活现的课程（如哲学），却让我们很难看到人；本应是充满着人的意念、情感的课程，也让我们很难看到这些唯有人才有的精神世界。即使是物质科学方面的课程，在那里也不应当是见物不见人的，然而，不幸的是，我们更难看到人。在课程里，我们更多看到的是威严、清冷，更多看到的是条律和指令。人的世界是那样的遥远。

三、“人的课程”特征

在物质科学中，我们看到的只是物质吗？从纯粹的科学课程中我们当然只能看到表达力与加速度关系的$f=ma$，表达万有引力的$F=k\frac{m_1m_2}{r^2}$等，这里没有人。可是，人在科学的诞生过程中早已把自己的光芒投射于其上了。

数学更具有纯粹的形态，在$f(x, y, z)=0$之中，不仅看不到人，也看不到物。可是，在数学的发展历程中，充满了诗情画意，充满了激情与喜悦，在数学的那个世界里，可以看到人世间的一切美丽与灿烂。

后现代课程观中有一个关于“三 S”的思想：科学（Science）、故事（Story）、精神（Spirit）②。“三 S”偶然地揭示了科学、故事和精神三者之间的关系，在科学的故乡有故事的海洋，有精神的殿堂。

---

① 南京师范大学教育系．教育学［M］．北京：人民教育出版社，1984：127.

②［美］多尔．后现代课程观［M］．王红宇，译．北京：教育科学出版社，2002：中文版序第2页.

所有这些，已经让我们有足够的理由认为，即使是科学课程，也应当成为人的课程。

“人的课程”可以具备以下一些特征：

(1) 它不只是在叙说着真理，也应是闪耀着思想的；

(2) 它不只是静态的、物化的，也应是流动的、人化的；

(3) 它不只是思想流、意识流，还应是情感的流淌、意志的奔驰；

(4) 它不只是供认识、供思索的，还应是供欣赏、供品味的；

(5) 它的呈现方式不只是平实的、生动的，还应是亲近的、情深意长的；

(6) 它不是耳提面命，而是带来自由生长；

(7) 它不是居高临下的唠叨，而是引发无限遐想；

(8) 它不是冷漠的说教，而是让受教育者忘却自己是受教者，教育者忘却自己是教授者，它们在边界模糊的空间里畅快地交流，共同发展；

(9) 人在课程之中，而不是在其外；课程在人之中，而不是在其外，人与课程融合成为主客体融合的融化剂。

人的课程的崇高使命是实现“从无知到智慧的过渡，从缺乏到充足的过渡，从缺陷到完善的过渡，用希腊人的说法，就是从无生命到有生命的过渡”①，从自然人到更高大、更高尚的人的过渡。

四、“人的课程”在历史中

发展理性与心智的追求成为课程核心的思想，由来已久。而自由知识被认为是最有效体现这一思想的观点，也具有同样悠久的历史。

自由知识之所以被称为自由的知识，是因为它被视为是使人成为自由人所最必需的知识。以自由知识培养自由人的思想作为一个主流贯穿教育史，从而人的课程也以自然的方式存在着。

今日的课程改革是否意味着对于自然偏离的一种觉察呢?

实际上，当“人的课程”尚没有充分呈现在我们面前的时候，课程在许多方面在远离人。

在这个过程中，当专业课程因专业出现而带来挑战之时，有纽曼等人出

① [美] 杜威. 民主主义与教育 [M]. 王承绪，译. 北京：人民教育出版社，2001：349.

面迎战过；当职业课程因职业教育的兴起而带来挑战时，有赫钦斯等人出面迎战过；杜威更宣称“教育的过程，在它自身之外没有目的”①，课程作为过程，在它自身以外没有目的，人自身就是目的。这一历史表明，人的课程在曲折的发展过程中，不断地增强着自己的生命力。

外在目的的诱惑力对课程形成的挑战还在以更多的、新的不同方式表现出来。功利主义者不明白，人自身是目的不仅对于课程是最重要的，同时对任何外在目的的实现也是最有效的。但是，教育自己应当明白，唯有教育以自身为目的时，它才是最强大的，也是对其他任何领域作用最大的。

面对挑战，并不只有“舍我其谁”的唯一选择，调和也是很好的出路，但是自由教育精神作为灵魂的存在地位未在调和中动摇。这样，“人的课程”就有了更大的作为来起引导的作用。

不能不看到的一个历史现象是：在中国社会里，在现在这个 30 年之前的那个 30 年里，课程偏离“人的课程”的情况特别严重；这种严重虽然正在消退，但这种消退更多的是时间的自然洗礼，而并没有一种大觉醒之下的洗涤过程。

目前，教育理论的研究大都在大学里，而中国大学从未有过自由教育的传统，曾有过蔡先生、梅先生带来的一段辉煌，然而，他们既没有来得及完全改变中国的先天之不足，又没有可能对后天更为远离自由教育的历史产生大的影响。我们没有理由苛求前人，我们只有理由面对历史并再写历史。

五、不只是文本的改换

在社会生活中，在正常的逻辑之下，政治乃源流之流，乃本末之末。然而，正常的逻辑常常被打破。中国曾出现过本末倒置的一个登峰造极的年代，与之相伴，有一种崇尚物质、崇尚客观的哲学，并以崇尚物质来排斥意识，以崇尚客观来排斥主观。所谓意识，其高级形态唯存在于人身上；所谓主观，即主见、主意、主张等，也只属于人。因而，排斥意识、排斥主观，就是排斥人。这种排斥人的哲学至今仍处于支配地位。与这种排斥人的哲学相联系的还有一系列观念，其中许多许多依然如故地留在我们的教科书中。

---

① ［美］杜威．民主主义与教育［M］．王承绪，译．北京：人民教育出版社，2001：58.

我们似乎说到了与教育无关的哲学。可是，又是杜威说得好："哲学甚至可以解释为教育的一般理论。"① 在杜威那里，哲学可以由教育理论来解释；在我们这里正好相反，教育理论常常拿哲学来解释。我们的教育理论没有自己的灵魂，因而，我们没有杜威那样的感受，不会感受到"教育乃是使哲学的分歧具体化并受到检验的实验室"②。

教育哲学若只是别的什么哲学向教育学作一个移植的结果，那是没有多大意义的。哲学是生长出来的，教育哲学也应当是生长出来的，而且应当是在教育自己的土壤里生长出来的。这是一块特别肥沃的土壤，如果在这里没有生长出真正的教育哲学来，那么，教育唯有检讨自己。哲学是思想的思想，教育哲学是关于教育思想的教育思想。当教育没有自己的思想，也没有关于自己的思想的思想时，我们能奢望一种真实的教育哲学吗？

当一种并非人的哲学仍是时局的主流的时候，当教育仍然拿这种哲学来解释教育的时候，我们让教育真正成为人的教育，并不可避免地要由人的课程来体现教育的理想，是现实的吗？

教育理论的那种崇高地位——例如哲学可以由它来解释的那种地位——应当是课程理论也能享有的。所以，不应认为课程改革只是文本本身的变革。课程观念的变革并不需要与文本本身的变革分开，然而，后者更不应当与前者分开。

六、"人的课程"成为现实

《几何原本》作为课程或课程的基本内容，已经走过了两千多年。它以一种纯粹理性的方式存在，而这种纯粹理性所显示的生命力，比许多平庸的实践理论不知胜过了多少万倍，它抚育出来的不仅是无数的科学家，还包括了大量的思想家和哲学家。

今天，电脑已经可以把包括《几何原本》中所有命题在内的欧氏定理全部推演出来。可是，曾经出现过的在课程中完全去掉欧氏演绎系统的课程思想立即被否定了。电脑用以取代智慧，《几何原本》则用以生长智慧。基于这

---

① ［美］杜威. 民主主义与教育［M］. 王承绪，译. 北京：人民教育出版社，2001：347.
② ［美］杜威. 民主主义与教育［M］. 王承绪，译. 北京：人民教育出版社，2001：348.

一点，人的课程成为现实才有了根底。

文本的变革是必要的。现代的演变太令人眼花缭乱了，科学的突飞猛进与人文的不断回首总是以不同形式冲突着。但是，好像总不是你死我活的，在后现代的猛烈批判中，我们就看到它极力地借助现代成果，后现代在回首前现代时才成为与现代的正式对话者。《几何原本》可以说是科学领域中的古典，它也不可能完全不经受现代的冲刷，但它最珍贵的一部分，在那些越是珍惜现代的人眼中越被看重。现代和后现代正是这样不知不觉地都倚重了前现代。因此，时间的尺度在课程变革中并不是关键因素。

这其中，我觉得比文本更优先的仍然是观念，文本本身很难得将不变的和演变着的观念充分有效地承载下来。

课程思想、教学思想的变革对于中国社会更为迫切。在 80 年前、90 年前、100 年前的中小学文本照耀之下，不是出现过中国近代史上的一大批可称得上思想家的大师吗？而近半个世纪来在课程与教育的不断翻腾中我们为何反而不见了大师？

文本的先进在于思想的先进，更在于执掌文本的人的先进。我们可以把教学的整个展开过程都置于课程视野之下。如果是这样，文本意义的相对性就更明显了。

人的课程所标示的不仅是人在课程中，更重要的是课程在人中。在中国传统中，只有一个人的权利是天赋的，其余人的权利是由天赋者赋予的。中国教育并没有从这种传统中解放出来，中国课堂里普遍的令人窒息的沉闷局面仍然可怕地存在着，这只是这种传统力量仍然存活着而不难被人感知的现象之一。在这种情况下，任何好的文本本身也会被窒息；反之，不是特别优秀的文本也能优秀起来。

人文主义、新人文主义，在文明史中一直扮演着最重要的角色，在教育领域尤其如此。可是，在中国教育及其传统中，它是极其微弱的。比如说，我们从未把全面发展视为学生的天赋权利，而只是视为外界加给他们的一道指令，因而，我们从未把全面发展的实质视为自由发展、个性发展。那些表现学生课程权利的质疑权、误思权、选择权的天赋性更不被注重。

尽管我们在课程改革中已经做了很多实际工作，但是，思想的变革更需要普遍的看重。尽管在课程改革中还可以做很多实际工作，但若没有最能显示人性的思辨工作，其生命力是很有限的。教育科学的发展也在证明这一点。

在中国大陆，一波规模宏大的解放思想、思想解放的潮流正在涌动。奇怪的是，在教育领域里似乎很难感受到这一潮流的强势涌动。在一个更需要思想解放的领域里，甚至是一个更需要复兴和启蒙的领域里，我们感到它是过于平静或冷清了。

即使如此，在每一位教育工作者那里，在课程理论工作者那里，自我的思想解放是完全可以由自己来主宰的。于是，点点滴滴的进步与发展总是可以期待的。并且，盼望这点点滴滴能汇成根本变革的洪流。

这套丛书只是我们过去十年工作的一部分，下一个十年，再下一个十年，我们将继续努力，以丰富我们的人本主义课程哲学。

张楚廷

2009 年 9 月 9 日

序

我珍爱语文教育研究园地里长出的每一片绿叶、绽放的每一朵红花，因为我期待并欣赏着语文教育研究天地里美好的春天，以至期待着树木与森林的繁茂。我总是为我们语文教育研究取得的每一分成绩和进步深感快慰和舒心。由此，我欣喜地把《语文德性论》推介给读者诸君。胡绪阳同志是湖南师范大学2006届博士，出版的这部专著就是他的博士学位论文。作为本书文稿的第一读者，在对论文的几次批阅中，我从字里行间感受到他对语文的情怀、思想和精神，也感悟到他对人的情怀、思想和精神，当然，也能清晰地感触着洒落其间的智慧、汗水与辛劳！因此，感到有必要将此书及其相关的背景予以言说。

语文是从一个民族的心脏里走出来的一门学科。就像一个历经了时代更替的人一样，我国的语文教育也是历尽沧桑，然而又在不断自新，不断向前。特别是学科定名来的百年，语文因其复杂而多维，因其深邃与神奇，吸引了多少学人的眼光和心愿，论争、实践，实践、论争，一种理还乱的情形却总是在伴随语文的生命历程，总是还不能让语文学科价值的光辉完全闪耀。然而，尽管如此，语文却始终在不以人们认识的深浅而深深地影响着拥有她的民族。因为，语文经由语言积淀、传承着民族文化，又由民族文化构建、传递着民族精神，民族精神滋养、激励着民族的新一代。语文，既是民族生命之根，也是维系民族生命之脉！鉴于此，我期待我的学生有人能在语文本体理论的研究中有所专攻，有所发现。我由此产生的命题是：语文的品质是什么？只有明确了事物的品质，才能找到事物的价值，也才能发挥事物价值的作用。对语文品质的研究是语文教育研究的基础工作。

《语文德性论》是对这一命题的一种回答。作者本着对“语文之于人生何以有着如此深沉而美好的影响”的深入探究，阅读、访问、探寻、冥想，并最终发现——“德性端坐于语文的高堂”！因此，作者从哲学的高度，紧紧抓住语文、德性、人生三者的内在关系，深入分析语文的内涵品质和教育价值，并依此对语文课程进行理论构建。这不能不说是语文本体论和语文课程论研究的新视野、新开拓。学生所取得的成绩，作为指导教师，那种心情也是一如己出，感同身受。我内心高兴，却又不宜有太多溢于言表，但论文评审专家们的这样--些评述，却是对我们师生共同的鞭策与勉励：

——有哲学高度，有学术深度，从语文课程系统思考，有广度。

——视野开阔，站位高，命题科学合理，勇于创新。

——全方位，多角度，辨析系统，观照全体，观点和角度都有所创新。

——初步建构了语文学的一些基本理念，有较强的创新性。

——从哲学视域审视语文，提出"人是德性的动物"这一命题，立意深远，颇见功力。

——以论为主和以史为据对德性生成是语文学科教育的最高纲领进行阐述，多能给人以新的启迪。

——多层面、多角度地探讨语文德性观，表明作者勇于和善于尝试创新的研究范式。

当然，从语文课程与教学论的角度，我也感受到论著中的一些精华和独创之处。总的说来，通过语文德性论的阐述，语文学科独特的人文价值得到了较好的表述和伸张。具体说来，我认为这么几点是值得读者们研读和把握的：

其一，以德性为核心的语文学科人文性的内涵。语文学科具有人文性特征，这已经得到业界的普遍认同，但人文性是不是语文学科独有的本质特征？语文学科到底有哪些品质？人文性是不是虚无的？有哪些具体内涵构成？本文对这些问题都作出了深入的分析和回答，为落实语文学科人文性价值找到了一个合适的切入点，也对语文课程标准的实施提供了理论依据，确实有着积极的意义。

其二，以德性为媒介的语文与人生的相互关系。语文学科对受教育者有着深远的影响，这种影响不仅体现在语言层面，更体现在文化与精神层面，这种深层次影响来自语文学科固有的德性内涵。这一认识揭示了语文人文性意义的根本所在。正是因为语文学科的德性内涵和德性教育价值，语文才具有了对人生无与伦比的学科影响力，语文学科也因此更具人生价值。

其三，德性视角下的语文学科品质、价值及教育目标。语文学科性质是语文理论研究不可绕过的一座高山，作者通过对现有各种语文性质观的批评，提出了语文性质的复合文化性。同时，通过对语文德性品质的深入分析，作者提出了语文“3D”内涵合构和“3E”教育价值理论，并进而提出语文学科教育的三级纲领：以语言掌握为最低纲领，以智慧发展为中级纲领，以德性生成为最高纲领。这一理论对认识语文的内涵、品质、价值显然有着独特的理论创见和很高的学术价值，它将一直停留在以“双基”目标为标志的语言认知和应用层面的工具性意义的语文学科价值推进到以基础语言、基础智慧、基础德性为内容的“三基”价值体系，对全面理解语文性质和语文教育目的有着积极意义和启发性。

其四，德性观下的语文课程构建和语文教学实践。论著在对语文德性的深入分析阐述基础上，生成了指导语文课程建设和教学实践的上位理念——“语文德性观”，并在这一理念指引下，初步提出了语文课程的系统构想，指出语文教育从外在的工具意义走向内在的心灵意义、从“知识型”走向“德性型”的发展方向，对当前语文新课程的实施富于启发意义。

我个人认为，德性观是上位的、宏观的，这一理念所具有的人文性和生命性，不止于对语文课程与教学论的理论和实践意义，而是对整个教育都具有普适价值。因此，不仅是对语文教育研究者、语文教育教学实际工作者，而且对所有教育理论研究和教育实际工作者都有学习和借鉴的意义，我相信读者也一定能从中获得有益的启迪。特别是语文教育教学实际工作者，能够通过对本书的阅读，更全面地理解语文学科的内涵、性质、价值，在教育教学实践中，以人为本，尊重学生生命存在，重视发挥语文学科的人文价值，在语言基础上，致力于学生精神建构，培养富有德性的人，这应该正是作者的良好祈愿。

“任何一本好书，都难穷尽其所要探索的真理。”本书所倡导的语文德性观显然是很有理论价值和现实意义的，但在语文课程的德性内容、德性教学、德性评价等诸问题上，除了形而上的价值性倡导外，还需要对其在方法论的操作层面上给以规律性探索与回答，使理论研究更富于实践价值，这也正是值得作者乃至读者们共同继续深入探讨的问题所在。

这里还特别要说的是，作者深藏在这些思想和文字背后扎实的学风和严谨的科研精神。作者曾经在中学当过几年语文教师，现在是一位工作繁忙的机关干部，但他对语文教育教学的情愫一如既往，论著的字里行间充满了对语文的热爱和深情。也许正是在对语文教育教学有着切身体会的基础上，跳出语文行当来反观语文，更能从宏观层面来观照和审读语文教育教学的理论和实践。三年的博士学习和论文写作，他是扎实的，研读了大量学术文献，从论著中所涉及的广泛的学科领域就可以体现出他治学的态度；三年间他撰写并发表了多篇高质量的学术论文，其中在《教育研究》发表两篇，在《求索》发表一篇并被人大复印资料中心《伦理学》全文转载。这些都是他以及本书具有厚实的理论基础的明证。他的学术论文观点鲜明，创新性强，体现了他敢于创新和善于创新的精神。而他优美流畅、清新活泼的文笔，更显其可贵的学术品格。

胡绪阳博士学位论文《语文德性论》有幸被湖南师范大学出版社作为《课程与教学哲学研究》丛书之一推出，我为本书的出版感到由衷的高兴。与作者的愿望一样，此书的出版，是为了让关心和热爱语文教育乃至关心和热爱教育的同行和各方面人士，共同参与研究书中所涉及的、仍需要继续研究的诸多课题，以此推动语文教育理论研究与教学教改实践的发展。

是为序。

周庆元

2008 年 5 月于长沙

（作者系湖南师范大学教授、博士生导师，中国高等教育学会语文教育专业委员会会长）

目 录

下编 德性之行：语文的课程理念

引言

我们从不空着手进入认识的境界，而总是携带着一大堆熟悉的信仰和期望。

——H. R. 尧斯：《审美经验与文学解释》

（一）

我热爱语文，因为她教会了我听说读写，让我学会了更好地与人交流，让我亲近了祖国语言；我热爱语文，更因为她丰富了我的情感，成熟了我的思想，蕴藉了我的精神，她让我真诚，让我善良，让我美好，让我成为走向德性的高尚的人，她以德性之知、德性之力、德性之美丰富着、滋养着我珍贵的人生！

我热爱语文，过去，她哺育我长大，现在，我长大了，就想研究她是如何哺育了我们的心灵、精神和生命。

如果说，一个论题的提出，一定会有一个由头，一定会有其实践基础和现实背景，那么，如上所言，就是我之所以甘于跋涉在语文这高山大河的原动力。当然，提出一方面的话题，除了个人对一个事物的独特情感之外，还必然有对这一事物的理性认识，这种认识正是基于当前语文学科的基本语境，这就是，作为教育科目的语文，在很长时间中深深受到工具论的指引（当然，这种指引有着不可弃置的积极意义），在语文教学实务中，体现出一种完全的"工具化"，是一种绝对工具主义。在这种工具主义理念之下，使得"生命及其价值失去了终极的根由，工具价值凌驾于生命价值，人的生命存在降格为物的实在"①。尽管一直以来，语文在培养人的方面，不仅在语言学习、知识

① 金生鈜．德性与教化．长沙：湖南大学出版社，2003：21．

传导、文化传承方面起了重要作用，而且在人的道德教育、品质生成、精神建构方面起了重要的作用。然而，随着社会的发展，科学的进步，知识的迭新，语文作为一门学校教育学科逐渐迷失了自我，在作用于人的发展中逐步退位，语文的价值逐步被低视，在理论上和实践中，直至定位于交流的工具和从属于别的学科的工具。同时，在教学实践上过度追求科学化，“简单地把对付物理世界问题的方法移植到精神世界的问题上来”①，“背离了语文教育的特点，不但降低了语文教育的效率，而且也伤害了学生在语文学习中的兴趣和创新意识”②。由于理论上对语文学科的内涵、本质和价值模糊的甚至是不科学、不正确的认识，使得我国的语文教学实践没有完全沿着正确、科学的道路行进，也就使得语文教学没能充分发挥其应有的育人功能和学科价值。具体说来，建国以来，我们对语文学科性质的认识一直统率于工具说，即使在人文觉醒的新时期，语文学科的人文性得到了比较广泛的认同，但是现行的语文教学实践中仍然是被工具论引领下的科学主义主导着其生命历程，语文教育改革始终没能摆脱科学主义的桎梏，语文教育始终没能呈现其应有的生机与活力，语文的精神始终没能充分武装人的精神，语文的灵魂始终没能深入走进人的心灵。尽管在近些年来，随着后现代意识的传播，作为落实语文学科价值的语文课程在理念上开始走向人本，开始关注（在历史中，曾经是非常关注）“人文”。尤其是在世纪之交，在世界课程改革大趋势背景下，在“建立具有中国特色的基础教育课程体系”③、“努力建设开放而有活力的语文课程”④ 的要求下，通过对语文教育的反思，在语文学科性质的百年论争基础上，《语文课程标准》确定了“工具性与人文性的统一”的语文性质理论思想。但是，面对宏大的、抽象的“人文”，我们并没有真正为语文课程找到一个恰当的切入点，在语文教育实践中，人们还在绝对地“工具”着，或者还在“工具”和“人文”中徘徊着，或者在散漫地、无理性地、人云亦

① 语文课程标准研制组编写．全日制义务教育语文课程标准（实验稿）解读．武汉：湖北教育出版社，2002：36.

② 语文课程标准研制组编写．全日制义务教育语文课程标准（实验稿）解读．武汉：湖北教育出版社，2002：36.

③ 语文课程标准研制组编写．全日制义务教育语文课程标准（实验稿）解读．武汉：湖北教育出版社，2002：1.

④ 语文课程标准研制组编写．全日制义务教育语文课程标准（实验稿）解读．武汉：湖北教育出版社，2002：41.

云式地开始向“人文”行走着。我们的真正感受是，对语文的整体价值的认识和运用还处于“半遮面”，还处于一种“月蚀”状态，被纱巾、被地影所遮蔽的，模糊的或者干脆还是黑暗的那一面，就是语文课程重要的价值之维——“人文”，而其核心即是人类伟大的德性！在这样一种语境之下，我就想对语文的整体价值、语文之于人的内在精神与生命意义，去说些话，告诉大家我的认识，说实在的，也想为语文“人文”意义的弘扬找到一个合适的入口。大凡开展一项研究，都必须基于其内在的价值，否则行为就没有意义。在开展本研究之前，常常向自己追问：我为什么要讨论此题？试图说明点什么？依据什么？我何以把语文中除作为媒质的语言部分外所固有的内质部分之核心理解为“德性”？何以如此执着地把有限的目光注视在语文中的“德性”品质？何以观照我们伟大的语文的本体？由此何以去关怀我们崇敬的语文教育的未来？自己对这些问题的沉思、疏通与回复就是本研究的实质任务。

对人类德性，我始终保有高度的热情和期待。我始终认为德性是人类精神中最核心、最文化，也是最富于生命意蕴的所在，尽管我并不希望像威廉·贝内特①一样被人们看作“文化保守主义者”。从人的生存实践的视域看，德性是人生的航标、生命线和营养剂。“德性是人类精神的灵魂，有了它才有发光的精神，这种精神不仅使人类享受高尚化，而且成为人的生命力的‘启动器’。”② 每个时代，人们都期待和呼唤这个时代新德性的出现，同时又从人类传统德性中汲取生命的营养。德性培育既是人类最古老的一个话题，也是现代人类最关切的一个问题。我们知道，中国是一个重德的国度，中华民族是一个重德的民族，德性价值观念在中国传统文化中根深叶茂，以语文教育为主体的学校学科教育中，德性培育从来就是我们教育之要义。然而，一方面，在中国相当长的历史时期，德性被强烈地政治化，甚至成为束缚人的桎梏，成为为政治服务的阶级斗争的工具；另一方面，在现代社会，现代人随着知识价值引领，工具性思维主导，往往使世俗取代了理想，功利取代了德性，德性培育出现教条化、工具化倾向，失去了它原有的价值意义，失去了其生命的光泽。而当前，我国正处于一个由计划经济向中国特色社会主义市

---

① 威廉·贝内特（William J. Bennett），当代美国著名教育家，曾在里根和布什两届政府中供任要职，主持编写了一部风靡全球的《美德书》，被人们视为集教育家和职业政治家、社会文化人和媒体人等多重身份于一身的“文化保守主义者”。

② 陈根法．德性论．上海：上海人民出版社，2004：6.

场经济转型的重要时期，世界经济和文化得到不断深入广泛地交流，并走向全球化，价值虚无主义、享乐主义思潮和去德性化现象严重冲击着时代的精神文明建设，德性培育面临了严峻的挑战，也成为教育一个深重的责任。

需要引导发展。说到底，本研究的直接由头应该是当前国内社会对“人”本身的深情关切。新时期以来，作为一个高度政治化的社会主义本质的国家，中国，吹拂着一地春风——以人为本，实现人的全面发展，建设和谐社会——一种应然的社会发展理念得以张扬，形成主导当前社会生活的主旋律，主导意识形态的新思潮，由此也在社会生活的各个领域展示了丰富而生动的相关画卷：精神文明建设，以德治国，全面建设小康社会，建设社会主义的政治文明，构建和谐社会，加强公民道德建设，培养社会主义“四有”新人，加强未成年人思想道德建设，——显然，这些作为走向更高发展层次的社会理想的主题词就是一个字：“德”！“德”是“人”之“德”，没有任何脱离“人”而存在的“德”，那么，这些社会理想的着眼点和立足点说到底也是一个字：“人”！如何实现这些社会理想？如何造就具有新的德性理念的一代新人？“德”之于“人”有何意义？教育作为完成这一历史使命的重要社会载体，有着什么责任？教育如何促进人的德性生成？在这样一份宏大的社会责任、人类责任中，在中国社会历史文化背景下，如何认识和应用语文课程的德性价值？语文作为学校教育的一个学科，作为德性培育的重要课程资源，作为学校德育重要的实现途径，又应该担负什么责任？语文除了其语言意义之外，是否有着更高的价值取向？语文对于人的德性生成有何重要的意义？语文对人的精神世界的构建、对人生品质的形成有何重要的影响？基于这些追问与思索，本文得以潜入语文的内涵品质，发掘其德性意蕴与价值，并试图把语文引回教育的本质方向上来。

（二）

这是对语文课程和教学一个基于哲学层面的研究。从生命价值视角和人生意义视角对语文德性品质进行研究并依此在语文课程建构上作出探讨，尚没有发现前人专题的研究。但在我所要论及的德性、人的本质、人生、生命等基本哲学命题的研究上早已积累了大量丰富的成果，为本研究在理论上提供了坚强的支持和倚赖。本研究必然地基于对这些理论的认识：中外哲学、伦理学关于德性的理解，哲学、人学、人类学关于人的理解，社会学、教育学关于人生的理解，教育学、教育哲学、课程论、语言学、语文教育学等关于教育、课程、语文、语文教育的理解，等等。本书不着眼于阐述或评述各有关学科、各家的理论观点，主要将依据并援引他们的理论观点，分析、选择并新生自己的观点，在语文学科性质上则主要是寻求批评的目标和分析的依据。

在人论及生命哲学方面，马克思关于人的全面发展学说、马克思恩格斯关于人的一些论点、德国哲学家卡西尔的《人论》、福禄培尔的《人的教育》及当前有关人的发展理论，都是一些非常重要的理论。马克思认为“人是一切社会关系的总和”，人应当获得全面而和谐的发展，人有许多需要，他们的需要就是他们的本性，人也是按照美的规律来塑造自己；苏格拉底认为人是一个对理性能够给予理性回答的存在物，是一个“有责任的”存在物，是“一个道德主体”，亚里士多德把人定义为政治的动物，帕斯卡认为“人是思想的芦苇”，卡西尔从文化视角提出人是符号的动物的观点，福禄培尔关于学生期的人的教育理论，将是本书对人的认识的基本理论依据。生命是本书的一个主题词，从海德格尔的《海德格尔存在哲学》、胡塞尔的《生活世界现象学》、雅斯贝尔斯的《时代的精神状况》以及柏格森、多尔等的生命思想中获得帮助，认识生命的本源性、体验性和超越性，指引课程观的应然走向。

在德性理论方面，主要依据三个方面的成果：一是各辞典对“德性”、“德”的一些解释；二是我国古代思想家们对“德性”和“德”的认识；三是西方哲学、伦理学家关于德性的一些基本思想。理论著作主要基于麦金太尔的《德性之后》和金生鈜的《德性与教化》，两著作对西方德性思想均有比较全面的介绍与评述。同时，我国当代专家学者对德性研究的基本成果，如陈根法的《德性论》、吴安春的《德性教师论》、刘惊铎的《道德体验论》、高恒天的《道德与人的幸福》等著作及其他文献中对德性的阐释与理解。在西方，德性理论一直就是丰富多彩的，从古希腊荷马史诗展示了英雄德性，苏格拉底提出“知识即美德”、善是教化的最高目的、德性可教，柏拉图认为德性是“确保成功的品质”、“教育乃心灵转向”，亚里士多德的实践德性与理智德性、伦理德性理论，阿奎那理智的潜能，伊拉斯谟人文教化与德性品格，蒙田本我的教化、自然的德性，爱尔修斯的德性与利益，卢梭道德共同体与人性塑造，康德的德性教化以人为自在目的，密尔的个性的自由发展，克尔凯戈尔个人高于普遍性的伦理规范，尼采的生命意志的新道德，到麦金太尔向亚里士多德德性传统的回归等等。综观这些理论，思想家们对德性的认识定位于“品质”、“力量”、“手段”、“习惯”、“感情”和“欲望”。这些思想都是本书立论的理论基础。我们发现这些理论的共同特点，就是它们既是哲学和伦理学的，又是人学和教育学的，于本书有相契的积极意义。

在教育哲学及课程与教学哲学方面，主要文献依据是张楚廷《课程与教学哲学》和石中英《教育哲学导论》。张楚廷教授对后现代课程观、科学主义、社本主义、人本主义与课程的观照及其提出的人文引领的和谐课程观，石中英先生人生与教育、知识与课程、理性与教学、自由民主与教育，将是本书论述的指导性思想：即始终从人出发，来认识对象、思考问题。

在课程与教学论理论方面，本书并未太多地从纯课程论视角出发来讨论语文的德性品质，但也必然地依靠了不少课程理论的思想，在语文课程建构上给予了理论支撑。如泰勒《课程与教学的基本原理》，艾伦·C·奥恩斯坦《课程：基础、原理和问题》，汪霞《课程研究：现代与后现代》，钟启泉《现代课程论》，丛立新博士的《课程论问题》、郝德永博士的《课程研制方法论》对本书在课程视角上亦富于启迪。

在语文性质的理论方面，近百年以来的语文理论与实践的发展，形成的语文学科性质工具论、人文论、思想论、综合论、言语论、言语智慧论、悬置论、消解论等课程观，这些观点是本书吸收与批判的基础，其中工具论和人文论是当前主导思想，见于各家语文学科教育论著，为本书的论述提供了基本语境。

在语文教育教学方面，关于中学语文教育教学的编著繁多，尤其以教材类为多，就这些编著看，各家理论观点基本一致。在这些编著中，对语文学科性质的认识基本上在工具性、人文性、思想性、综合性等观点中徘徊，对语文教学的内容、目的、过程及原则在理论观点上都比较同一。本书主要以周庆元教授的论著《语文教育研究概论》为理论基础，并更着重于对著作中关于语文教育教学原理、语文教材研究成果的吸收与借鉴。同时，张隆华先生的《语文教育学》、《中国语文教育史纲》、《中国古代语文教育史》，朱绍禹先生的《中学语文教学概论》，周庆元教授的《中学语文教学原理》、《中学语文教材概论》、《中学语文教育心理研究》、《语文教学设计论》，饶杰腾教授的《语文学科教育学》，等等，均是本书的营养来源。张传燧教授的《中国教学论史纲》事实上对本书进行语文研究有着重要的帮助。此外，近年来诞生的一些语文教育新思维新成果当然地启发着我，也成为了我的理论依傍，如曹明海教授等编著的《语文教育文化过程研究》、《语文教育文化学》、《语文教育智慧论》，李维鼎先生、李海林先生为代表的言语智慧论。

此外，当前一些阐发教育新理念的著述，如石鸥《教育困惑中的理性追求》，刘铁芳《生命与教化》、《走向生活的教育哲学》，肖川《主体性道德人格教育》、《教育的视界》、《教育的理想与信念》、《教育的智慧与真情》，郭思乐《教育走向生本》，王庆坤《精神与教育》，冯建军《生命与教育》，等等，这些论著充满着对生命的敬畏、对精神的关怀、对学生的尊重、对教育的真情，成为本书德性论思想的理论基调。

(三)

本书通过探讨“语文—德性—人生”及由此生发的“语文教育—德性生成—人生品质”之间的承转关系，寻找语文的德性价值，从而充分认识、积极发挥语文的价值功能，加强语文课程建设，落实语文课程人文性要求，使语文教育更大程度上服务于人的根本发展，实现语文教育对“形成人”的价值和意义。

基于这样一个想法，本书将试图在这样一些具体问题上进行认真的阐释：德性是人的内在的一种以道德为核心的具有卓越特征和生命力量的精神品质，是真、善、美的统合，真、善、美是德性的最基本德目；德性与道德、人格、思想等有着区别；人本质上是德性的动物，德性发展是人的根本发展，德性人生是美好幸福的人生，是人生的最高境界；以建设社会主义精神文明、建设社会主义政治文明、建设和谐社会、建设小康社会、以德治国、建设公民道德、培养社会主义“四有”新人为具体音符的当代中国社会发展主旋律，实质上是一部以人为本、通过人的以德性为核心的全面发展促进德性社会形成的进行曲；文化是语文学科的根本内涵，语文学科的性质在于其复合文化性；语文不只是语言价值，语文是一个德性宝库，是人生之师，心育之母，语文教育的最高价值在于其对人的德性生成作用，语文教育应当把促进学生德性生成作为最高纲领；语文教育应当树立语文德性观，在德性教师、德性教材、德性教学、德性评价方面构建德性观下的语文课程体系，努力实现语文的德性价值，为德性人生的形成、德性社会的构建服务。

本书从人论视角出发，通过对语文、德性与人生三者之间的交互关系的讨论，阐述语文学科中的德性内涵对人的精神建构、对德性人生的催生作用，表明语文德性内涵在语文教育中重要的人生价值，讨论了德性的概念和内涵、德性的社会意义、德性的人生意义和德性的语文意义。从本体论角度，对语文学科的内在品质进行深入的解析，科学认识语文学科的性质，在文化本质的基础上凸显德性的内涵与价值。对语文学科性质之争进行解围，在文化视角下认识语文学科性质，并对语文学科价值进行新的审视，把促进学生德性生成作为语文教育最高纲领。在学理分析的同时，对语文德性从历时和地域上进行实践考察，从而通过认识语文德性应用的实然而认识语文德性的固然存在、重要价值及存在的问题。从实践论的角度，语文德性观对语文课程建设的一些主要方面提出理念性构想。用五个部分阐述了语文德性观的内涵，并在德性观指引下，对品质卓越的德性教师、以人为本的德性内容、体验统领的德性教学和教育本质的德性评价提出要求。提出了语文应当从“双基”走向“三基”，即由过去基本知识、基本技能（二者都是语言认知和应用层面）的单维度教育目标走向基础语言、基础智慧和基础德性的多维度教育目标。

诚然，本书将涉及的领域非常宽泛，许多问题我将无法也不可能有这个学力去深入论证：我不能够在人学、人类学上作出太深的思考，从而在哲学的层面上对“人”进行本体论的诠释；我不能够在社会学、政治学上开展全面的分析，从而在人之于社会的关联上做出真实的观察；我不能在哲学、伦理学上实现完整的认知，从而给“德性”以一个尊望的定义；我甚至不能在语言学、心理学和教育学上达到融通的理解，从而对语文的本质和价值做出最科学的界定——诸如此类，每一个触及点，都曾让多少学者大师穷尽了毕生精力，人们仍然没有达到所止，这也正是我探究的勇气所在。但我对所有这些关涉的科学的态度，均是积极认真的，我努力地就我视野力所能及的范围，对前人和今人的智慧进行采集、吸纳、融会，从而或拜受，或提炼，或新生，并借前人的理论基础和本人的体悟，成就本书之说——尽管书中可能“收之桑榆”而“失之东隅”，尽管其中的一些观点的论证并不完善——我自己认为，这样的努力仍然不是没有价值的。

值得在引言中就明确提出的，有三个相互关联的问题，本书十分在意人们的认识和评述：一是将“德性”与我们平常所习惯或所理解到的“人性”、“思想性”、“阶级性”、“道德”、“政治思想品德”等概念混同，从而将本书所要论述的立意进行压缩或移植，为此，我将在文中对“德性”作些必要的具体的分析，给出本书的理解，并与上述所列的相关概念进行必要的区分——事实上这种区分是如此的明显。二是将对语文“德性”内涵及其价值功能的讨论看成是一种“德育第一”、“政治挂帅”的翻晒，把历史的沉结转移到正当的讨论中来，对这个话题进行盲目的抵牾和排斥，而不愿以科学的态度和方法来正确待之。三是把“德性”在“阶级性”和“时代性”方面的特征过于强化和具体化，用某一个阶级阶层的、某一个国家地域的视域去观察，而不注意“德性”自身在人、时间、空间三个维度上具有的普泛性，——正是这样一些普泛性内涵，才是我们基于“人”来讨论“德性”的最有意义的部分，也是人类永恒的所有。

我虽然力求不忽视“德性”的时代性和阶级性特征，但主要将基于德性之于人类的普遍意义作为理解的起点，因此，打算丢掉人们对“德性”误解的顾虑，在这样一个专题研究中，就德性本质的理解、社会的德性需求、人的德性生成、语文的德性内涵、语文教育中的德性培育等问题，把自己的希冀、自己的价值理解努力说清楚，并提出一些自己的观点。并不是说这些观点一定正确，而是想引导探讨或争论。

（四）

在充分学习理解前人经验、思想与智慧的基础之上，本研究充满了对语文教育的热情和理论创新的激情。主要特色与价值也许会体现在以下方面：

一是对德性概念进行了尝试性的新约定。本书把德性定义为人的内在的一种以道德为核心具有卓越特征和生命力量的精神品质，对德性的观照突出了生命意味，并通过分析和归纳，把德性的德目统一在真、善、美三个方面，认为德性即真、善、美的统合。

二是对人的本质进行了新思索。提出了人的本质是德性的动物的观点，并从人的发展、人的生命意味和人生境界方面论述了德性与人生的内在关系，认为德性发展是人的最高发展，德性是人的精神生命的最核心内涵，德性人生是人生的最高境界。

三是从人生视角对语文价值进行了新探究。阐述了语文、德性与人生的关系，认为语文是一个德性的宝库，是心育之母，是学生德性生成的绿色根据地，语文因其独特的德性内涵和德性价值而成为美好人生的台阶，并进而提出了人生语文的理念，主张语文教育应当走向人生。

四是对语文学科性质作了新分析。对工具论、思想论、人文论、统一论、言语论、悬置论和消解论七种现行语文学科性质之说进行了评述，对工具性和人文性进行了新的思考，提出个人的疑问与判断，提出并初步阐述了语文学科的复合文化性质。

五是对语文概念系统进行了新定位。通过认真梳理语文概念系统，对语文、语文学科、语文教育、语文课程、语文教学等概念进行了初步的区分，并在深入分析语文内涵的基础上确定“语文”概念，提出“语文”就是Yuwen，对过去语文概念以偏概全作了澄清。

六是对语文的内涵和价值提出了新认识。提出了语文内涵的“3D”合构，即语文内涵包含了言维（LD）、智维（KD）和德维（VD）三个维度；进而提出了语文价值的“3E”取向，即言育（LE）、智育（KE）和德育（VE），由此主张语文教育应当以语言掌握为最低纲领，以智慧发展为中级纲领，以德性生成为最高纲领。

七是对语文课程建设与发展提出了新理念。明确提出了德性观的语文课程观，充分关注语文对人的精神生命的生成意义，提出了德性观下语文课程的初步建构，初步阐述了德性观的课程理念，并在品质卓越的德性教师、以人为本的德性内容、体验统领的德性教学和教育本质的德性评价等几个课程主体要素上作了理念性构建。

八是对语文课程标准的落实提出了新思维。通过对着眼于学生精神建构的德性观的树立，为落实语文学科人文性要求找到了切入点，提出了语文教育的“三基”目标，即基础语言、基础智慧和基础德性，实现对传统“双基”即基本知识、基本技能教育目标的超越。

随着研究的深入，我对语文、对语文教育，对德性、对德性价值，对人、对人生，越发充满了无比的感情，产生着无比的崇敬。在我看来，它们是一些如此伟大的生命概念！我期待着这样一些生命概念能深深地走入我们的人类生活，期待着一个美好的德性社会的应运而生！我深深地感到，在追求学术的过程中，我获得的不只是学术上的成长，更重要的是一种内在德性的有力成长，一种生命的成长。

传说苏格拉底路遇年幼的色诺芬，用手杖拦住了他，骤然问他在什么地方可以购买市场上能够出售的各种商品。色诺芬知道购买这些商品的地方，十分有礼貌地回答了他，苏格拉底又问到：“哪里可以买到‘高尚’、‘善良’和‘美德’？”色诺芬茫然不知，苏格拉底随即说道：“那么跟我来吧！”① 到哪里去呢？我想对更多的年幼的年轻的色诺芬说：“那么跟我到语文这个德性世界来吧！”我想：语文教育的根本任务是教给下一代人以民族的语言和民族及人类美好的德性与不朽的精神！

---

① 参见金生鈜. 德性与教化. 长沙：湖南大学出版社，2003：34.

上编　德性之要：语文的人生方位

我们探讨德性是什么，不是为了知，而是为了成为善良的人。

——亚里士多德：《尼各马科伦理学》

本书要讨论的是一个教育学的论题，在这里不能不对德性进行探讨，不是出于哲学，也不是仅求于知，而是出于教育，出于培养善良的人。以德性来审视语文学科品质，当然也有可能使语文课程与教学走近哲学。就教育而言，知识（广义）的传授永远是其本体，知识是教育的灵魂。因此，讨论教育问题，以及表达教育的课程问题，一是要清楚我们有哪些知识。"知识是什么？我们有哪些知识？在课程与教学中，提供哪些知识？这无疑是课程的基础性问题。"① 二是要清楚什么知识最有价值。这虽是哲学中知识论的老问题和基本问题，然而对教育来说，弄清它们，在任何时候都具有其重要性和必要性，否则教育就会盲动，教育效益就将受到严重损害。有哪些知识，什么知识最有价值，这两个问题综合探究的结果，就是回答"我们给予学生什么"。我们平常所说的教师的职责"教书育人"，既可理解为教给学生科学文化知识和做人的道理，也可以理解为通过教书（即有关知识，包括做人的知识），来全面地培养人，不论怎么理解，不论教学生以什么，我们总会在"育人"这里得到汇合。这其实已经成为人们的共识：教会学生懂得如何做人，在绝对意义上比教给学生纯粹知识更为重要。

普罗泰克说："教育如果不是深入到灵魂深处就不能在灵魂中生根成长。"② 这里正是想探究作为"人"的学生"灵魂深处"内质的培育：德性培育——事实上就是一种灵魂本体的培育。德性以其真善美的品质作为人的精

---

① 张楚廷．课程与教学哲学．北京：人民教育出版社，2003：318．

② 金生鈜．德性与教化．长沙：湖南大学出版社，2003：33．

神的内核，是作为人的学生发展之根本，也正是教育中深入到学生灵魂深处的那部分特殊重要的内容。德性是人生的一个重要支点，它支撑着人生，决定着人生的意义，引领着人生的方向，生长着人生的幸福。学生，本质上就是成长中的人，是成长中的生命，学生阶段正是德性生成和人生开启的基础阶段，因而也是非常重要的阶段，学校教育为学生的德性培育提供了良好的土壤、气候、水分和阳光。语文课程正是学生德性生成的这样一份好的土壤、气候、水分和阳光！语文具有一种高贵的好品质，这就是其蕴涵的德性品质。语文的德性价值是重大的。语文作为一个德性宝库，借其丰厚的德性内涵，成为学生德性生成的重要源泉，是学校道德教育的重要课程资源和实现途径，具有其他学科不可比拟的价值和魅力。语文作为一门课程，也因其丰厚的德性内涵，因其作为主体形式的文本中生命世界的直接呈现和生活图景的生动描绘，因其德性的原真，使得语文本身具有了生命特征，语文的价值是生命价值的体现，语文的魅力是生命的魅力。语文以其德性价值，款款地向学生的心灵深处走去，向学生的精神世界走去，以其德性引领的生命价值和生命魅力，成为学生人生成长的诗意栖居之所。与此同时，用德性构建的诗意人生的创生与伸展，也就成为语文自己进步的应然方向，成为语文课程自身的美好理想。

第1章　德性的本体话语：概念与内涵

要探讨语文的德性价值、人生的德性意义，要培养学生的德性品质，首先要追问德性是什么。德性作为一种内在品质，作为教育形成人的重要内容，我们必须对其有一个比较充分的了解、确切的认识。我们有必要对德性的生态历史，对德性的基本内涵，德性所包含的基本德目，有一个比较清晰的把握，使得德性培育具有可操作性和实效性。

1.1　德性的概念厘定

纵观我们往前的理论，对德性的认识见仁见智，正如“道德”概念一样，其论争不可公度，不能达到一致的目标，各理论学说之间有合和，有分歧，也有斗争。这里不妨从辞书的各种定义、从西方各思想家的学说和我国思想家们的认识来对德性进行一个简要考察，从这众多的学说见解中得到我们对德性的认识，从而把握语文中特有的德性内涵，确定我们语文教育教学的指导思想、基本内容和具体方法。

1.1.1　“德性”的典解

“德性”一词是产生于中国古代的一个哲学概念，但“德性”一词在中国古代文献典籍中并不多见，也没有给予过明确的定义。《中庸》高度赞颂“道”的伟大，同时又呼唤具有“至德”的圣人，认为“苟无至德，至道不凝”，把“至德”之人看成“道”的实现的前提，并总结语云“故君子尊德性而道问学”，意思是君子尊崇德性而探讨学问。这里的“德性”在当时的儒家看来就是指“人的自然禀性”①。《伦理学大辞典》则认为德性“即道德品质”②。现代新儒学也把德性界定为道德品质，有的学者把德性与道德作为同类概念来使用。对“德性”的直接定义和解释，除了《辞源》和《伦理学大

① 辞源. 北京：商务印书馆，1988：0589.
② 宋希仁. 伦理学大辞典. 长春：吉林人民出版社，1989：1142.

辞典》有专列词条外，在《辞海》、《哲学大辞典》、《教育学大辞典》、《伦理学名词解释》、《语言大典》、《中国大百科全书》、《不列颠百科全书》等辞书中均没有单列专门词条。

在中国传统哲学、伦理学中，对“德性”的理解需要从理解“德”的含义开始。在古代，德性常常被看作道德的同义词，这一点中外皆然。在中国古代传统上，常常把道德直接理解为人的德性，传统道德就是建立在德性基础上的。在西方伦理思想史中，最初很长一段时间也是把伦理视野集中在德性特征上，亚里士多德就直接把伦理学定义为“研究德性的学科”①。

德性的内涵在中国古代哲学中主要体现在“德”的意义之中。在中国古代文化中，对“德”理解有一个不断变迁的过程。在商代卜辞中，“德”作“循”与“直”通。《尚书》把“德”看作接受天命的前提，提出了“经德秉哲”、“敬德”、“明德”的要求。在西周之前，“德”还与“是”相通，有“获得”、“占有”之意。到西周时，人们体会到“尽人事”的重要，开始“惠民”，“德”成为周人治世的最高心得，“德以柔中国”②，“皇天无亲，唯德是辅”③ 成为治世经验。及至先秦，“德”形成了涵义，即“外得于人，内得于己”。许慎的《说文解字》对“德”的解释成为意义的定型，“德者，得也，从直从心，外得于人，内得于己。”

“德”在各类辞书中广有解说。《不列颠百科全书》中的解释为“英语作virtue。中国古代哲学术语。指人间以至宇宙间一切事物的特殊属性。……又指德行。道家认为德是道的表现形式，即是‘道’的内涵本质”。④ 这一解释是建立在中国古代“天人合一”思想理论基础之上的理解，是中国道家式的理解，认为“天道”即“人道”，所以将“德”理解为“宇宙间一切事物的特殊属性”。《哲学大辞典》对“德”作这样的表述：“中国哲学史和中国伦理思想史用语。(1) 指道德，品质。”“(2) 指事物从道所得的特殊规律或特性。”⑤《中国大百科全书》基本上立足于道家哲学来解释“德”的概念，“道教义理中凡学道、求道而得道的，是谓有德”，“凡是符合道的准则，即可视

① 陈根法．德性论．上海：上海人民出版，2004：2.
② 左传·僖公二十五年.
③ 左传·僖公五年.
④ 梅益．不列颠百科全书．北京：中国大百科全书出版社，1999：179.
⑤ 冯契．哲学大辞典．上海：上海辞书出版社，2001：244.

为有德性”，“有德之身为道的显体”，[①] 因此，道教特别注重道士的个人德性品行的修炼。但“天道”最终落实在“人道”。《辞海》对“德”的解释是：“①道德；品德……④事物的属性……⑤中国哲学术语。认为是具体事物从‘道’所得的特殊规律或特殊性质。”[②] 而较之《辞海》不同的是，《辞源》没有《辞海》中⑤一说，而增为“⑤五行之说称四季中的旺气”。[③] 对“德”的认识，《语言大典》[④] 比较完备，共列 20 条释义。除了其中 8 至 20 条与本书讨论的意义不是直接相关外，前 7 条都是对人之德的认识。①〔virtue〕：道德品行的特征 <美德> <缺德> <功高后毁易，德薄人存难>；②〔character〕：优良的道德品质的总体，常指道德上的坚定和卓越，加上果断、律己严谨、高尚的伦理观念、有魄力和善判断 <君子进德修业>；③〔political integrity〕：坚定地按照政治原则办事，非常笃实、诚挚和正直，不搞欺骗、权术、虚伪和各种肤浅的手法 <德才兼备>；④〔kindness〕：好心的行为和事实；⑤〔mind〕：一个人的思想、倾向或愿望的集中的固定的方向 <同心同德>；⑥〔morality〕：一个人或一种文化在道德上的惯例，生活习惯或行为方式 <德行> <德操>；⑦〔responsibility〕：道德上、法律上或精神上负有的责任 <社会公德>。从语言学的角度看，virtue，character，political integrity，mind，kindness，morality，responsibility 等任何一个词都不足以涵盖“德”的全部内容，也就是说，对于中国古代产生的“德”这一概念，在英语中不能找到一个完全匹配的语词来对译，但前述每个词语都无疑又包含着“德”的内容。后面 13 条释义中，有的还是与人之德有紧密联系的。如“〔favor〕：恩惠，恩德”，于人有恩就是一种“德”的表现；“〔benevolent administration〕：德政”，有德之人施以惠民政策谓之“德政”；“〔advice〕：善教”，以德教人是“善教”。而“〔law〕：客观规律”则又是与“道”的意义一致了。

由上述辞书中对“德”的解释我们可以看出，“德”主要有两个方面的理解，一是指人的道德品质，即“人之德”；一是从纯哲学意义上指事物的特殊属性，是“物之道”。本书作为教育学意义将要涉及的，当然是立足于前一领域的讨论。道家对待“人之德”又有两种态度，一是“人含其德”，将德

---

① 梅益. 中国大百科全书. 北京：中国大百科全书出版社，1996：863.

② 辞海. 北京：中华书局辞海编辑所，1965：1510.

③ 辞源. 北京：商务印书馆，1988：0589.

④ 王同亿. 语言大典. 海南：三环出版社，1990：685.

当成一种内在的、观念的理想境界，主要是强调“德”的修炼和养成；另一种是“外立其德”①，将德当成外在的、实践的行为准则，主要强调“德”的实践。道家正是把第二个方面看成儒家的根本主张，以此来作为道家批评之的。也就是说，道家主要思想主张在于“人含其德”。事实上，儒家尽管十分强调“外立其德”，主张人应当有符合礼仪的德行，然而所主张的“德”同样也具有理想的人格性与内在的品质性。诚然，对于道德建设，我们有责任就人的道德修养和道德实践同时提升，但是本书作为对语文学科教育与人的德性生成的讨论，也将更本着对学生“含其德”的关注。

1.1.2 西方哲学中的“德性”

“德性”一词产生于中国，但在中国文献中对“德性”的直接认识，尚缺乏论证，正如《伦理学大辞典》把“德性”直接理解为“道德品质”。而“德性”概念在西方哲学和伦理学当中则被普遍关注，也产生了许多具有广泛影响的重大理论。他们的这些对德性的理解，有的是目的论，有的是实践论。这里我们暂且不管他们的理论分合，仅就他们述及的对德性概念认识的一些观念作一梳理，从中去认识和体会德性的本质。

（1）作为向善的“品质”。大多数西方思想家都把德性理解为一种向善的品质。对德性的理解，应该追溯到荷马时代。在希腊语中“aretê”一词在荷马史诗里，被用于表达任何一种卓越，而这一词后来被译成“德性”。就是说，德性也就是任何一种卓越（excellence），是对人的品质的一种描述。在英雄史诗所描绘的社会形态中，卓越与德性可以作为同一概念，共同描述这样一种品质：它们能够使人做到他或她的角色所要求做的事情。赫尔曼·弗兰克尔对荷马社会的人的认识中，认为一个人和他的行为是同一的，判断一个人的德性和恶也就是判断他的行为。他的这一认识，正是建立在对德性这样的认识上：“德性就是维持一个充当某种角色的自由人的那些品质，德性就表现在他的角色所要求的行为中。”② 苏格拉底著名的伦理学命题即是“知识即美德”，“美德”在苏格拉底的理论视野中是指“人在生活世界中所表现和实现的卓越品质如勇敢、虔敬、正义、节制等等”③，美德（arete）就是希腊语

① 庄子·胠箧.

② ［美］A. 麦金太尔. 德性之后. 龚群，戴扬毅等译. 北京：中国社会科学出版社，1995：154.

③ 金生鈜. 德性与教化. 长沙：湖南大学出版社，2003：42.

的“卓越”（aretê），亦即德性，它是善的，体现了人之为人的德性品质，也是人在追求善、实现善的过程中表现和获得的品质。

（2）作为获得优秀成果的“品质”。A. W. H. 艾德金斯对德性的看法也得出了基于“品质”认识的类似的经验，他通过对柏拉图笔下的智者斯拉斯马寇与荷马史诗英雄形象的相似性，认为这种智者以成功为行动的唯一目标，获得为所欲为的权力是成功的全部内容，因此，他认为把德性界定为“能够确保成功的品质”①就足够了。亚里士多德在《尼各马科伦理学》中则说：“人的德性就是一种使人成为善良、并获得其优秀成果的品质。”他认为“有意图的选择，其目的的正确性的原因是德性”。② 虽然选择于有的人可以凭天生气质，但如果缺乏德性的指导，就会使人成为情感和欲望的俘虏，道德教育实际就是一种“情感教育”。这样看来，“德性不仅是按照某种特殊方式去行事的气质，也是以某种特殊方式去感觉的气质。”③ 从亚里士多德及其同情者看来，各种德性可以恰当地描述为促进人类兴盛和幸福所必要的品质。在他那里，德性只有一定类型的人才能获得，但并不依赖于人所占据的社会角色而依赖于人身，正是作为一个种类的目的的，决定了什么样的人类品质就是德性。作为人的好（善）生活的目的是和德性联系在一起的，德性的践行本身就是好生活的一个重要部分。德性不是先天的禀赋，而是后天的才华和实践的结果。总之，在亚里士多德看来，德性是品格特性，是指一个人在生活实践中因一定的生活习惯或方式养成的稳定的个性品质。但是，过去人们在理解亚里士多德的德性思想时，仅看重了其“善”的意义，对其德性概念的理解，重视了“使人成为善良”这半句话，而“并获得其优秀成果”这半句则往往被人丢掉了，这种“优秀成果”的来源，除了“善”，还有“真”和“美”的意义在其中，他所追求的“好生活”也不只是一种“善”的生活，还有“真”、还有“美”的内涵。《新约》的德性观在内容上与亚里士多德的不同，但事实上与亚里士多德的德性观的逻辑和概念结构是相同的，认为一种德性是一种品质，它的践行导向人的目的实现。而阿奎那糅合了亚里士多德和《新约》，但依旧把德性指向实现人的特有目的人的品质。

---

① ［美］A. 麦金太尔. 德性之后. 龚群，戴扬毅等译. 北京：中国社会科学出版社，1995：175.

② ［古希腊］亚里士多德. 欧德穆伦理学. 肯尼译本，1978：1228al.

③ ［美］A. 麦金太尔. 德性之后. 龚群，戴扬毅等译. 北京：中国社会科学出版社，1995：188.

（3）作为去恶的“品质”。作为中世纪的观点，奥古斯丁的神学德性观则认为人类生活的叙述，就是作为主体的人负有一个使命，而完成这个使命有许多的恶为障碍，完成这个使命取决于他们对人类善的特殊占有，因此在他看来，“所谓德性，就是那些能够使恶被克服的一类品质，是使人完成其使命，走完其旅途的品质。”① 也就是说，德性就是那些使人能够在他们的历史旅程中幸免于恶的品质。

前述三种理解都把德性定位在“品质”上，只是这种“品质”作用的方向略有不同而已，但大体指向是一致的，不论是“向善”，还是“确保成功”、“获得优秀成果”，抑或“去恶”，都是一种对成功的引导。

（4）作为“能力”和“力量”。柏拉图对德性作了深入的探讨，他基于“善的理念”，把正义推崇为伦理共同体中的共相精神，并站在政治的立场上，把德性看作一个政治概念，把德性与理想的而不是现实的国家政治实践联系起来。虽然他对德性的内涵及德性的实现作了许多探讨，但他并没有给出明确定义。而在他的《美诺篇》中已经表述了德性乃是获得善的能力的涵义。有学者考证，德文中的德性最初即指“能力”。康德理解到：“德性指的是意志的道德力量。”② 他在《道德形而上学原理》也说：“德性就是一种道德力量。”③他认为，“有限实践理性的最高成就，就是能够确信它的行为准则朝着这个法则日进无疆，奋勉不息。这就是德性。”④ 卢梭把德性视为“灵魂的力量”，⑤ 德性是寓于灵魂之中的无价精神。著名怀疑论哲学家蒙台涅则说：“力量是一切德行的基础。”⑥ 斯宾诺莎在《伦理学》中也有同样的认识，“德性与力量我理解为同一的东西”，就人的德性而言，“就是指人的本质或本性，或人具有的可以生产一些只有根据他的本性法则才可理解的行为的力量。”⑦“能力”和“力量”是这些理论学说的中心词。事实上，英文的“德性”（virtue）源于拉丁文的 rirtu ，本意就是“力量”。

---

① ［美］A. 麦金太尔. 德性之后. 龚群，戴扬毅等译. 北京：中国社会科学出版社，1995：221.

② ［德］康德文集. 北京：改革出版社，1997：372.

③ ［德］康德. 道德形而上学原理. 苗力田译. 上海：上海人民出版社，1986.

④ ［德］康德. 实践理性批判. 关文运译. 北京：商务印书馆，1960：85.

⑤ 陈根法. 德性论. 上海：上海人民出版社，2004：23.

⑥ 陈根法. 德性论. 上海：上海人民出版社，2004：23.

⑦ 陈根法. 德性论. 上海：上海人民出版社，2004：23.

（5）作为“手段”或“习惯”。功利主义思想观的哲人们则认为德性是一种达到目的的手段或者是生活中的行为习惯。富兰克林对德性的认识既是目的论的，又是功利主义的。他在《自传》中说，德性是达到目的的手段，它们之间构成一种外在关系，培养德性就是最终让幸福在人间或天堂获得成功。德性总是有用的，强调功利是个人行为标准。这是进入现代以来与传统不相容的一种德性观。爱尔维修则在“个人利益是人类行为价值的唯一而普遍的标准”① 观念指导下，把德性看成是一种利己的行为习惯。而伏尔泰则说“美德就是那些使人高兴的习惯”，② 作为功利主义伦理学先驱人物的休谟在《人性论》中说：“功利是一切美德的验证和尺度。”③ 在这里，把德性看作是“手段”、“习惯”。

（6）作为“感情”或“欲望”。道德哲学家罗斯尔这样看德性，德性就是感情，也就是说，它是与由一种较高层次的欲望所规范的那些气质和倾向相关联的。甚至他还进一步强化“欲望”之说，把“基本的德性”界说为依据正当的基本原则去行为的强烈的和正常有效的欲望。把“德性”直接看作感情，这也是一种新的视角，并且在他的认识中，我们可能更要注意其落脚的“气质”和“倾向”，连同“情感”，我们感受到他对德性理解具有的心理意义。

（7）作为人类获得性“品质”。麦金太尔通过对历史上德性观的梳理，概括出至少三种不同的德性观④：以荷马为代表的“德性是一种使个人负起他或她的社会角色的品质”，以亚里士多德，包括《新约》和阿奎那为代表的“德性是一种使个人能接近实现人的特有目的的品质，不论这目的是自然的，还是超自然的”，以富兰克林为代表的“德性是一种在获得尘世和天堂的成功方面功用性的品质”。并最后形成自己的亚里士多德主义的德性观，他把德性定义为“是一种获得性人类品质，这种德性的拥有和践行，使我们能够获得实践的内在利益，缺乏这种德性，就无从获得这些利益”。⑤ 他虽然说这一定

---

① 金生鋐．德性与教化．长沙：湖南大学出版社，2003：158．

② 金生鋐．德性与教化．长沙：湖南大学出版社，2003：149．

③ 金生鋐．德性与教化．长沙：湖南大学出版社，2003：227．

④［美］A．麦金太尔．德性之后．龚群，戴扬毅等译．北京：中国社会科学出版社，1995：234．

⑤［美］A．麦金太尔．德性之后．龚群，戴扬毅等译．北京：中国社会科学出版社，1995：241．

义是以“公式化形式”存在的“不完全的和暂时的”，但他对这一定义充满了肯定，是一个“初步近似于适当的定义”，“它已经阐明了德性在人类生活中的位置”。① 由此他把德性作为个人生活的整体和传统的概念，从而进一步把德性理解为这样的品质：“将不仅维持实践，使我们获得实践的内在利益，而且也将使我们能够克服我们所遭遇的伤害、危险、诱惑和涣散，从而在相关类型的善的追求中支撑我们，并且还将以不断增长的自我认识和对善的认识充实我们。”②

1.1.3 我们的“德性”概念

从上述各种德性观可以看出，这些观念没一个单一的、中心性的和核心的德性概念。正如麦金太尔所言：“对我在前面已经叙述的这个历史的一个反映也许就是，即使在我已粗略描述的相对一贯的思想传统内，也存在着许许多多不同的、彼此不相容的德性概念。因而不存在真正统一的德性概念，更不用说统一的历史了。”③ 在上述对“德性”的观照中，基本上是从哲学或伦理学的角度来认识的。从这些博大的思想理论中，我们也不难看出，“德性”在我们的哲学、伦理学上已然成为一个被历代思想家们深刻关注的重要的核心的概念。不仅于此，它还应该是一个人类学的、社会学的、教育学的甚至是更为广阔领域的重要概念，因为德性最终落脚在“人”。在这些不同的讨论领域中定然会产生不同的理论观照，在相同的讨论领域中如果从不同的视角出发，对德性的认识也必然会有其不同的认识，正所谓“横看成岭侧成峰，远近高低各不同”。尽管如此，这并不是说对德性的认识就无法把握，使我们面对这样一个人类意义重大的概念而陷入无为。我们还是可以从这众多理论学说中提炼、抽象出我们应有的概念，形成一个基本的可供我们运用的德性概念。而这一个认识，我们更多地应该以哲学的视域，从本体论角度出发，才有可能更接近地认识德性的真正本质意义。

我们的认识也仍然离不开前面诸多的思想家的巨大智慧，我们仍然要从他们的思想中得到启迪甚至直接的指导。高恒天博士说：“在前人对德性理解

---

① ［美］A. 麦金太尔. 德性之后. 龚群，戴扬毅等译. 北京：中国社会科学出版社，1995：19.

② ［美］A. 麦金太尔. 德性之后. 龚群，戴扬毅等译. 北京：中国社会科学出版社，1995：20.

③ ［美］A. 麦金太尔. 德性之后. 龚群，戴扬毅等译. 北京：中国社会科学出版社，1995：229.

的基础上，现代人一般认为，德性是一定社会道德原则和要求在个体思想和行为中的体现，是主体在道德实践活动中所表现出来的比较稳定的行为特征和心理倾向。”① 事实上，行为特征仅仅是德性的外现，而非德性本身，而且只有美好的、体现善的行为特征才是德性的外现。同时作为以“善”为根本内涵的德性，更主要是一种意识性的、精神性的品质，也不仅是一种心理倾向。从中外古今对“德”的理解，尤其是从西方伦理史中对“德性”的认识来看，德性仅仅作为“人的自然禀赋”来认识是远远不够的。从上述思想家们的思想中，我们不难找到对于德性理解的一些关键词，它们是：“道德”，“自然禀性”，“本质”，“本性”，“品质”，“特殊规律”，“特性”，“卓越”，“力量”，“精神”，“手段”，“行为习惯”，“感情”。作为中国古代哲学的重要术语，我们可以从中国古代思想家对“德性”的理解中认识到，德性的基本内涵就是“德”，而在西方伦理思想中，“善的理念”作为对德性内涵的普泛的核心的理解，我们可以说，“内在道德”就是德性的基本内涵指向。在对德性的各类定义中，思想家们不断用这样一些语言表述，“维持一个充当某种角色的自由人的”，“对能够使人做到他或她的角色所要求做的事情”，“能够确保成功的”，“按照某种特殊方式去行事的”，“使个人负起他或她的社会角色的”，“使个人能接近实现人的特有目的”，“在获得尘世和天堂的成功方面功用性”，“那些能够使恶被克服的一类品质，是使人完成其使命，走完其旅途的”，等等。由此，我们不难理解到，对于德性的“卓越”，德性所蕴涵的内在“力量”，是大家共通的认识。思想家们站在各自的立场，从各自的学术视角出发，对德性得出了自己的认识。站在巨人的肩膀上，我们可以清楚地理解到，对“德性”理解有三个层次（而不是三个方面）：一是德性其核心内涵就是“道德”；二是这个“道德”的存在形式是人的一种内在品质（绝不是指外在的体现道德要求的规则、律令），是一种生命的构件；三是这种品质具有美善性，也具有智性，是卓越的，这种品质充满了力量，这种力量是一种生命力量（而不是社会力量）。由此。我们可以得到我们对德性的具有生命哲学意义的初步定义：德性是指人内在的一种以道德为核心具有卓越特征和生命力量的精神品质。这个定义中诸词都有其关键意义，我们这里的“德性”首先是立足于“人”的德性，不去指称世界上别的事物；“内在的”强

① 高恒天．道德与人的幸福．北京：中国社会科学出版社，2004：74.

调德性的主体性，是人自身的生成性品质，因而区别于社会之于人的要求的所有具体的（道德）生活条例；以“道德”为核心标示着德性的伦理学基础及其主题方向，同时又区别于道德本身；“卓越特征”和“生命力量”是其本质特征，具有卓越性和内在能动性；“精神品质”是德性的本质，表明德性是人的精神的重要组成部分。当然，承认了德性的“卓越”及“力量”，也就是认识到了德性的功利性特征和获得性意义，也就是说，从本质上看，德性是一种引导成功的好品质。

1.2 德性的内涵分析

德性是一种抽象的精神品质，但德性的内涵又是具体的。我们谈及精神、文化、德性、道德等概念时，不应该把它们看成是不可捉摸的虚无的东西，而要比较清晰地理解到它们蕴涵的基本内涵。事实上，诸如“美德即知识”、“德性就是善”、“德性即幸福”、“德性就是感情”等都不是完全的定义，而正是对德性的某个方面内涵的认识和描绘，也是一种强调。对于人生精神构建，对于学生德性培育，对于教育直至语文教育、语文课程与教学，我们讲德性，必须深入探讨德性的基本内涵，否则就无从把握我们要给予学生什么，以什么方式来给予，我们可以寻找哪些载体来给予。只有在充分认识了德性具体内涵基础上，我们的德性培育才能有案可施，富有效益。因此这里我们有必要讨论一下作为德性内核的一些基本德目。

由于在中国古代常常把“德性”与“德”当作相同概念来把握和使用，我们就有必要对我国古代“德”的内涵进行分析。中华民族是一个非常重德的民族，一直以来，对“德”有着深刻的理解，形成了丰富的道德内涵体系。在春秋战国以前，对德的理解还没有形成系统，尚散见于一些文献，《尚书》曾把“正直”、“刚克”、“柔克”称作为三“德”。《诗经》中称颂周人的领导王季“其德克明”，文王心“怀明德”。到春秋战国时期，以孔子为代表的儒家学派创造了一套完整的道德理论体系，并由此奠定了中华传统道德的基石和方向。孔子建构了“仁学”伦理体系，《论语·阳货》曰：“能行五者于天下为仁矣，恭，宽，信，敏，惠。”在孔子的仁学伦理体系的诸德目中，又以“孝悌”为本，也就是说最为基本的道德要求是对人的关怀和同情。在《论语·颜渊》中又说：“主忠信，徙义，崇德也。”这里对德中的“忠”、“信”、“义”进行了突出强调。春秋以后德的含义进一步丰富。《左传·文公元年》："忠，德之正也；信，德之固也；卑让，德之基也。"谦虚谨慎在这里开始作为人的德性的重要内容。《左传·文公十八年》："孝、敬、忠、信为吉德，盗、贼、藏、奸为凶德。"以后，儒家多发挥孔子之说，对道德的理解不断深化。《孟子·尽心下》说："动容周旋中礼者，盛德之至也。"强调以"礼"为主德。《孟子·公孙丑上》又说："以德行仁者王。"强调以"仁"行政为德政。而老子则认为清静无为就是德，不有意讲求德行才是有德之人。庄子又有新说，认为人的最大之德就是知天命，"知其不可奈何而安之若命，德之至也。"这里的德应该是指一种内心的修养。此外，对德的具体含义还有许许多多的理解。《礼记·中庸》说："知、仁、勇，天下之达德也。"《周礼·大司徒》："六德：知、仁、圣、义、忠、和。"对德的意义大大扩展了，其新意还在于把"知"纳入了德目。《管子·正》将"爱民无私"谓之德。而唐代韩愈认为"所谓道德云者，合仁与义言之也"。由此可见，德的内涵是非常丰富而具体的。

西方哲学、伦理学上对德性内涵有更直接的认识，不少思想家与其说是在讨论"德性是什么"，不如说是主要在讨论"什么是德性"，也就是说他们把眼光更专注于对德性内涵、对德目的研究以及德性实践的研究。在许多思想家那里，对德性内涵的认识还往往各执一端，特别关注对主要德目的探讨。在荷马史诗中，德性表现为勇敢、友谊、忠诚、公正，甚至包括了作为一种卓越的体现的体力、成功、理智。5 世纪的希腊人拥有着这样一套被普遍接受的德性词汇和德性观念：友谊、勇敢、自制、智慧、正义等。麦金太尔在论述这个时代的希腊人对德性内涵的理解，即使人成为一个好人和一个好公民的德性表现时，有这样一段话可以让我们很直接地理解他们的思想：

> 当伊索克拉底赞扬伯里克利时，他把他描绘为在节制（sôphrôn）、公正（dikaios）和智慧（sophos）等方面出类拔萃的人。演说家和喜剧作家总是把吝啬小气和不慷慨大度拿来嘲笑。自由人无所顾虑地说真话和对自己的行为负责，这不是一个希腊人的常识。有的作家赞扬性格的单纯和率直。而敏感性和怜悯心的缺乏，则常遭到谴责。同时，勇敢总是被赞扬。①

① ［美］A. 麦金太尔. 德性之后. 龚群，戴扬毅等译. 北京：中国社会科学出版社，1995：171.

也就是说，人们时常用节制、公正、智慧、慷慨大度、无所顾虑地说真话、对行为负责、单纯、率直、敏感性、怜悯心、勇敢等等来认识“一个好公民的德性是什么”。在苏格拉底哲学中，认为“善”就是德性（美德），“善是教化的最高目的”。[①] 而他的著名伦理学命题“美德即知识”直接把知识作为德性的主要内涵，并由此进一步认为“知识即善”[②]，只有对事物具有真正的知识，才能做到向善、为善，美德与知识就是合一的。人有哪些美德？苏格拉底把人在生活世界中所表现和实现的卓越品质如勇敢、虔诚、正义、节制等视为美德，也就是说，勇敢、虔诚、正义、节制成为苏格拉底伦理学中的具体德目。柏拉图也是把德性建立在“善的理念”之上，认为作为善的伦理共同体的国家应该具有智慧、勇敢、自制、正义四种美德（在希腊视为四主德），与苏格拉底理论基本一致，在他这里，知识以“智慧”列作了一个重要德目。而在柏拉图理论中，正义是所有德目之重，是在其他三者之上的普遍德性。亚里士多德沿着柏拉图的思想前进，在“善”的旗帜下，提出幸福德性论，认为善（亦即德性）即幸福，“幸福”是德性生活的自为，由此在他的理论中，这样一些德性选择处于情感和行为中道的表现即是德性的表现：正义、智慧、勇敢、节制、慷慨、自重、友爱、上进、温和、诚实等。[③] 作为宗教德性观的代表奥古斯丁来说，信仰与爱才是真正的德性，谦卑是人的基本德性。信、望、爱是三条主要神学德目，是信仰生活的根本，这里的“信”与前述中的中国古代伦理中的“信”是不同的，前面是指诚信之德，这里是指信仰。奥古斯丁最后提出了信仰和爱的生活的七种德目：信仰、仁爱、希望、节制、审慎、公正、坚毅，在他的思想里，德性也具体而微。阿奎那在继承奥古斯丁的基础上，从理智德性出发，把“审慎”作为主德，同时接纳三位一体的神学德性，把“容忍”和“谦卑”作为德性的德目。伊拉斯谟站在人文教化理想的人文主义立场，追求和谐、安宁、虔诚、诚实的德性，而爱尔修斯的自爱伦理学观点，沿承了古希腊伊壁鸠鲁的快乐主义，认为“快乐”是最高的美德，建立在个人利益上的公共利益是道德的最高准绳。卢梭把“自由”视为德性的基础，在康德的德性实践理论中，把“责任”看作最高价值，边沁与休谟都把“功利”看作美德的验证和尺度。

---

① 金生鈜．德性与教化．长沙：湖南大学出版社，2003：40.

② 金生鈜．德性与教化．长沙：湖南大学出版社，2003：40.

③ 金生鈜．德性与教化．长沙：湖南大学出版社，2003：77－88.

苏霍姆林斯基的道德教育内容包括：培养责任心和“尊重人的态度”。责任心表现为对自己的生活负责，对自己的亲人、朋友、熟人负责，对人民、对国家负责，对生活的土地负责，这是道德规范中非常重要的内容。“尊重他人的态度”是普遍的道德规范。我国近年颁布的《公民道德建设纲要》则提出了一个“二十字基本道德规范”，即“爱国守法、明礼诚信、团结友善、勤俭自强、敬业奉献”，其中亦蕴涵了一些德性内容，但更多的是对公民德性在社会行为外化的一些具体要求。

应该还有很多的德性的内涵还没有在以上的文字中列出或提及，但到此我们可以作些归纳了。在这么繁复的内容之中，我们如何来把握德性的基本内涵？到底哪些东西可以涵入？用麦金太尔的思考来说，就是“哪些人类品质是真正的德性？而哪些又仅仅是影像？”① 从上述提及的太多的从思想家们的思想里抽出来的作为德性意义的名词和形容词中，我们可以作出这样的归类：知、智慧，信、诚实、忠、信仰、虔诚，自重，公正、义、正义、正直、勇敢、率直、单纯、纯洁，等等，这一类词语的基本意义指向“真”的内涵，是对人的德性中真知、真情、真实、真诚方面的一些具体描述；温、宽、礼、让、卑让、谦让、和，恭、敬、良、孝悌（关怀与同情）、尊重，仁、仁爱、慈爱、友谊、友爱，等等，这部分词语的基本意义指向“善”的内涵，对这些概念的“善”的内涵是不难理解的；敏、敏感、惠，快乐、幸福、希望、和谐、安宁，审慎、节制、圣、俭、慷慨，上进、负责，等等，这些词语所表达的内涵，不是“真”的范畴，也不是“善”的范畴，而是一种“美”的范畴，这些词语所表达的基本意义指向“美”，这种“美”是精神领域的形态美，这种美来源于“真”和“善”的德性本质美。这个归类想说明的是，尽管人们对德性内涵的认识是错综多元的，但不外乎就是在真、善、美的范畴之中，在德性内涵的结构中，真、善、美成为德性这一母结构的下位概念。所有上述词语所表达的意义，都可以作为德性的具体内涵，但是从以上归类我们也可以说，真、善、美是人类德性的本质，而上述作为德性内涵的词语所表现的正是德性的一些具体“影像”。虽然英国学者莱基在《欧洲伦理生活史》一书中，将德性的德目分为四类，第一类是严肃的德性（如庄敬、虔诚），第二类是壮烈的德性（如勇敢、忠烈），第三类是温和的德性（如仁

① ［美］A. 麦金太尔. 德性之后. 龚群，戴扬毅等译. 北京：中国社会科学出版社，1995：231.

慈、谦虚），第四类是实用的德性（如节俭、信用）。[①] 但这一分类是从特征视角的分类，没有从内涵的品质意义上分类，不能够给德性内涵进行分类归纳，所有这些德目将仍然是处于散状的。当然，其中有些德性内涵在不同思想家那里有不同的认识，有的德性内涵甚至在有的人那里是排斥于德性的，比如“谦让”在功利主义观那里即认为是恶德，伏尔泰认为“勇敢”是歹徒和伟人共有的品质，因而不是美德，但在这里，我们对上述提及的语汇所表达的内涵都认为是对德性的某一方面的描述。而对休谟们认为的“功利”即德性，我却将它置之于外，功利可以说是人性的，然而人性并不都是好的品质，德性是人性中善的那部分，功利隐藏、导致恶的产生，与德性是不一致的。德性修养就是要克服一些容易引导恶的产生的品质。从真、善、美三个维度对诸多德性内涵进行归类，对个别内涵可能不会完全贴切，比如“勇敢”是更接近于“真”的维度还更接近于“美”的维度，但从总体上讲，这样一个归类是有一定根据和价值的。正如狄德罗所说：“真、善、美是些十分相近的品质。在前面两种品质之上加以一些难得而出色的情状，真就显得美，善也显得美。”[②] 这种“相近”使它们统归于德性整体是合理的。由此，我们就可以将丰富多彩、缤纷复杂的德性内涵，用三个大的德目统领起来，亦即，德性就是真、善、美的统合。

这里我们对真、善、美作为德性范畴还要作点进一步的说明。从伦理学意义来说，真、善、美是“道德意识的概念”[③]，在这里依然是作为道德意识的概念。作为伦理学的内涵，这里的“真”、“善”、“美”的外延要窄些，要局限在“道德意识”中来，“真”不指向“科学之真”，不是指人类认知活动中对一切事物本质和规律的认识，“善”作为德性，不论在中国还是在西方哲学、伦理学思想中都是共识的，善是德性的核心概念。但是善不能涵盖所有德性，不是德性本身和德性的全部，比如勇敢、快乐、礼等这些德性概念就不是属于“善”的范畴。“真”和“美”作为德性，是一种意识向度，是对人格精神的描绘，在这里不具有科学之真和自然之美的意义（尽管德性的生成离不开科学之真和自然之美）。日本美学家今道友信说，我们考察美绝不会

---

① 陈根法．德性论．上海：上海人民出版社，2004：23．

② 北京大学哲学系美学教研室编．西文美学家论美和美感．北京：商务印书馆，1980．参见陈根法．德性论．上海：上海人民出版社，2004：36．

③ 宋希仁．伦理学大辞典．长春：吉林人民出版社，1989：813．

只限于艺术方面。实际上往往是在考察人类的最高道德，如果我们忽略了美之光彩夺目的源泉，美的人格和美的行为，那么便是人类的末日。[①] 这里并不是说德性包含了一切的美，并不是说所有的美及美的事物都属于德性。美也是一种自在的品质，它既是德性所表现的特征，也是德性本身具有的一种内涵。作为特征，就是说德性具有美感，所谓“美德”，所谓“欣赏一个人的品质”，就是指的这层意义。作为内涵，前面列出的思想家们所提出的快乐、和谐、幸福等德目就是德性具体组成部分。这里的真、善、美都是心灵的一种存在状态。真，是心灵之真；善，是心灵之善；美，是心灵之美。真、善、美作为德性的三个维度，并非简单并列，它们既有各自独特的指向性，又有一种高度的相融关系，善为核心，真与美为善的两翼，“真”使“善”更深沉，“美”使“善”更高远。正如张楚廷教授的优美阐述：“真是生命之本，善是生命树上的花朵，美是生命屋脊上的太阳。”[②] 真是基础，美是升华。在人类精神世界中，真、善、美统合和凝聚起来的那个部分，就是人类的“德性”。

1.3　德性的价值特征

这里想要说明的是，德性就是德性自己，它具有独立的价值特征。政治性、阶级性、时代性、社会性都不是德性的主要特征。新时期以来，在中国社会，尽管人们的思想得到了较大的解放，在一定程度上走出了过去一段时期以来政治统领一切、一切从政治视界出发，甚至一切皆政治的意识形态樊篱，但由此背景生成的社会文化心理仍旧打上深刻的政治烙印。我们曾经也批判人道主义，对人性嗤之以鼻，把人完全置于社会的牢笼，丢失了人的本然存在。在这样的背景之下谈论德性，还是很容易让人产生疑惑、误解甚至抵牾的。因为我们的社会经历了较长的阶级斗争历史阶段，浓重的政治氛围和极端的社会本位意识形态的掌控，对人们思想起到了桎梏作用，使人们对事物本原的一些认识在很大程度上得以丧失。尤其是我国过去一段时期来政治化的道德教育，使人们产生了一种政治心理定势，在人们的这种心理定势中，德性与人性、人格、道德都可能是互为混淆的，更为严重的是，人们往

---

① 北京大学哲学系美学教研室编．西文美学家论美和美感．北京：商务印书馆，1980．参见陈根法．德性论．上海：上海人民出版社，2004：36.

② 张楚廷．课程与教学哲学．北京：人民教育出版社，2003：350.

往将德性视为狭隘的阶级性引领下的政治思想。因此往往杯弓蛇影，谈德色变，以为又要替政治做吹鼓手，从而抹去了人类德性的灵光。事实上，德性与我们日常所说的道德，与人性、人格，与思想道德、思想政治，虽然有着紧密的联系，但更有着固然的区别，它有着自身独特的价值特征。区别开德性与它们的异同，掌握德性的本质特征，消除疑惑或误解，是德性培育开展的基础，是对学生德性培育必须克服的障碍，是正确认识、准确把握和充分发挥语文德性价值的先导性要求。对于语文德性价值的研究无可选择地基于对德性的正确认识。

1.3.1 德性区别于道德

德性的价值特征，主要是区别于我们日常所说的“道德”。什么是道德？道德“是人类社会特有的一些规范及人所特有的一些品性”，“是由道德规范与德性构成的统一体”。① 一个时期以来，人们习惯于把道德仅看作是道德规范，比如最新版本的《现代汉语词典》也表述为“是人们共同生活及其行为的准则和规范”②。从许慎对“德”的“外得于人，内得于己”之说，我们也能认识到道德的内外两个层面，我们所说的德性就是指“内得于己”的这一个部分，是指“人所特有的一些品质”，而道德规范是“外得于人”的部分，是品质的社会化。由此，我们很明确地知道，德性实际上就是道德的一个构成部分，是内在的部分，也是根本的部分，德性是“人在道德生活中所获得的精神品质”③。道德规范存在于风俗习惯、社会制度、宗教戒律、艺术作品、“自然法”甚至“神意”等形式中，德性存在于人的生命之中，“德性即道德品质，它以人格的形式存在着”④。道德规范与德性可以在一定条件下相互转化或过渡，它们在若干方面是统一的，道德规范和德性是一个矛盾的统一体。德性或道德品质的拥有是道德规则实现的前提和基础，道德规则只有在拥有德性或道德品格的人的行为中起到道德规范作用。正如刘铁芳先生所认识的，道德规则的实现理路是“规训”，而德性实现理路是“引导”，“道德教化从根本而言之，正是经引导个体把德行建立在自我内在的原则之

① 高恒天. 道德与人的幸福. 北京：中国社会科学出版社，2004：74.

② 中国社会科学院语言研究所词典编辑室编. 现代汉语词典（第5版）. 北京：商务印书馆，2005：281.

③ 金生鈜. 德性与教化. 长沙：湖南大学出版社，2003：243.

④ 高恒天. 道德与人的幸福. 北京：中国社会科学出版社，2004：74.

上，超越外在规训而成为自由自律的德性存在”①。与“道德规范”相比，德性具有四个方面的独立特征。一是主体性特征。“性”即指事物内部固有的品质。德性是一个人内在的品质，是个体自身精神的重要组成部分，是人的意识品质，是人之于人本身的，具有显著的主体性意义。道德（规范）是“一定社会阶段形成的人们共同生活及其行为的准则和规范”②，道德规范是社会意识形态，是生命客体的，是社会之于人的要求，具有显著的社会性意义。由此德性充满了感染力，而道德规范充满了约束力。二是生命性特征。德性是生命原体的，是由感性和理性融合的整体，是知情意统一的整体，三者不可分离。与思想、道德规范等相比，德性是个活体，是生动形象的，是灵性的，具有生命意义和生命特征。德性从理性上阐释生命，又从情感上展示生命的图景，它具有“前科学”、“前概念的”、“前理论的”，而思想、道德规范等是无机的、思维化的，是从感性中抽象出来的理性，是严肃的、规则的，尽管有的文学作品、寓言故事、影视作品、道德标志物（如贞节牌坊）也存在着道德劝诫意义，有一定道德规范影子，但它们所展示的，更主要的还是德性的一些具体内涵，不是道德规范本身。三是生成性特征。德性的主体性决定了德性是生成性的而不是预成性的。人的德性不是因为社会强行于人而产生，而是人的内心发展的需要而生成。四是普泛性特征。德性具有普遍意义，德性的价值追求常常是人类共通的精神追求，在作为真、善、美主体内涵上也是普遍相通的，是人类共同的价值理想。这种普泛性既存在于历时当中也存在于共时当中，是遍及人类时空的。而道德规范是“一定社会阶段形成的”，更受社会形态的影响，也更体现社会价值的需要，因而也就更具有地域性、时代性和阶级性。虽然德性也具有一定的地域性、时代性和阶级性，但作为真、善、美为主体内涵的德性，更主要的是人类的共通的精神理想。德性与道德规范也是紧密相联的，它们共同构成道德大厦。德性是道德规范形成的基础和依据，德性为道德规范提供内涵，人的德性性向引导社会道德规范内涵的确定和方式的建立，德性的一部分内涵可以直接外化作为社会道德要求，德性的公共积累形成社会道德要求。德性外化就是德行，德行既体现人的德性性向，也符合社会价值要求。道德规范是德性生成、巩固和张扬的途径，是德性的外在强制，是德性的可视社会形态，是德性参与社会生活

---

① 刘铁芳．生命与教化．长沙：湖南大学出版社，2004：198.

② 李国炎等编．新编汉语词典．长沙：湖南出版社，1998：195.

的外在形式。可见，德性与道德规范也有着紧密的联系。

1.3.2　**德性区别于“人格”**

正如前文所述，德性不论从哪个角度去理解，综而合之，就是人类内心存储的真、善、美，是一种人所具有的富有卓越和力量特征的好品质。德性作为人的一种内在品质，与人格有着诸多的一致性。中国古代的儒家文化中尧、舜、禹、周公、孔子、颜渊等推崇的“圣人”人格，就是以德性作为价值标准，成为人生的最高境界。道家文化中的老子、庄子等“至人”人格，荷马时代的俄底修斯、赫克托尔等的英雄人格，当代中国雷锋、焦裕禄、孔繁森等的先进人格，都体现着时代的美德，他们的人格就是德性的化身。“德性往往以人格为其整体的存在形态，或者说，人格是德性的集大成者。”① 但是人格与德性毕竟是有区别的。“人格”从心理学的角度看，是指人的性格、气质、能力等特征的总和，从人类学、社会学和伦理学角度看就是人应当具有的品德、尊严和体面等精神要素，是一个中性概念。德性以人格的形式存在着，也是人格构成的重要部分，是人格中正向的品质，德性生成状态严重影响人格形成。正如高恒天博士研究所得，与人格相关联着的德性具有内在性、自律性、能动性、终极性、导向性、结构性、稳定性、相对稳定统一性、社会约束性和正外部性。其中德性所表现出来的内在性、自律性、能动性、结构性、稳定性、相对稳定统一性和社会约束性是与人格一致的特点，而终极性、导向性和正外部性则是德性独有的特点。德性是人性、人格、思想中最好的那一个部分，积极、健康、完整的人格就是德性的人格。

1.3.3　**德性区别于“人性”、“思想”、“政治思想”**

从哲学角度说，“人性”是在一定社会制度和一定的历史条件下形成的人的本性，包含人的自然性和非自然性，或者说它包含了德性与非德性内容；人性不都是好品质范畴，还存在恶品质范畴，而德性是一种好品质，具有正向性，人性中的好品质也是德性的一部分；人性与德性具有对立性，在一定条件下，人性对德性具有侵害意义，而德性总是站在对人性修善的立场；人性与德性也存在一致性，帕斯尔卡所声称的“真正的人性是一种品德和习性”，从道德的角度看，没有德性就没有真正的人性，没有德性的根基人性就会沦为兽性。“思想”是指客观存在反映在人的意识中经过思维活动而产生的

---

①　高恒天．道德与人的幸福．北京：中国社会科学出版社，2004：89．

结果，思想对德性的形成具有重要影响。正确的思想有利于德性生成，错误的思想不利于德性的生成。而“政治思想”是思想的下位概念，是一种高度社会化的精神构成成分。一种科学的、好的政治思想它将合于德性，而不好的政治思想将背离德性。由此看来，德性是人性、(政治) 思想中最好的那一个部分，自然性与非自然性相谐的那种人性就是德性的人性，正确的 (政治) 思想亦即一种合于德性的思想。

1.4　语文的德性指归

这里把德性界定为具有卓越特征和生命力量的好品质，把德性内涵用真、善、美来概括，是为了让人们更好地理解德性的本然，从而从众说纷纭的理论之麻中抽出身来，不使其迷茫，也从过去那种对“德”、“德性”有着偏颇、恶意或敌意理解的人的思维定势中脱离出来，正视德性及其价值，把握教育中的德性培育，把握语文教育中的德性意义。这里把德性与道德规范、人性、人格、思想、思想政治等区分开来，就是要让我们的理论视野投入真正的德性本质中来，纠正观念上的已误或者说明我们所关注的是人的一种应然品质——这些好品质代表了人类的价值取向，不是某一阶级的政治要求。我们思考德性，呼唤德性，希冀着将德性引入教育的应然位置，这不是过去那种为某一个阶级、一个时代、一个地域的“德育挂帅”、“政治挂帅”，而是意在构建人类共通的精神家园，我们在承认并关注德性的社会的、阶级的、时代的、地域的因素的同时，更多地关注着人类普适性的美德。总之，德性具有主体意义、生命意义、生成意义和普遍意义，它明显区别于以社会性为特征的思想和道德规则，更不是狭隘的政治，而是人类应该追求的内在的好品质。关注德性，不是打造阶级的政治工具，不是只为了构建阶级的意识形态，不是搞政治挂帅，而是关注人的生命价值，关注人类最有价值的精神要素，使人类更文明，使生命更有尊严，从而使人类社会更和谐美满。关注语文的德性价值，不是要把语文道德化和政治化，而是要认识和把握语文的固有品质，弘扬中外古今人类形成的优秀精神情愫，发挥语文对人的精神建构价值的潜能，提升语文的教育效益和教育品位，实现语文的育人目标。

第2章　德性的时代话语：价值与理想

课程既是生命的课程，生活的课程，同时也是时代的课程。爱因斯坦说，德性是“一切人类价值的基础”①。德性在人类的任何时代、任何区域都闪烁其光芒，人类也在不断地追寻着德性的光芒而去。通过人的教育，催生人的德性品质，建造人类的德性社会，这正是教育的美好理想。学校教育必须顺应这种人类发展的需要，课程必须感知、领会、反映时代的要求，课程研究必须深刻理解社会这一宏大的教育背景和课程环境，尤其是人文课程，一定要深入到人类生活、人类精神中的这些内质之中，确定课程自己的目标方向，找寻自己的方法途径。语文教育必须倾听人类心灵的呼唤，语文课程必须深入理解这样的社会背景，人文课程才能实现其人文的意义和价值。德性作为一种崇高价值，不论在过去的时代还是在当代，都是人们关注和追求的核心价值。当代中国在经历一段扭曲德性的时代后，也获得了德性的觉醒，德性成为时代的强音，这正是研究语文德性品质的切近背景及现实意义。

2.1　德性是往世人类的价值灵魂

社会为人的德性提供滋养，也为人生提供展示的舞台。教育既是人的存在方式，也是社会构成的一个部分。我们关注德性，注重培育人的德性，是因为德性的意义和价值。人类个体精神的集合，就形成人类的整体精神；人类个体的德性的需求，就成了人类整体的德性需求。这种“整体”体现为社会性。然而在这一方面，人类并不是总保有清醒的品质。德性曾经在人类的过去崇高着，作为社会主体意识形态生存着，或者作为社会公义生长着，德性也在理性时代迷失着，为知识和技术遮蔽着，或者，德性在社会上层建筑的主控下，改变着，扭曲着。可喜的是，到后现代，德性精神开始有了回归

① 陈根法. 德性论. 上海：上海人民出版社，2004：8.

的脚步声，德性话语渐渐成为社会意识的主题词，渐渐形成一种社会语境。德性的社会话语，说到底，依然是一种人的话语，因为社会是人的社会，德性不论其张扬、迷失、觉醒、回归，都不是一种社会行动，而是人的自为。“人不仅是生物遗传的产物，更主要的是传统的作品。”① 迷失正是因为与传统的断接，与传统精神的断接。教育“它意味着前后相续的每一代人都诚挚地融合到整体的精神中去”②，精神的传承亦即教育的职责。社会德性等社会公义、价值经由教育通过每一个个体德性的生成而获得生成，社会的需要本质上就是人的内心需要，社会对德性的呼唤本质上就是人的心灵对德性的渴求。因此不论在什么时候，在什么地域，都有着对德性的执着追求。在人类生活的历史中，更是不泯德性向往之心。从时代意义来说，德性是往世人们追求的价值灵魂。在人类历史长河中，构建德性社会一直是为人们所向往并努力付诸实践的目标。把德性作为社会价值的灵魂，是许多社会形态建构的基本点，因为在更多的人们看来，德性是人的幸福与社会和谐的最重要内容。社会是由人组成的，离开了人，就无所谓社会。构建德性社会的基础在于培育德性的人，培育人的道德性灵。社会公民具有了德性，社会才会是一个德性社会。正如中华民族长期以来的优秀传统文化积淀下形成的“礼仪之邦”，正是全民族德性的聚合与积淀。在人类的往世，人们对德性的追寻总是显得那么积极而勇敢，那么执着而坚毅。

从西方伦理思想史看，人类尤其是人类的一些先哲，对德性一直心存敬意并矻矻以求，都想因德性而获得人的内在的快乐、幸福与成功，都想构建一个美好理想的德性社会，让人的生活更为美好。从苏格拉底开始，哲学家把观看星星的眼睛转向了观察人类自身的生活世界，开始要人们设法去“买到‘高尚’、‘善良’和‘美德’”③，他的哲学行动就是为雅典哲学地思考生活，思考政治伦理，为追寻美德留出地盘，在理性的基础上探求人的美德生活，号召人们“要更多关注灵魂和道德的改善”。④ 在柏拉图的精神哲学中，

① ［德］卡尔·雅斯贝尔斯．时代的精神状况．王德峰译．上海：上海世纪出版集团，2003：117．

② ［德］卡尔·雅斯贝尔斯．时代的精神状况．王德峰译．上海：上海世纪出版集团，2003：118．

③ 金生鈜．德性与教化．长沙：湖南大学出版社，2003：34．

④ ［古希腊］柏拉图．申辩篇（36c）．上海：商务印书馆，1983//转引自金生鈜．德性与教化．长沙：湖南大学出版社，2003：34．

既认真探讨作为个体人的道德本质，更关注和寻求人在日常生活中德性的实体性的基础，把人的德性的生成置于宏大的共同体之中，认为国家伦理大于个人伦理，个人德性的获得与实现必须在一个有真正德性的正义的民族之中，必须以正义的德性国家为基础，因此他在《理想国》中提出了一个理想的国家制度，充分展示了他对德性追求的真诚。亚里士多德把善与幸福作为伦理生活的目的，他沿着柏拉图的《理想国》前进，看重城邦的善，其德性论及其教化思想是建立在自由的社会基础上的，他的德性教化就是自由教育，这既包含了对理性能力——智慧的追求，又包含了对德性品质的追求，这是美好生活不可缺的两个因素。奥古斯丁作为中世纪基督教最具代表性的思想家，也提出要在尘世之城中建立上帝之城，倡导一种信仰生活的德性，为着信仰与爱的生活而去获得美德，克服恶德，要求人类“应当全心全意爱上帝，爱你周围的人，犹如爱你自己”①。对基督教倡导的这种爱的理想，人们表现了更大的渴求，哪怕是现代人无力去实践，也终不能放弃。康德就表明，善应该存在，即使善何时何地都不出现。舍勒也深深地呼唤说：“让那条悄悄在教会中流淌的信仰和爱的河流，从心灵中奔腾而出，流进一个急需信仰和爱来滋润的世界——世界已经在渴望爱的甘露——它的要求从来没有这样迫切。”② 卢梭以其自然而浪漫的教育理想国的建构，成为实现道德理想国的精神指引者，被人看作“人类的导师”。康德认识到德性教化就是为了“成人”而非常重视德性教化，快乐论的工具主义的边沁和密尔，与理性主义抗争、把伦理思想转向对个体人的生命本质的解释的克尔凯戈尔、尼采、叔本华，主张回归亚里士多德德性传统的麦金太尔，都是以自己的毕生精力为朝着德性理想奔走的人。在过去人类精神追求中，德性是一个核心的追求，是每一个时代追寻的价值灵魂。

从古代中国的社会形态看，德性也是中国古代社会价值的根本追求。中国伦理思想发展史，就是德性观的形成和德性发展史。“中国传统伦理思想史，也可以说是以儒家伦理思想为主干的各种伦理思想相互作用的辩证运动。”③ 而儒家伦理，基本上就是一种德性伦理，其伦理的基本内容即人的德性。德性在古代中国，同时作为哲学的一个重要问题，有着其独特的价值特

---

① 金生鈜．德性与教化．长沙：湖南大学出版社，2003：111.

② ［德］M．舍勒．基督教的爱理念与当今世界//爱的秩序．上海：三联书店，1995：137.

③ 参见朱贻庭．中国传统伦理思想史．上海：华东师范大学出版社，1989：17.

征，即宇宙观、认识论与道德观交融一体。这也引导着我国古代社会人们对德性追求的独特性。在中国古代社会，历史彰显着人们德性追求的足迹，整个中国古代社会，实际上形成了以儒家德性要求为公义的德性社会。重德的儒家伦理思想，全面、深刻地反映了中国古代社会经济、政治和社会结构，适应了封建统治的需要，因而成为封建社会的统治思想。夏代具有道德意义的“德”字的出现，标志着初具理论色彩的伦理思想的开始。到西周，形成了“有孝有德”的伦理思想，倡导了“孝”、“友”、“恭”、“信”、“惠”等宗法道德规范。主张“修德配命”、“敬德保民”，把道德与宗教、政治融合，以行于世。到春秋战国时期，随着百家争鸣局势的形成，德性伦理得到很大发展，思想家们不断地在道德作用、道德本质、人性与人的本质、义利关系、道德修养等方面展开讨论，形成了诸子伦理思想：求“仁”的道义论的儒家伦理；主张“兼相爱，交相利”的墨子伦理思想；反世俗，求“至德”的道家伦理思想。当然，法家却是抱以非道德主义主张的。孔子的“仁学”伦理，使中国古代儒家伦理形成了基本模式，“爱人”、“忠恕”、“仁礼统一”成为社会价值的主要追寻。孔子还要求行“仁”德于天下，主张“养民也惠”，“惠”即作为“仁”的五个德目之一，既希望达到人与人之间的相互尊重和相互宽容，又希望构建社会政治和谐。“可以说孔子的‘仁’是‘人的发现’，标志着对人类道德生活的某种自觉。”① 义利观作为重要的德性内涵，中国古代的价值取向，基本上就体现在儒家的基本主张之中，即“重义轻利”、“贵义贱利”，甚至发展到“存义去利”的极端取向。宋明理学“存天理，灭人欲”也是一种极端的表现。墨家把“利人”、“利天下”作为道德的最高目的和最高原则，也就是对人德性的最高要求。随着两汉神学、魏晋玄学、隋唐佛教、宋明理学等伦理思想的产生与发展，尽管产生了多样的世界观和人生观，但是德性始终是一条清流，一直流动在人类的心灵追求的领地。体现在“天人合一”思想把德性所推崇的高度；性情思想对德性的关注和要求，北宋周敦颐“以诚为本”的道德本体论，把“中正仁义”作为“人极”的道德标准；北宋张载的“知礼成性，变化气质”的修养论对德性的内在崇敬；明代王守仁提出的“致良知”伦理思想；明代王夫之“身成”与“性成”统一的“成人之道”，等等②，都无不透射着我国古代对德性价值的深深

---

① 朱贻庭．中国传统伦理思想史．上海：华东师范大学出版社，1989：43.

② 参见朱贻庭．中国传统伦理思想史．上海：华东师范大学出版社，1989.

思索和矻矻追求。正是这些伦理思想的统摄与张扬，使我国古代社会走向了德性的深处。

2.2 德性是当代中国的价值吁求

正如前述，中国一直以来都是以一个重德的社会形态呈现在世，儒家文化已经成为了民族血肉与精神的融合。虽然儒家文化并非所有的都是精华或者说都是积极健康的，但对德性的弘扬永远是一种崇高价值的表现。当然，在一段时期以来，我们在某种意识形态之下忌讳谈德性，忌讳谈人性，把人类普遍的德性和人性扭向了一种极端的阶级性和政治主义，但我们仍然不能说我们不重德，反而是更重德，只是在有的时期把德的价值和意义强调到了一种极端，同时又把德的内容局限到一个极小的范围，使得人在这样一种精神重压之下难以喘气。这一状态，进入新时期以来得以逐步缓和，到新世纪，一种本真的社会德性的要求开始复苏。我们欣喜地听到了对社会精神价值中德性的呼唤之声，我们的社会生长着如许的德性话语，德性语境慢慢形成，德性社会形态正依以下语词开始了伟大的建构。

2.2.1 以德治国

在新世纪初，江泽民同志明确提出了“依法治国，同时，也要坚持不懈地加强社会主义道德建设，以德治国”①。尽管在我国的治国历史实践中，也曾经较多地运用了德治方略，我国古代许多有智识的政治家也纵论德治要义，但真正把“以德治国”明确提出为一种治国方略，在我国历史上也是鲜见的。尤其在由自由、民主、法治等话语引领政治潮流的当今，明确把以德治国作为社会治理的主题词仍然是需要胆略的。中华民族是一个重德的民族，顾炎武在《日知录》里就说“礼义廉耻，国之四维，四维不张，国乃灭亡”②。这里的“礼义廉耻”也是德性的四维，此语正是把“德存”与“国存”的关系说到了显处。“现在的‘以德治国’不是简单的向传统治道的回归与复古，而应该是传统的更新和改革，现在的德治是以现今既有的法制为基础，进求道德价值与政治理想，与是创造全新的社会。”③ 以德治国的关键是“德政”，

① 中共中央文献研究室编. 江泽民论有中国特色社会主义（专题摘编）. 北京：中央文献出版社，2002：337.

② 顾炎武·日知录.

③ 金东洙. 儒教与德治//苗润田，杨朝明主编. 儒学与现代文明. 济南：齐鲁书社，2004：137.

政统百姓，政德民惠。《论语·为政》早就提出“为政以德”的思想，管子也说“政之所兴，在顺民心，政之所废，在逆民心”①，说“治国有常，而利民为本”。《论语·尧曰》也提出“因民之所利而利”，我们可以看出，儒家德政思想包含为政以德的根本在于以民为本、以人为本，政策利民，方能利国。政也是人之所施，政德亦即人德。而德政在很大程度上取决于“德君”。以德治国还必须要有德吏。孔子说“为政以德，譬如北辰，居其所而众星拱之”②，就是说执政者不要靠权势来确立和维护其至高无上的地位，而要靠自己的人格力量成为国家凝聚力的核心。执政者必须正人先正己，以身作则，率先垂范。孔孟为主的儒家所进求的社会是“王道”、仁政的社会，要求执政者和从政者都要“正己以安百姓”，也就是说，做官的要有官德，要修身奉公，以德养廉。从当今社会来说，就是干部要有德，以德治国不仅要有德政，还必须有执行德政的德性干部，德性干部也正是社会公义的执行者、维护者和体现者。德民是以德治国的基础。社会普众的道德意识、道德修养和道德责任将最终决定着德性社会的形成。以德治国的实现，正取决于德君、德吏、德民三个层次的人的德性状况。以德治国亦即凭借建设人之德性以达到建设社会的目的。

2.2.2　构建和谐社会

构建和谐社会成为当前社会建设的主题词。《吕氏春秋·大乐》说：“故能以一听政者，乐君臣，和远近，说黔首，合宗亲；能以一治其身者，免于灾，终其寿，全其天；能以一治其国者，奸邪去，贤者至，成大化；能以一治天下者，寒暑适，风雨时，为圣人。”这里既给我们描绘了一个和谐社会的图景，也揭示了构成和谐社会的人与自然、人与社会、人与人的一些方方面面。孟子对和谐社会的理想是“均无贫，和无寡，安无倾”③，在人际伦理上，要求做到“老吾老，以及人之老，幼吾幼，以及人之幼”④，儒家精神世界所重视的正是其道德价值，这正是我们今天时代需要的思想财富。庄子所构想的和谐社会即是“至德之世”、“建德之国”、“至治之世”、“无使之乡”，⑤ 德是社会和谐的根本。人是社会生活的主体，人也是社会和谐的主

---

① 战国策·越策二.

② 论语·为政.

③ 孟子·梁惠王上.

④ 孟子·梁惠王上.

⑤ 庄子·天地.

体，无论是孔子所强调的人与人之间要多一些关爱，多一些诚信，做到“老者安之，朋友信之，少者怀之”①，还是荀子提出的“贵贵、尊尊、贤贤、老老、长长，义之伦也。行之得其节，礼之序也”②，都是指向了人伦的和谐，这正是一种德性社会的特征。由此可以看出，和谐社会不论其有多少个层面的表现形式，它所根植的必然是社会的道德价值，只有社会道德的和谐才有着真正和谐的社会，这样的和谐也才有底蕴，这样的和谐社会也才能长久。而道德价值，又必然性地落脚于“人”，离开了人，就不存在什么道德价值。只有人达到了一定的德性修养，道德价值的取向正确，道德实践能够本于德性，和谐才有可能诞生。

2.2.3 政治文明建设

政治文明已经与物质文明、精神文明并立，成为社会主义文明建设的重要方面，包含了政治意识文明、政治制度文明和政治行为文明，体现了一个科学的政治观，其先进意义的核心所在就是坚持以人为本。罗素说过，政治理想必须植根于个人的生活理想。这样要求我们必须确立人在政治活动中的主体地位，将促进人的全面发展作为政治活动的首要任务，关心人，爱护人，建立新型的人际关系。以人为本，实现人的全面发展，在马克思主义社会理论中构成了政治的最高本质。马克思高度重视人的发展在社会进步中的作用，提出了以人的发展为特征的三种社会形态理论，即依赖性、独立性和自由个性。一个社会的政治文明程度、政治进步的状态以及所获得政治成果的数量和质量，从根本上说都基于该社会政治主体即人的政治意识、政治素质和政治能力。人是一切政治活动的中心，政治文明的基础是人的文明，政治文明的目标最终也应在人的文明中发展与进步。政治文明是人类对美好政治生活的探求。柏拉图从“知识即美德”出发，以正义为基本主线，描述了他的“理想国”，希望正义成为一个理想政治生活的灵魂，通过教育改造并抑制人的不良本性；亚里士多德用“善”的概念来描绘国家的建设，主张通过个人的善，达成社会之善，认为国家是“最高善业”，必须通过良好的政治制度来推进国家的善业；卢梭认为一个理想的政府应该是能使人民变成最道德的、最明智的、最富有学识的、最好的人民的政府；孔子和孟子主张推行“仁政”，对统治阶级提出了道德要求，主张建立“克己复礼”、“安分守己”的

---

① 论语·公冶长.
② 荀子·大略.

理想社会。看来，文明的政治必然是德性的政治，人的德性，依然是政治文明建设的根本，政治文明实质上也是一个德性话语。

2.2.4　全面建设小康社会

小康这一中华民族优秀传统文化的精华，在当代条件下，经过灵活改造和运用，赋予了马克思主义的科学意蕴，成为中国特色社会主义理论中一个十分重要的概念。小康社会的本质是什么？有的人提出“阶段论”，认为是中国现代化实现过程的一个阶段；有的人提出“道路论”，认为是中国式的现代化发展道路。这些认识可以说是从经济学或政治学角度出发来认识小康社会的本质的，然而从社会学的角度看，我们宁可将其看作是一种良好的社会状态，是“状态论”。邓小平曾在多种场合阐述过这样的观点，即“小康是中国式的现代化”这一思想。如 1979 年 12 月与日本首相大平正芳的谈话中说：“我们要实现的四个现代化，是中国式的现代化。我们的四个现代化的概念，不是像你们那样的现代化概念，而是小康之家。”① 1984 年 3 月，在会见来访的日本客人时又说：“翻两番，国民生产总值人均达到八百美元，就是在本世纪末在中国建立一个小康社会。这个小康社会，叫做中国式的现代化。翻两番、小康社会、中国式的现代化，这些都是我们的新概念。”② 在邓小平对这些概念的阐述中，我们明确地理解到，他要向我们描绘的是一种良好的社会状态，尽管这个社会状态用了一个“八百美元”的明确的经济概念，确定了一个经济指标，但说到底，小康社会仍是一个综合的社会状态的概念。很显然，“小康”和“小康社会”两个概念的内涵和外延都是有区别的，前者可能更倾向于一个经济概念，后者更应当是一个综合概念。马克思对社会本质曾有两个著名的阐述，即“社会——不管其形式如何——究竟是什么呢？是人们交互作用的产物”③ 和“生产关系总合起来构成所谓社会关系，构成所谓社会”④。那么，“小康社会”就应当是指在良好经济生活条件下的社会关系和谐的社会，并且，“社会关系的和谐状态是小康社会的内在要义”⑤。而在我国古代典籍中，对“小康”的状态描绘，也正更多地体现了这种社会的和谐状态：天下为家、温馨和睦、财产私有、生活宽裕、上下有序、家庭和

---

① 邓小平文选（第 2 卷）．北京：人民出版社，1994：237.
② 邓小平文选（第 3 卷）．北京：人民出版社，1994：54.
③ 马克思恩格斯选集（第 4 卷）．北京：人民出版社，1972：320.
④ 马克思恩格斯选集（第 4 卷）．北京：人民出版社，1972：363.
⑤ 蒋均时．论小康社会的本质及其特征．中国政治，2005（2）.

睦、讲究礼仪等。由此我们更能看出，“小康社会”更重要的是体现了一种社会发展的价值取向，这种社会价值取向就是一种以人为本的社会形态，人本性是小康社会的一大基本特点。这种和谐小康表明，除了基础经济条件之外，其内蕴还包含着充分的精神指标，这种和谐精神的基点显然在于人的德性。

2.2.5 公民道德建设

发布《公民道德建设纲要》，努力加强我国公民道德建设，这是当前我国社会意识形态中直接面向道德建设的话语。公民道德建设既是精神文明建设的重要内容之一，又是政治文明建设、和谐社会、小康社会建设的基础性工程，也是一项必然性工程。人无德不立，国无德不兴。社会是人的社会，道德是对人而言的，只有人的德性发展了，社会公共道德才得以建立。在新的历史条件下，从公民道德建设入手，继承中华民族几千年形成的传统美德，发扬中国共产党领导人民在革命斗争与建设实践中形成的优良传统道德，借鉴世界各国道德建设的成功经验和先进文明成果，努力建设和发展与社会主义市场经济相适应的社会主义道德体系，对形成追求高尚、激励先进的良好社会风气，保证社会主义市场经济的健康发展，促进整个民族素质的不断提高，具有重大的意义。公民道德建设把目光直接投射在作为公民的“人”身上，人的德性的生成，是一切美好社会理想的基础。

2.2.6 培养“四有”新人

柏拉图看重教育，认为教育是国家的事业。他在《理想国》中表达了这样的理想，就是通过教育形成人的智慧、勇敢、节制、正义四种美德，从而维持国家良好政治秩序，进而认为：国家的当权者不要把气力花在不停地修改和制定法律上，而要在培养人们的美德上下工夫。因为美德是良好政治秩序的基础。如果政治秩序不良，法律和宪法将是无济于事的。① 社会主义教育培养人的目标是：把学生培养成为有理想、有道德、有文化、有纪律的新人。我们的社会主义教育实践也在努力实现这一目标。“四有”新人与柏拉图的“四种美德”在本质内涵上也是相通的，因为人类追求善和美好是永恒不变的。伟大的革命理想和高尚的道德情操，是“四有”新人的本质特征和精神支柱。培养“四有”新人的要求，实际上就是对学生世界观、人生观、价值观的一种具体要求，对“德”的指向非常显著，“四有”的核心在于提高人

---

① 单中惠，朱镜人．外国教育经典解读．上海：上海教育出版社，2004：18.

的思想道德素质和科学文化素质，这种要求，就是要培养大写的人，实现德性人生，努力做“一个高尚的人，一个纯粹的人，一个有道德的人，一个脱离了低级趣味的人，一个有益于人民的人”①。知识亦即美德，那么理想、道德、文化和纪律本质上都是美德要素，“四有”新人的本质就是德性的新人。

综上所述，这些话语形成的社会语境，明确地告知我们，时代在呼唤美好德性，社会在点亮德性之光！在我们当今这些社会建设方略中，它们传达了一种共同的信息：我们的社会发展越来越把人文关怀放到突出重要的位置，越来越突出“人”在社会的本体地位；而人的德性生成，又是实现这些美好治世方略的根本所在——尽管任何发展必然地以经济基础为基础；人的培育，主要是德性培育——从社会的角度看，就不仅仅是学生还包括公民的培育——就成为了社会发展、创建美好社会不可不重视的关键环节。从以德治国到建设社会主义政治文明，从全面建设小康社会到构建和谐社会，从培养社会主义“四有”新人到公民道德建设，归结起来有两个特征，一是人本的价值取向。社会的发展首先建立在人的发展基础之上，社会的和谐发展，建立在人的全面发展基础之上，以人为本，从“人”出发，又回到“人”的本位，以人的发展展现社会的发展，以人表现整个社会。人本，即是以人为中心，把是否有利于人的全面发展作为衡量社会发展的标尺。这里所说的“人本”，与19世纪费尔巴哈的人本学，与车尔尼雪夫斯基的人本主义，与20世纪20年代的哲学人本，有很大区别，“在社会发展问题上的人本，是指以促进人的全面发展为出发点和归宿”②。二是德性的价值取向。所有这些社会建设的理想，共同凝聚了德性意义，饱含了德性要求，并且是以“德”为主体内涵，体现了德性价值，这些社会理想为我们的教育，为我们的语文教育提供了基本语境，也为教育和语文教育开拓了发展方向：教育、语文教育需要走向以人为本、注重人的精神品质培养、生成德性人的和谐教育。

2.3　德性是当今全球的伦理追求

德性不是某一国家、地域和某一民族、群体的精神，而是全人类精神的灵魂，是一种人类的普遍价值，它是人类文明的尺度。在当代社会生活中，

① 毛泽东. 纪念白求恩//毛泽东著作选读（上册）. 北京：解放军文艺出版社，1986：346－347.

② 蒋均时. 论小康社会的本质及其特征. 中国政治，2005（2）.

德性与法治成为促进社会稳定与进步的两只滑轮。“德性表征着生活世界的条理与秩序，又保证了社会的祥和与温馨。”① 因为“德性就是去做公认的秩序要求做的事情”②。尤其是在当代，由于人类经过了现代性精神荒芜的心灵鞭笞，对德性的吁求更是如此强烈，以致全世界都在矻矻探求我们人类共同的精神家园。新儒学的发展成为了明证。

2.3.1 德性是一种普遍价值

德性是基于所有“人”的、所有世界的、所有时代的价值，它贯彻于人类的过去、现在和未来，也穿行在世界的东西南北。尽管对德性具体内涵的理解有时因时因地因人有异，但其基本内涵都是一致的，是共通的。从德性内涵看，更多的德性也是具有普遍意义的，它适于人类的各种阶级、阶层。比如，在《诗经》中《小雅》的《楚茨》、《六月》、《南陔》，《大雅》的《卷阿》、《下武》，《唐风》的《鸨羽》及《周颂·闵予小子》等都从不同的方面反映了孝思、孝行等，上述诗篇既有贵族的诗歌，又有平民阶层的民歌，反映了孝的观念在当时的贵族和平民阶层中都是同样盛行的，孝的德性是封建时代的公义。还比如善和诚信、正义的德性也是全人类共同的一种德性。当前力求倡导的全球伦理要求正说明了这一点。当今时代，由于经济全球化带动的人类全球化，可以说脚步很快，这对人类素质预备直接提出了挑战。当前，不论是就国内还是就国际而言，都面临着多种文化相互激荡的局面，全球化时代的文化转型是全人类的共同问题。尽管美国学者塞缪尔·亨廷顿提出了文明冲突论，认为未来世界冲突的主要根源在于文化的差异，但是作为德性，它包含了大量人类共通的品德要求，这些品德要求也不断在我们现实生活中体现。首先我们遇到的是，商业行为中的诚信共通，没有诚信，在商业行为中就不会有成功，或者说不会有长久的成功。作为德性内涵的一个方面，诚信就成为了我们人类共同的守则。我们完全可以说，我们需要的守则，不仅于此，还有很多很多，随着人们行为空间的不断扩展，人们交往的不断全球化，人们共同的领域越来越多，我们的共同守则也将越来越多，也因此，对人的内在德性素养的要求也将越来越多。1993 年 9 月，在美国芝加哥世界宗教大会上，来自各种肤色、各种宗教主张的6000 多名代表，本着一个核心——为转变人心而努力——而共同提出了《走向全球伦理宣言》，《宣言》指

---

① 陈根法. 德性论. 上海：上海人民出版社，2004：10.

② ［美］A. 麦金太尔. 德性之后. 龚群，戴扬毅译. 北京：中国社会科学出版社，1995：169.

出："我们所说的全球伦理，并不是指一种全球的意识形态，也不是指超越一切现存宗教的一种单一的统一的宗教，更不是指用一种宗教来支配所有别的宗教。我们所说的全球伦理，指的是对一些有约束性的价值观，一些不可取消的标准和人格态度的一种基本公式。"① 作为底线伦理，德国著名神学家孔汉思作为全球伦理的主要倡导者，对全球伦理也有明确解释："由所有宗教所肯定的、得到信徒和非信徒支持的，一种最低限度的共同的价值、标准和态度。"② 而韩国学者金圣基认为，"全球伦理就是指人类各种文化传统中存在的普遍真实的伦理原则"③。不论是作为"价值观"、"标准"、"人格态度"的"基本公式"，还是"普遍的伦理原则"，它们都根植于人的"德性"，只有立足于人的德性而产生的价值标准、公式、原则，才会是稳固的、共通的，才能是有生命力的，才能在人类中贯通和推行，并为人类所遵从和捍卫，即伦理价值的标准、原则等合德性则立，不合德性则废，全球伦理将基于德性伦理。

2.3.2　德性形态的新儒学价值

儒学和新儒学的价值都在于德性这一核心内涵。现在不少新儒学学者在论证，在西欧科学主义等价值观遭受严厉批判的当今，儒学是否可以成为全球的普遍伦理。韩国学者金活容指出，21世纪的价值观应从儒教的人本主义中寻找。我们知道，儒教伦理中，修养论是其重要特色。其主张是人通过自我修养，将其目标制定在通过人伦秩序和宇宙万物的自然秩序的调和，而发现自我，并与天地合一。修养就是修德。儒教中的价值实现，其出发点设定在日常生活的宗教性省察，并通过日常生活的省察和修养，追求与天地自然的合一，它绝不停留在自己的完成，而把成己、成人、成物当作理想的境界。学者们也正是在这里找到了儒家集体化伦理可以作为普遍伦理之根据，认为它既符合底线伦理体系，又具有超越性结构，其自然观、宇宙观、人观等都符合于后现代普遍伦理价值系统。不难看出，这种论证是可信的，这种努力是有价值的。儒教之所以能够经千年而不衰，之所以能够长期地为封建统治服务，正是因为儒教之根能够深植于人的德性，在人的德性基础上建立符合

---

① 孔汉思，库舍尔编．全球伦理——世界宗教议会宣言．成都：四川人民出版社，1997：171.

② 孔汉思，库舍尔编．全球伦理——世界宗教议会宣言．成都：四川人民出版社，1997：171.

③ ［韩］金圣基．儒教伦理学与二十一世纪//苗润田，杨朝明主编．儒学与现代文明．济南：齐鲁书社，2004：76.

阶级统治所需的价值系统和道德规约。

在这里，我努力介绍全球伦理，也就是想说明随着人类的发展，人类居住在了地球村，普遍伦理既是人类社会发展的必要和必然，也将是人类发展中可能和可行的。进一步说就是，德性是人本的东西，它具有人类的广泛性和普遍性。德性不仅在我国当前社会形态发展中有着积极意义，同时也在全球社会生活中有着共通的积极意义。在地球村，德性才是我们共守的精神家园。德性，永远是多元文化的融合点。文化各有不同，然而德性是人类的普泛性特征，是人类价值中最值得珍惜的东西，是各类文化的灵魂。正是这一灵魂的共通，文化才能交汇于一，人类才有可能相互聚居。当前我们深刻地面临了多元文化的问题，在全球化的席卷之下，每一个国家和社会都不可能处于一种单一文化的统领，在不远的将来，每一个国家和社会都将不存在一种起主导作用的文化，当今的美国，就已然明显呈现出了这一态势，文化的多元化必将成为世界共同的特征，这样，有关教育的文化问题也就必将趋向复杂化。面对文化多元化，教育必须与之呼应，"一方面，我们要考虑文化的教育，另一方面，有关全球社会的知识正在成为必须。学生必须掌握一些全球的动态和趋势，必须了解一些如何与来自多样化背景而且价值观往往与自己不同的人打交道的常识，否则，他们在未来的生存将会遇到麻烦。"① 这些"文化的教育"，这些"常识"，这些"有关全球社会的知识"，其中正包含着人类共同的"德性"，那么，让学生生成德性，就成了我们教育的重要责任。这种对学生的德性预备，亦即使学生为全球文明中的生活做好准备。尽管我们看到的未来是不完整的和模糊的，但是我们决不能回避对下一代人的教育责任，使他们能够迎接未来。这是今天的教育所要面临的前所未有的挑战。"让我们把物理科学、自然科学和社会科学的最优秀的成果与人类价值中最值得珍惜的东西融合在一起，把教育放到全球的视野之中，只有这样，我们才能拥有一种体现人类素质中最优秀品质的教育体系。"②

以上所述，一方面表明了语文德性品质研究在社会视角的意义，一方面也进一步表明，语文因其德性培育的独特性，其德性培育的内涵和方法更可

① [美] 霍华德·加德纳. 未来的教育：德育的科学基础和价值基础. 教育研究，2005 (2)：12－19.

② [美] 霍华德·加德纳. 未来的教育：德育的科学基础和价值基础. 教育研究，2005 (2)：12－19.

以跨越时代和地域的局限，去追寻属于人类共有的真、善、美的精神价值，并且理当以此为重点，立足于培养学生作为人的内在德性品质，使其生成人类理当具有的好品质，真正“成为人”，甚至“成为美好的人”，而不是立足于培养阶级的和政治的工具，从而从面向人类、面向未来、面向全球去为我们语文德性培育立意，为我们的学生去构建精神园地。

第3章　德性的人生话语：生命与精神

教育的任务就是"去形成一个人"[①]，"形成一个人"既是完美人生的开始，也是完善人生的全部过程。人生即"人的生存和生活"[②]，人生境界问题是人的一种存在问题，深入认识人生，理解人生，对教育有着积极的意义。深入地认识人们人生观念和人生理想，是我们教育认识人的一个重要内容，是我们教育确立指向的一种必要依据。人们指望人生走向哪里，我们的教育也就应当朝此走去。

德性是人类文明的根基。人类任何行为，应当尊崇德性；人类任何发展，应当发展德性；人类教育的根本在于育人，教育最高的境界及最高难点，在于育人之心。我们已然处身21世纪。当我们怀着眷恋对人类文明来路回望时，当人们带着对未来的责任而反思已过时，富有哲思的专家学者们注意到，当今人类面临着文化与思想的危机。"文明之危机"成为了世纪"诊断"。"其带来的问题是资源的枯竭，生存环境的破坏，人性的堕落等等。与日俱增的犯罪、吸毒、暴力、精神失常等，意味着停滞和衰退的种种征候。"并认为原因在于"以科学技术为基础的西欧文明观所蕴藏的根本性矛盾"。[③] 由此，后现代哲学力图克服这种近代性的局限性，打起了批判和解构西欧启蒙主义以后所宣扬的理性中心主义、Logos中心主义、根本主义、人类中心主义旗帜。面对危机，人们在忧虑。著名的麦金太尔正是面对这一忧思开展了他的非常有意义的工作，在对以西方为代表的现代性所作的否定批判中，揭示了一个重大理论问题：如果在这个现代化即功利化的过程中，德性在生活中没有位置，或德性的位置只在生活的边缘，那还有没有对人类而言或对个人而

---

① 单中惠，朱镜人．外国教育经典解读．上海：上海教育出版社，2004：60.

② 中国社会科学院语言研究所词典编辑室编．现代汉语词典．北京：商务印书馆，2005：1147.

③ ［韩］金圣基．儒教伦理学与二十一世纪∥苗润田，杨朝明主编．儒学与现代文明．济南：齐鲁书社出版，2004：74.

言的至善目标？在麦金太尔看来，“没有德性，人类生活性质的本身已经改变。社会道德如此贫乏，只能意味着一个新的黑暗时代已在来临。”[①] 这是他对自启蒙运动以来，摈弃德性传统、全面功利化的西方社会的道德文明状况的严重诊断。这一认识，也是在警示我们，我们的社会也正在走向现代化，现代西方文化及价值观念不断地涌入，我们要如何守护好我们的德性传统，使我们的社会不至于在现代化的过程中也完全步入功利化的深渊，使我们的精神不至于走向迷失，这是非常重要而有益的一个课题。

3.1　德性：关乎人的本质

卢梭说：“人类的一切知识中最有用、但最不完善的知识就是关于人的知识。”[②] 正因为其“最有用”而又“最不完善”，所以人们一直在执着地探索着。蒙田也提出“世界上最重要的事是认识自我”[③]，人类认识自己的责任是多么重大。什么是人或者说人的本质是什么？这是哲学反复探究的一个基本的又深奥的话题。教育的对象是人，教育必须深切地关注人。因此，教育学对“人是什么”这一命题也理应饶有兴致。张楚廷教授在他的《课程与教学哲学》一书中指出：“如果对‘人是什么’的问题不感兴趣，那就是对教育不感兴趣；如果对‘人是什么’知之甚少，那就是对教育知之不多；如果对‘人是什么’知之有偏，那就不太可能使教育行驶在正轨。”[④] 此言充分表明了人之于教育的重要，以及了解并理解“什么是人”对于教育的基础性意义。“不深切关注人及其本性而奢谈社会之崇高的教育观、课程观、教学观亦决无先进可言。”[⑤] 只有弄清了什么是人、人的发展需要什么、人的发展将走向哪里等问题——尽管这些问题不可能一下就认识清楚，但我们必须努力地去走近它——教育才能找到自己的方向、方针、方法，否则教育将成为迷途的羔羊。

从本质上看，人是什么？早期的哲学家，从人与动物的形体相区分，把人定义为“两足而无毛”或“没有羽毛的两脚动物”。但后期哲学家们更多地是从人的某种特定性出发，来认识人的本质。马克思有一个著名论断就是：

① ［美］A. 麦金太尔. 德性之后. 译者前言（龚群）. 北京：中国社会科学出版社，1995：24.

② ［法］卢梭. 论人类不平等的起源和基础. 北京：商务印书馆，1959：12.

③ ［德］恩斯特·卡西尔. 人论. 甘阳译. 上海：上海世纪出版集团，2003：1.

④ 张楚廷. 课程与教学哲学. 北京：人民教育出版社，2003：331.

⑤ 张楚廷. 课程与教学哲学. 北京：人民教育出版社，2003：332.

"它是一切社会关系的总和。"① 他是通过对社会构成，通过对社会分析，通过对人在社会中的地位和作用来认识人的本质的。由此马克思还曾说，人就是人的世界，就是国家、社会。离开了人就无所谓国家，也无所谓社会。有的人将马克思的这些论断，作为人的社会本位论加以弘扬或批判，其实，这里马克思正是从社会的角度看到了人的本位。所有这些社会关系之所以构成，就正因为了"人"这一根本因素。因此，马克思还说，"人的根本就是人的本身"，"人是人的最高本质"。② "人有很多需要"，"他们的需要就是他们的本性"③，"有意识的生活活动把人跟动物的生活活动区别开来"。显然，这些论断其根本落脚点还是在人本身的存在，马克思对人的本质的认识，并非如有些人所理解的，是从社会本位出发，只是马克思善于从社会关系的角度去考察人，但在他的理论思想中从来就没有忽视人作为人自身的存在。"需要"、"意识"在马克思对人的观察中，含有了根本性的意义。这种思想在马克思和恩格斯关于人的全面发展学说中也有充分的体现。他们认为，人的全面发展的主体是指体力和脑力的全面，肉体上的和精神上的全面，又指精神、文化自身的全面。可以看出，在马克思恩格斯看来，人的精神的发展，不仅是人的全面发展的重要内容，而且是一个相对于肉体的高层次的发展。苏格拉底把人定义为：人是一个对理性问题能给予理性的回答的存在物。进而认识到，人的知识和道德都包含在这种循环的回答活动中，人依靠对自己和他人作出回答的基本能力，而"成为一个'有责任的'（responsible）存在物，成为一个道德主体"。④ 苏格拉底对人的知识和道德的关注是深刻的，"有责任的"存在物就是一种道德的存在物，所以，他最终把人的本质定位于"一个道德主体"。亚里士多德则把人定义为"政治的动物"⑤，近代哲学家帕斯卡把人定义为"人是思想的芦苇"⑥，把人的"思想"看作其本质。卡西尔在充分肯定那些把人定义为理性的动物的伟大思想家主张的同时，对人的本质进行了更深入全面的理解，指出"理性动物论"所表达的毋宁是"一个根本的道德律令"，认为"理性"对于理解人类文化生活形式的丰富性和多样性来说

---

① 马克思恩格斯选集（第1卷）．北京：人民出版社，1995：56.
② 马克思恩格斯选集（第1卷）．北京：人民出版社，1972：9.
③ ［德］卡尔·马克思．1844年经济学－哲学手稿．北京：人民出版社，1979：50.
④ ［德］恩斯特·卡西尔．人论．甘阳译．上海：上海世纪出版集团，2003：10.
⑤ 张楚廷．课程与教学哲学．北京：人民教育出版社，2003：330.
⑥ ［法］布莱士·帕斯卡．思想录．何兆武译．北京：商务印书馆，1985：20.

“是个很不充分的名称”。由此，卡西尔提出了自己对人的本质的基本理解：“我们应当把人定义为符号的动物（animal symbolicum）来取代把人定义为理性的动物。”① 这是一个以人类文化为依据的人的定义，这里体现了卡西尔对人的本质认识的文化哲学视角。在他看来，符号化的思维和符号化的行为是人类生活中最富于代表性的特征，人类文化的全部发展依赖这些条件。这些作为符号的文化表现为语言、神话和宗教、艺术、历史、科学等。也就是说，人之区别于动物的正是这些“人类文化”。这一观点，涵盖了理性论，又超越了理性论，它的积极意义正在于把精神生活作为更高层次来认识人的本质，也正如克尔凯戈尔认为的，“人是精神”②。而德性即人的精神生活的核心。

对人的认识，人类还有许许多多的智慧。我国古代许多思想家对人的本质有着深刻的阐述，比如荀子说：“草木有生而无气，动物有气而无义，人有生有气又有义。”这实际上就是揭示了人的德性本质。上述各家之说，就人的本质而言，不论是从社会视角，还是从科学视角，还是从文化视角，他们有一个共同的倾向就是，对人的认识都最终归宿到对人的精神的关注，对人及其自然性的超越层面去理解人的本质，这些精神、这种超越的集中体现就是德性。这些学说，对人的认识、定义，不论是本质认识，还是存在方式认识，都能够在人的德性上走到一起来。由此我们完全可以说，人，不论是“社会关系的总和”，还是“理性的动物”，还是“政治的动物”，还是“符号的动物”，终归是“德性”的人，德性是人的内在精神的核心，正如我国诗人臧克家的诗句所表达的：“有的人死了，但他还活着；有的人活着，但他却已经死了。”这是因为“人的存在在于生命的意义，在于对真、善、美的追求”。③ 精神地存在、德性地存在是人的最高存在，德性是人的本质内涵。“德性使人成其为人。德性是一个人的真正的标徽，也是人之所以异于禽兽的关键所在。”④ 总之，人是德性的动物。

3.2　德性：引领人的发展

那么，对人的全面发展又有怎样的认识呢？人的全面发展，在苏格拉底

① ［德］恩斯特·卡西尔．人论．甘阳译．上海：上海世纪出版集团，2003：42.
② ［丹］克尔凯戈尔．致死的疾病．张祥龙译．北京：中国工人出版社，1997：9.
③ 冯建军．生命与教育．北京：教育科学出版社，2004：29－30.
④ 陈根法．德性论．上海：上海人民出版社，2004：5.

看来，就是盼望人像“能够一无所有”的“神仙”一样“接近于神性”，“接近于完善”，这种表述可能还不那么具体，对人的全面发展没有提出一些具体要素，但我们可以理解到，“神性”往往就表达了一种对人的高德性的向往。[①] 而柏拉图把人的全面发展看成是“心灵既温文而又勇敢”的“品质和谐存在的人”。[②] 亚里士多德也用“顾及人的灵魂的各个部分和人类生活的各个方面”、“审美观念和鉴别能力”、“豁达的胸襟和自由的精神”来表达他的教育目标，并明确提出由“善德最大”而获得“最高尚的快乐”[③]，成为和谐的人。“灵魂”、“胸襟”、“精神”都是与德性紧密关联的，只有德性建立了，人的“灵魂”才高尚，“胸襟”才开阔，“精神”才伟大，而“善德最大”则更显著地表明了德性在他的思想里的核心地位。席勒是这样理解人的全面发展的：教育的目的在于，培养我们感性力量和精神力量的整体达到尽可能的和谐的人，通过更高的教养来恢复被教养破坏了的我们的自然（本性）的这种完整性。这里也把德性表征的“精神”、“教养”强调得比较突出。马克思恩格斯仍然从社会生产方式这个基底着手，善于从现实生活来对人的全面发展进行考察。正如前所引，人的全面发展的主体是指体力和脑力的全面，肉体上的和精神上的全面，又指精神、文化自身的全面。精神的、文化的发展必然基于德性的生成。马克思恩格斯的人的全面发展学说，还特别强调人的自由个性的发展。而个性既是心理学意义上的“人格”，又有广义的意义，即包括“整个精神面貌的完美、完善，能力、志趣的发展，需要层次的提高等等”。[④] 这种精神的完美和需要层次的提高，正是一种德性要求的表现。我们所熟悉的，马斯洛提出的“需要层次论”更是清晰地说明了人的发展的最终趋向。作为人本主义心理学家，他十分明了人的需要，认为人的需要层次由生存需要到安全需要再到爱与归属需要，然后到对尊重的需要，直至对认识与理解、对自我价值实现的需要，可以看出，精神追求才是人的一种高追求。爱与尊重等德性需要的满足，成为认识与理解自我、实现自我价值的基本前提，是人的精神生活的支撑。德国空想社会主义者欧文成功建立“模范移民区”的试验也证明了尊重的意义，他基于注意营造一个高尚的人文环境，“使

① 任钟印．世界教育名著通览．长沙：湖南教育出版社，2002：6.
② 任钟印．世界教育名著通览．长沙：湖南教育出版社，2002：36－38.
③ 任钟印．世界教育名著通览．长沙：湖南教育出版社，2002：66－73.
④ 张楚廷．课程与教学哲学．北京：人民教育出版社，2003：305.

人生活在一个比较合乎人的尊严的环境中”而取得成功。① 这一试验充分表明，“尊严”作为一种德性，是人的一种生存方式和生活状态，只有在有德性的生存状态中，人才具有发展力和创造力。德性是人的发展的普遍而核心的要求。卡西尔所认为的，“人的本质不依赖于外部的环境，而只依赖于人给予他自身的价值。财富、地位、社会差别，甚至健康和智慧的天资——所有这些都成为无关紧要的。唯一要紧的就是灵魂的意向、灵魂的内在态度。”② 这种“灵魂的意向”、“灵魂的内在态度”不正是我们所说的内在德性的生成、积累和外化吗？卡西尔还进一步论述说，“从人类意识最初萌发之时起，我们就发现一种对生活的内向观察伴随着并补充着那种外向观察。人类的文化越往后发展，这种内向观察就越加明显。”③ 如果把眼光转回到我国一些思想家对人的全面发展的认识上来，我们则会更加深切而明了地知道德性发展之于人的根本性意义。孔子对学生的预期是“仁者不忧，知者不惑，勇者不惧”，主张用“文、行、忠、信”去教育学生。④ 显然，育人之德成为孔子教育思想的主题词。中华民族是一个以重德为传统的民族，国家是一个重德的城邦，德在人生中的重要地位，可能任何一个民族和国家都没有如此地深刻。今天，还有学者作为形而上学精神的宏大叙事风格，就是通过对“本体”问题的探求，设定人生终极目标。在20世纪从“人自身的存在”楔入，通过对个体内心的“神圣体验”的唤起，通过对我们视之为神圣的东西的理性反思，来克服现代人的物化的、无意义的存在状态，从而恢复人的完整性和超越感。人根本上说，形而上学不论以何种方式表现自我，其终极目的是一致的，即为保存生命中对善的信任和追求。也许康德的这一断言——追求整体、追求统一植根于人类的天性中——在今天依然是有意义的，或者更确切地说，形而上学是人的本真的需要。因为只有它，才能使现代人克服生命无意义的物化状态，才能解释人类作为整体之为何的问题，从而使人在“意义之光”的引导中向上翱翔。⑤ 正如冯建军博士所扫视的，从生命视界来认识人，以“人”的方式来认识“人”，把人看作种生命和类生命的集合体，人，既是未特定化的自然生命，也是超自然的生命，把人归结为：人是自然的存在物，是人的

---

① ［德］马克思．科学社会主义．北京：人民出版社，1988：12.

② ［德］恩斯特·卡西尔．人论．甘阳译．上海：上海世纪出版集团，2003：12.

③ ［德］恩斯特·卡西尔．人论．甘阳译．上海：上海世纪出版集团，2003：6.

④ 孙青培．世界教育史．上海：华东师大出版社，1992：56－61.

⑤ 车玉玲．形而上学是人的本性需求．江海学刊，2004：4.

自然存在物，是未特定化的生物体，人也是自为的存在，是文化的存在，是超越性的存在。① 这种“自为的”、“文化的”、“超越的”正体现于人的“精神”向度。

说到这里，我们可以总结一下，正如苏霍姆林斯基所强调的：一个人在智力或能力上的差异是客观存在的，然而通往道德发展顶点的道路对任何人都开放着，这里有毫无限制的平等，这里每个人都可以成为大写的“我”，成为独一无二的人。② 这个大写的我，就是德性的我。这样我们通过对这么多思想家们思想的梳理，可以初步得出这样一个结论：人的根本发展就是德性的发展，或者说，人以德性发展为最高发展，德性永远站在人的发展方向的前端，引领着人的发展。

3.3 德性：彰显人的生命

每一个生命都是高贵的。人的生命的高贵，不在于其自然生命的意义，而在于其精神生命的意义。人拥有着各自的人生，追求着各自的幸福，不断地走向一种价值的生存，这种走向就是走向一种精神的高度，走向一种德性的高度。“人的精神生命成长既以‘德性’为生长点，又以‘德性’为动力源。”③ 德性是人的内在精神生命向度的根本之所在。追求德性就是精神生命中的“自我立法”。④ 人的发展以德性发展为最高发展，德性就成为人的生命存在的最高形式，也成为了人的生命表现形式，德性使人的生命更显得像“人”。所以人们从来就注重修身养德。《大学·经一章》曰“自天子以至庶人壹是皆以修身为本”。教育，正是人的精神形成的台阶，教育必须面向人的这种高层次需求，促进人的这种需求的获得。《吕氏春秋·尊师》曰：“教也者，义之大者也；学也者，知之盛者也。义之大者莫大于利人，利人莫大于教。”这里把教育的意义、教育对人的作用放到了很高的位置，即给人最大利益就是给人教益。当代所说的，教育培训是职工的最大福利，也就是这个意思。《中庸》首章曰“修道之谓教”，这正体现了教育的目标追求，发展人的德性亦即教育的重要责任。

---

① 冯建军. 生命与教育. 北京：教育科学出版社，2004：1－40.

② 杨维文. 苏霍姆林斯基教育思想国际研讨会综述. 教育研究，2005（2）：90－92.

③ 吴安春. 德性教师论. 北京：人民教育出版社，2003：89.

④ 康德语。他在对实践理性批判的基础上，认为应当把人的道德应然准则建立在纯粹的理性中，通过理性的自我立法，把道德奠基在人的内心的自由与自律上。——本文作者注。

教育如何求得学生生命的全面发展？大家都已熟知就是要在智力因素和非智力因素方面都得到发展。在现代心理学中，人们广泛地探讨了学生的智商（IQ）及其发展，也有人提出了学生的情商（EQ）及其发展，这对学生生命发展，对教育找准自己的路途显然是好的，但又是很不够的，我们还必须高度关注学生“德商”（VQ—Virtue Quotient）① 的发展。德商是指人的内在德性涵养指数。在对智商高度关注的时代，我们也需要更多地关注人的德商。中央教育科学研究所副所长田慧生研究员在其《时代呼唤教育及智慧型教师》② 一文中，提及一个有趣的真实故事。在他主持一个教学课题研究活动时，参与研究的某实验小学课题组设计了一道“数学”题，然后让一名数学特级教师对在低、中、高三个年级段随机抽取的各 20 名学生进行测试。题目是这样的：一条船上载了 25 只羊、19 头牛，还有 1 位船长，要求根据已知条件求出船长的年龄是多少。大多数学生居然算出了具体“结果”，只有少数学生对试题的合理性提出了质疑，且质疑者中低年级学生居多，中年级次之，高年级最少。这一结果引起了教师们的追问和反思：以现有的教学方式我们是否把学生越教越聪明了？当今的学校教育和课堂教学究竟还缺少什么？田慧生研究员在文中援引此例，他的目的在于引出其对“教育智慧和智慧型教师”理论的论述，从而从中得出这样的一个认识：随着学生年级的递升，受教育时间的增加，知识量的扩大，学生的好奇心、想象力、创造力反而逐渐萎缩，而对教师、书本的依赖、盲从程度则越来越严重。这个结论无疑有其正确的一面，但这乃是从某一个角度去认识这一现象，可以说是一种“智慧论”。然而，从非智因素看，我们发现本案例正充分说明学生随着年龄的增长，一种可贵的“德性”精神在丧失。这些学生所表现的，不一定是其智力水平的下降，而是某一个方面的德性水平的下降，即“真”的丧失，“勇”的丢失，“诚”的遗失。有道是，年少无知，无知则无畏，无畏就会“真”、就会“勇”、就会“诚”。实际上这里就存在一个“知”与“德”的问题。安徒生的《皇帝的新装》所蕴涵的道理正是本案例的另一生动图解。从大臣到平民，成年人都说皇帝的新装华美无比，只有少不更事的小孩能坦率地说出真相：事实上皇上什么也没穿！显然，大人们并非因其智力低下而作出那样的判断，而是社会需要迫使他们作出这样的不合于德性的判断。本案例也是

① 作为人的内在品质的“德商”之“德”，只能是 virtue，而不应该是 moral。——本文作者注。

② 田慧生. 时代呼唤教育及智慧型教师. 教育研究，2005（2）：50.

这样，大龄孩子不一定是因为没有疑问，而是“不敢”说出自己的真实想法，他们把自己的心思隐藏起来了，甚至以不可思议的方式表达出来，产生例中结果。这在现象上表现为对知识、对科学的一种态度，实质上却体现了学生对世界、对社会、对人的一种认识和态度。文章所提出的“当今的学校教育和课堂教学究竟还缺少什么”倒是一个真正值得我们深思的问题，但问题不只是时代呼唤教育及智慧型教师，而是长期以来的知识中心、技能中心的教育方向，丢失了人的许多宝贵品质，丢失了许多教育应有的责任，这就是学生的德性培育。案例的意义远远不止于田慧生先生所视及的。不难看出，我们近几十年的教学改革，从内容的、过程的，到技术的，大都是从服务于培养知识、能力、技术的角度出发的，而很少有从培育人的精神、人的德性层面出发的，这正是现代性教育之弊。

有曰：“百行以德为首。”① 德性是人的内在尺度，是人的本质力量，是生命价值之源，也是人生的重要支点。一个人如果他的德性高，他既能获得自身内在的幸福与快乐，也能获得社会和他人的认可与尊重，也就更能获得成功的人生。

> 缺乏基本的德性品质容易使生命的道路布满乱石和荆棘，人的整个生命过程就会不自然、紊乱和扭曲，生命本身的自然原创力就不能实现，生活本身推动了目的与意义。德性能够使人的生活符合人自己的本质，使人理解怎样的生活才是合理性的生活和正义的生活，德性使人在生活中坚定不移地以自我所认定的价值和理想去生活。②

孟子曾经对此有着深刻的理解，他说：“夫仁，天下之尊爵也，人之安宅也；莫之御而不仁，是不智也。”③ 他说的“仁”就是在他认为的德性之主体内涵。德性使人成其为人，教育就是人形成人的过程，教育必须重视和强调德性这一支点。

对于教育，苏霍姆林斯基充满人道主义精神的教育思想永远饱含着积极的意义。在他认为，“人道主义教育理想和培养目标应当是：造就全面和谐发

① 南朝宋·刘义庆．世说新语·贤媛．
② 金生鈜．德性与教化．长沙：湖南大学出版社，2003：145．
③ 孟子·告子下．

展的、富于创造和精神充实的合格公民和幸福个人。”① 在他看来，“全面和谐发展”必然意味着“精神充实”，而教育的根本就在于造就“合格公民”和“幸福个人”。他还强调，教育要让每个人获得道德的尊严，使每个人的道德成长不因身体的障碍而受限。认为“学校教育应该以道德的成熟、精神的丰富为根本目标”。②教育是使人“成为人的学问”（讲授做人的基本理论和知识，能够使学生具有做人的基本素养），然而从德性培育角度看，我们过去的教育又往往是一种使人“成为某种人的学问”，重视了“成为某种人的学问”而轻视了“成为人的学问”③ 由此，有人提出要使马克思主义理论课与思想品德课“旧两课”变为马克思主义理论课和人文素质教育“新两课”，求得国家意志与学生意志和谐统一，这也不无现实意义。

3.4 德性：提升人生境界

德性人生是一种人生的最高境界。“人不仅力求‘活着’，而且力求‘体面地活着’、‘有意义地活着’，力求‘过一种高尚的生活’。教育作为一种人道主义的事业，其价值不仅在于维持个体直接的生命活动也在于使个体生活得更有意义、更高尚。”④ 追求高尚的人生境界，自古以来是人类最美好的一种文化现象。德性是能动的，是一种具有统驭、推动、导航作用的巨大生命力量，是人创造自己美好生活、实现自我生命价值的内在动力源。德性可以使人的心灵“超然于变幻的世界之上而把握本质”，获得真理，引发人的道德情感，使人具有坚定的人生信念，并能将信念转化为行动，做到知、情、信、行合一。德性对人生具有引导作用，具有一定的导向性。“德性还常常表现为在逆境中为人生把航。”“德性的品格表现为爱一切美好的东西，憎恨一切恶的东西。这种爱憎分明的品格所表现出无私无畏的浩然之气，成为与邪恶势力相对抗的力量。”⑤ 孟子“富贵不能淫，威武不能屈，贫贱不能移”、孔子的“知其不可为而为之”、范仲淹的“先天下之忧而忧，后天下之乐而乐”、朱自清的不吃“嗟来之食”，都是一种高德性的表现，也正因为他们所具有的这些德性，使他们拥有了高尚的人生。德性“这种为善的意向不同于偶然的

---

① 杨维文．苏霍姆林斯基教育思想国际研讨会综述．教育研究，2005（2）：90－92．

② 杨维文．苏霍姆林斯基教育思想国际研讨会综述．教育研究，2005（2）：90－92．

③ 陈秉公．“两课”改革要注意的几个范畴．光明日报，2004－05－20．

④ 石中英．教育哲学导论．北京：北京师范大学出版社，2004：113．

⑤ 陈根法．德性论．上海：上海人民出版社，2004：4．

意念，而是一种稳定的精神定势”，正是这种稳定的精神定势，决定了人不管在什么情况下像指南针永远指向磁南极一样指向善，不论在何种境遇，都能够始终不渝地恪守自己所要追求的道德目标。

人生当有高境界。南朝的范晔说：“人生一世，但当敬畏于人。”① 凭什么让人敬畏呢？德性之人才能令人敬畏。人作为德性的动物，其追求的最高人生境界也就是一种美好的德性人生。正如《礼记·祭统》所言：“其德薄者其志轻。”中华民族是非常讲究人生修养的，中国历史上儒、道、佛三家都十分重视人生境界，非常重视人性的和人生境界的提升，也产生了许多对人生境界的理解。儒家以德性为标准来构建人生境界理论。孔子就以“道德”作为人生境界的标准，以“小人”和“君子”划分两种人生境界。“君子周而不比，小人比而不周。”② “君子怀德，小人怀土。君子怀刑，小人怀惠。”③ “君子喻于义，小人喻于利。”④ 教育就是使人成为人的过程，作为教育家的孔子，“小人”、“君子”思想直接影响其教育思想，培养道德的人，使人从“小人”逐步上升为“仁人”、“贤人”、“圣人”，正是孔子教育思想的核心。冯友兰把人生境界分为四级：自然境界、功利境界、道德境界、天地境界，并认为前两种是人现在就是的人，而后两种境界是人应该成为的人。在他这里也把道德境界作为了一种崇高人生境界，要求人们去追求、去成就。他的这种理解，是根据人对其所做之事的“觉解”程度来确认的，这也体现了他对人生的一种道德期待。张立文把人生分为“五大境界”，即“生命超越境”、“知行统一境”、“情景互渗境”、“圣王一体境”与“道体自由境”。⑤ 这虽然是以主体自由的程度为标准，根据现代社会状况和需要来进行的划分，但其中深深蕴涵了古代儒家人生境界理论的精神，对生命道德有着充分的关注。其中“生命超越境”所表达的人的追求要超越自然生命走向一种不朽的生命价值和意义，“圣王一体境”所表达的“善的优美境界”，都是直接指向人的高层次的道德与精神的，而“知行统一境”、“情景互渗境”、“道体自由境”也包含了一种可贵的德性价值，对人生的真、善、美的期待显著而强烈。这一理论构建也符合马克思主义人的发展学说，体现了马克思主义人的发展

---

① 南朝宋·范晔. 后汉书·张霸传.

② 论语·为政.

③ 论语·里仁.

④ 论语·里仁.

⑤ 张立文. 新人类学导论. 广州：广东人民出版社，2000：312－320.

学说中关于人从自在、自为到自由境界的思想。道家以自然性为标准来描绘人生阶梯。道家设想的最高人生境界是教人做“圣人”，这个“圣人”与儒家所说的“圣人”迥异，是指一种“越名实而任自然”的“真人”。但其强调的“为而不恃，功成而不处”①、“处无为之事，行不言之教”②，实际上正是一种德性要求。从庄子对“真人”的要求中我们也可以体会到这一德性要求。“何为真人？古之真人，不逆寡，在雄成，不谟士……”主张人生中无争无执，见素抱朴，无为而为，这种自然性标准对人来说实际上是一种高道德标准，是一种有着七情六欲、生活在社会现实中的人难以达成的一种高道德要求。佛教作为一种宗教，对人生境界的理解自有其精神，它虽然是以人生有没有摆脱轮回转世之痛苦为标准来论述人生境界，但其人生“八正道”——“正见”、“正思”、“正言”、“正业”、“正命”、“正精进”、“正念”和“正定”——道道佛性体现着高度的德性要求，正因为这种佛性要求之高，所以佛家强调修炼，直至修成正果，达到理想境界。

儒、道、佛三家对人生境界的理解，角度不同，观念不同，目的不同，表述的内容更是不同，但是三家都是对人的理想之境的思索与追求，都在“道”与“德”的意义上不约而同地会合，也就是说人到高处即求道求德。看来，德性的追求是人们的一种终极追求，不论怎样的世界观，怎样的人生追求，德性追求永远是正道追求。三家的人生境界学说也都与人性修炼紧密相关，这些观念都从人的角度去进行的思索，放弃了对人的阶级性和时代性的有限观照，有着普泛价值意义，也正因为这样，这三家思想都存在其不同方面的积极意义，在我国思想史上都有着深刻的影响，在中国传统文化和国民性的形成方面有着重大影响，这些思想已经融会于我们民族的血液和精神之中，这样的国民性、这样的传统文化和精神，也将不断地影响着我们民族的每一个人。

西方一些哲人们也从各自不同的角度对人生境界阐明了自己的思想。最生动有趣而富于启迪的是亚里士多德的人生境界学说。他在《论灵魂》中把灵魂分为三个等级，即：植物灵魂、动物灵魂、人的灵魂。植物灵魂存在于“腹部”，其基本要求是“营养”和“生殖”；动物灵魂存在于“胸部”，其基本要求上升到“知觉”、“感觉”和“欲望”；人的灵魂存在于“脑部”，进一

① 老子.

② 老子.

步上升到对“理性”的要求。在他看来，最有理性的人并严格按理性来生活的人才是最有境界的人，只有生活在“脑部”的人才具有理性的冲动，才能得到生活的愉快、幸福和美感，“对于人，合于理性的生活就是最好的和最愉快的。”① 而对幸福，他理解为自在自为实在的美善，是灵魂遵循完美德性的活动，所以说他的人生层次以理性为标准，理性的灵魂是最高层次，实际上这三个层次也是一种从物质、肉体的到知觉感觉，直至德性、精神的灵魂。克尔凯戈尔认为个体的人在从人走向上帝的路上有三个阶段：审美阶段、伦理阶段、信仰阶段，即由“感性”到“德性”再到“神性”。他的人生境界追求更高，一般人很难达到，而且它认为的最高境界作为宗教境界，离生活实际也是遥远的，但他的理论正是以德性为尺度来衡量，鼓励人们从堕落的、败坏的道德生活状态上升到高道德的生活状态，仍然是有积极意义的。尼采则追求超人的人格境界，他所向往的是精神的完全解放，不受奴役，他的这种向往实际上也是合于人的内在德性的。这正是我们所理解到的意义：在人们的思想深处，我们的人生不论它如何地千变万化，我们最终的追求都是在趋于德性的完善。对人生的境界不论有多少种理想追求，都将达于德性。这个人生的走向，正标示了我们教育的走向。

德性人生是需要德性培育才能达成的。教育应当引导学生生成这样一种德性。教育要为人类过一种“有境界”或“高境界”的生活服务。正如石中英先生所强调的，“教育应该将人生境界问题纳入到自己的视野之中，致力于强化人们不断提高自己人生境界的愿望，帮助他们树立起提升人生境界的信心，并激励和引导他们不断地走向更高的人生境界。这是21世纪教育人道主义的一个重要任务。”② 事实上，在现代社会生活当中，人们也是非常关注人生问题的，不少的人在对知识与人生、理性与人生、民主与人生、自由与人生等作些理论的探讨与实践的摸索，但是这些探索，尽管是对人生进行直接的面对，但主要还是一种社会视域的面对，也是一种现代主义的面对。在现代主义的影响下，人们很少直面德性人生，直面德性这种自在的内在的人生向往。长期以来，人们对人生的追求，更多地求之于外，是在向社会讨要人生的达成，知识、科学、民主、自由、理性、规范成为人生的一些基本语境。由于现代社会的功利化，市场、工具理性、个人主义主导着人们物质的与精

① 北京大学哲学系外国哲学史教研室编译．古希腊罗马哲学．北京：商务印书馆，1982：328.
② 石中英．教育哲学导论．北京：北京师范大学出版社，2004：124.

神的生活，人生境界，尤其是德性人生的境界被消费人生、技术人生、竞争人生等境界挤占了应有空间，这正是人们所感到的“精神家园的失落”。知识、理性、民主、自由都是人生的必要构建，但从前面我们对人生境界的探究中可以看出，德性是人生更为根本、更为重要的构件。在现实的教育生活当中，人生的境界问题在学校、家长、学生之中也是受到忽略或有所偏执的。现代化和工业化所引导的知识与技能主体的生活世界，让教育与个人都来不及去思索人生的高境界，教育成了一个朝向社会目标的奔者，人的精神被留在身后望其足尘，德性这个人的最根本的东西受到冷落与遗忘。我们所说的现代人的精神危机、精神衰微，也主要是指这种德性上的失落与滑坡。这种状况有着教育深切的责任。相反中外古代的教育却非常重视德性人生的教育。孔子的教育观实质上就是人生观。一部《论语》，说透了多少人生真理！而在他的教育观、人生观中，都是以德为上。因之构建的整个儒家的教育思想都是要使人生境界“止于至善”①。柏拉图在《理想国》中通过“洞穴中的囚徒”的隐喻，形象地说明教育的根本目的在于促使人的“心灵转向”，把人的精神或灵魂引向高处、引向光明、引向美好、引向理性，使人生境界得到不断地提升。我们的教育经历了并且仍将有一段较长的时间经历着科学主义的时代，科学主义时代已经也必将有更长的一段时间持续着对人类精神世界的伤害。后现代看到了现代之弊，对人的关注开始回到传统，人本意识不断回温，失落的精神在被人们重新拾归，德性价值在为人们日益关注，这正是我们教育回到人的重要背景和时代契机，“现在和未来的教育应该比任何时候都更加关注人生的境界问题”②。

德性是人的具有卓越特征和生命力量的内在品质，是真、善、美的统合；德性是人的本质存在，人的根本发展是人的德性发展；德性人生是幸福的人生，也是人生的最高境界，德性价值是人类社会普适的精神价值，是人类精神世界的永恒追求——这对我们的以培养人为唯一任务的教育是不是有着深刻的启示意义呢？对此，教育是不是应当深思自己的责任呢？课程作为学校教育的内容主体，是不是应当对此去积极地承领并践行自身的职责呢？语文课程作为一门人文课程，作为学校道德教育的重要课程资源和重要实现途径，面对这样一个宏大的问题，又应当如何去认识自己的品质、实现自己的价值呢？

---

① 礼记·大学.

② 石中英. 教育哲学导论. 北京：北京师范大学出版社，2004：126.

第4章　德性的语文话语：品质与走向

除了对一个人的职业影响，哪门课程对自己一生影响最大呢？人们几乎会回答是“语文”。诚然，我们可以确认这么一个事实：语文课程是学校教育中对人生影响最大的一门课程。更为重要的是，正如本文的前言开头所言，语文的这种深远的影响还不只是在语言层面的影响，而是因为其精神层面的影响。语文确实有这样一种品质深深地影响它的受教者，这个品质就是语文课程中所包含的德性品质。

“教育是在人与人之间进行的精神交流和对话。因此，人的知识是教育知识中最重要的知识；教育与人的关系也是教育关系中最根本的关系。”① 在古代和近代语文教育中，语文课程能够以人为中心，注意语文教育与人的关系，注重语文之于人的精神品格的形成，语文教育在教育理论、课程、教材、教法、考试等方面都积累了许多与人的培养直接契合的知识和经验。然而，进入现代以来，受现代科学主义和工具理性的影响，作为语文教育的实然，传统建构的语文教育的原则、方法、价值取向在很大程度上被消解，语文教育中这种对于人“更为重要”的精神意义仅得到了最为轻微、最为薄弱的关注，有时则是最为扭曲的关注。尽管语文教育也形成了不少自身的理论、课程、教材、教法、考试的知识和经验，但往往是一些功利式的、工具训练式的知识与经验，遗忘了人的精神根本，语文教育就成了语言、文章知识与技巧的培训教育，语文教育之于人，就成了工具运用的学习培训。然而，语文的本然并不如此。语文作为学校一门重要课程，具有其丰富的品质，以德性为核心内涵的精神品质，是其重要的内在品质，语文是一个德性的宝库。语文因其德性品质，成为人的美好人生的优美伴侣，是美好人生的生成台阶。语文教育是崇高的德性人生境界达成的要途，语文作为一门课程，必须走向人生，必

---

① 石中英. 教育哲学导论. 北京：北京师范大学出版社，2004：83.

须把形成学生美好的德性的人生作为语文教育发展的重要走向。语文走向人生，不仅是学生生命发展对语文课程的吁求，同时也是语文自身发展的吁求。

4.1　语文是一个德性的宝库

我之所以如此看重语文的德性意义，不是说从别人那儿寻找到了一些确切的理论说法，找到了支撑自己观点的东西，而是我本然地深深认识到了语文内在具有的这一高贵品质，一种不以专家们的观念承认不承认、也不以语文教育实践者的看不看重而转移的客观存在。当然，语文这一品质过去很多人是看到了，也有不少的人是重视的，他们把这种品质叫做“思想性”。有的人可能会说，我现在如此认真的东西不就是过去别人所讲的语文课程中的“思想性”吗！这也正是我担心的和我所要说明的。语文的德性品质在过去往往被人们所说的“思想性”所掩盖。德性与思想性有着内在联系，但更有本质区别。前文业已论述，德性是人内在具有的一种卓越特征的品质，是真、善、美的统合，是人类共通的一些好品质，其中融合了人类的道德、情感与审美，透射着人性和人格的灵性和美感；德性以人的生命精神为视界，是一个人本概念，具有主体性、生命性、生成性、正向性和普适性。“思想”是“客观存在反映在人的意识中经过活动而产生的结果。思想的内容为社会制度的性质和人们的物质生活条件所决定，在阶级社会中，思想具有明显的阶级性”,① 可见，“思想”是一个认知概念，也是一个社会视角的概念，是人们对事物的看法，是理性的，其个体性、阶级性、时代性、社会性和地域性更强。语文通过作为载体的课文，体现得更多的是人们的生活情景，是人的精神活生生的展示，不只是经过思维与抽象的思想展现。我们以朱自清的《背影》为例来作一说明。《背影》中有这样一段令人心灵震颤的描写：

> 我看见他戴着黑布小帽，穿着黑布大马褂，深青色棉布袍，蹒跚地走到铁道边，慢慢探身下去，尚不大难。可是他穿过铁道，要爬上那边月台，就不容易了。他用两手攀着上面，两脚再向上缩；他肥胖的身子向左微倾，显出努力的样子，这时我看见他的背影，我的泪很快地流下来了。我赶紧拭干了泪。怕他看见，也怕别人看见。我再向外看时，他已抱了朱红的橘子往回走了。

---

①　中国社会科学院语言研究所词典编辑室编．现代汉语词典（第5版）．北京：商务印书馆，2005：1290.

这里没有理性思想的体现，却包含着深沉的德性意蕴，一种以爱为主要内涵的德性意蕴，充满了善的价值。父亲的每一个动作，在背后观察父亲背影的儿子心理、心情、感情，加以文章前面所交代的生活背景，融合而成的充分体现爱的德性场，给人以巨大的心灵触动！作为读者，只要不是感情麻木者，谁不会为之生成自己高贵的爱的德性、孝的德性！富有德性内涵的文章，在语文教材的课文中比比皆是，如《这不是一颗流星》、《散步》、《羚羊木雕》（人民教育出版社 1992 年版，初中语文第一册）、《竞选州长》、《我的叔叔于勒》、《回忆我的母亲》（人民教育出版社 1995 年版，初中语文第六册）。这些文章，其德性意蕴或浓烈深厚，或雅淡清幽，要么如春雷之震，要么如春雨之润，于学生的德性生成以充足的养料。

语文与德性存在着一体的关系。德性寓于文章之中，文章是德性的载体；语文通过文章这一主体形式使德性成为课程自身固有的品质。它们存在如下几层交互式关系。

4.1.1 德性在生活中展开

德性作为人的一种具有卓越特征和生命力量的好品质，它不是孤立的，它既不能脱离于人而存在，也不能脱离于人的生活而存在。任何一种德性、任何一个人的德性，都寓于人的日常生活之中，由生活的点点滴滴来展示人的德性，由人的一举一动、一颦一笑来体现德性。“德性就是表现在他的角色所要求的行为中。”① 德性不是鸿篇巨制，不是理论学说，不是道德规约，它是生动的、具体的，是生活化的，是人的生活让人的德性得以展示出来，离开了生活就看不到德性。具体的德性总是存在于具体的生活之中。生活是人的存在方式，这种存在是一种意识的存在、理性的存在，也是德性的存在，是区别于动物的一种生命存在。人的德性依着人的生活而逐一展示出来，人的生活也在这些德性的展示过程之中慢慢地展开。比如，已经走上战场的一个军人，消灭敌人，保家卫国，成为其生活的主体内容，英勇无畏，敢于牺牲，成为其德性的主要内涵，当然还有爱护战友、惦念家人、珍爱生命，这些德性就随着战场生活的展开，点点滴滴、分分秒秒地展示出来。《谁是最可爱的人》中那些对惨烈战场的描写正体现了我们的战士对敌人的恨。而《祥林嫂》中祥林嫂因痛失爱子，她就一直生活在自己的一种德性意念之中。

---

① ［美］A. 麦金太尔. 德性之后. 龚群，戴扬毅等译. 北京：中国社会科学出版社，1995：221.

4.1.2　生活在文章中展开

语文教材以文章为主体，文章是丰富多彩的人的生活的结集，一册语文课本，实际上就是一个生活簇，那里有生动活泼的生活画卷，有精微深刻的人类思想，有美好多样的情感意蕴。语文的每一篇文章，就是人的一部分生活，过去的、他人的、他处的各式的生活，都通由这各式文章体现出来，展示给他人看。每打开一篇课文，就是打开人的一段生活，这段生活，经由文字的记叙、描写、抒情、议论、说明，展现在读者面前。比如课文《散步》（莫怀戚），用千余字记叙了“我，我的母亲，我的妻子和儿子”“在田野散步”这一件极小的家庭生活事件，通过选择走大路还是走小路，用简笔描绘了三代人之间深沉的爱，展示了一幅美好、温馨的家庭伦理生活画卷，体现了家庭和谐的伦理意境之美。简单的文章描写了简单的生活，表现了宏大的德性价值。文章就是这样展示生活的，当读者阅读它的时候，就不仅是在看文本中的文字和语言，而是在参看甚至是参与、经历、体验一段生活、一种情境，蕴藉一分真情、一种德性。

4.1.3　文章在语文中展开

作为一门学校课程的语文，课文是其主要的学习材料，甚至包括课外阅读，文章学习是语文学习的主体形式。一篇文章一篇文章地展开学习，就是一个语文学习的过程。课文是语文教材的基本形式，是语文教学内容的基本载体。大量的文章，承载着大量的人类生活，承载着大量的由人类生活蕴涵的人类德性，蕴藉于语文课程当中，使得语文具有了一种生命德性的重要品质，成为一个人类德性的宝库，成为学生学习和体验人类德性的宝库。这样，语文通过广泛地展开文章，较大程度地在学生面前展开生活的画卷，通过展开生活，在学生心灵中展开德性，从而由学习文章而体验生活，由体验生活而感知德性，也由此生成自身的德性。语文的德性意义正在于其生活的展示，而不只是知识陈述。金生鈜说：

> 德性虽然包含着什么是德性、怎样为德的知识，但知识与道德是不同的，德性是实践性的，它是生活实践中表现的道德品质，而对善的认识、对人的认识、对德性的认识有助于了解德性，并不能形成德性品质。德性是在追求德性的生活中获得的，有知识并不等于有德性，我们更重要的是在生活中做一个有德性的人。①

---

①　金生鈜．德性与教化．长沙：湖南大学出版社，2003：44．

语文通过课文，展示了人类生活，给学生提供了一个广阔的生活境域，一个饱含德性的生活境域，语文课程正是通过生活的展示，让人获得德性的生成。

显然，语文包容了文章，文章记录了生活，生活蕴涵着德性；德性成为语文的重要品质，语文成为一个德性的宝库；学生语文学习过程亦即生活体验过程，也是德性体验和德性生成过程。语文让德性的内涵更多彩，让德性的图景更生动；德性让语文的品质更崇高，让语文的价值更凝重。

4.2 语文是美好人生的台阶

人与“美好生活”（the good life）的实践关系是伦理学探究的根本理论取向，也是我们讨论语文德性的根本价值取向。语文德性品质决定了语文之于人的重要意义。幸福是合乎德性的现实活动，“德性是生活在受过教化的生活中表现与获得的，它是实现自身优秀与高尚的价值本质的品质。”① 德性直接关涉人的美好生活，“人的美好生活是在追求美好生活中度过的。德性的追寻将使我们懂得真正关涉美好生活的德性是什么”②。德性实现过程就是人创造以真、善、美为最高目的的幸福人生过程。德性作为人生的支点，语文作为德性宝库，语文之于人生的紧密关系和重要意义已经显然。德性是美好人生必具的品质，语文为人的一生构建生命精神，促动着人们向着德性的生活、德性的人生走去，也是向着幸福美好的人生走去。语文也是一门重要的人生课程，是德性人生之母。提升人生境界，生成德性人生，离不开教育，离不开具有高品位德性价值的语文教育。语文把人从小就往德性的方向引领，把人带向一种真、善、美的未来。语文通过德性的养料，可以滋润人生，人生可以通过语文教育获得德性的滋养，生长人生飞翔的翅膀。

4.2.1 语文是生活的语文

在各学科课程中，语文与人的生活关系最为紧密。一个常规的关系表达式，在语文与生活的关系表达中依然适用：语文离不开生活，生活离不开语文。从严格意义上说，这当然是相对于接受学校教育的人而言。对语文是生活的语文这种关系有三个不同层次的理解：

——**语文为了生活**。这正是我们平常“工具论”所表达的基本思想。认

---

① 金生鈜. 德性与教化. 长沙：湖南大学出版社，2003：76.

② ［美］A. 麦金太尔. 德性之后//转引自金生鈜. 德性与教化. 长沙：湖南大学出版社，2003：297.

为语文就是一种工具，学好语文，运用语文更好地与人交流交际，使语文作为人的一种固有的、日用的工具服务于人，其外在应用价值是日常化的、生活化的，是生活中须臾不可离开的，是人的生活的一个存在方式。这种理解事实上是在语言角度来理解语文的，也就是说是建立在“语文即语言”的理论基础之上的，是最表面、最浅层次的一种理解，当然也可以说是一个最基本的理解。在这个理解状态下，语文重视其语言意义，注重语言基础知识的学习及语言技能的训练，这种认识实际上是把语文限于一种语用学意义范畴的认识，语文因此得到缩小。

——语文学习是学生的实存生活。这是一种生活过程式的理解。每一个接受教育的人，一般不会离开本国语文的教育和学习。对于一个接受着或者接受过教育的人来说，语文就在生活中，生活就在语文中。这种关系是指语文作为一种课程存在形式和生活作为学生（人）的一种存在形式的关系。也就是说从形式上来看，课程存在于学生生活之中，课程的一系列实施过程就是学生的生活过程的重要部分，学生的生活过程在很大程度上就是各课程的完成过程。学生学习语文，这本身就是学生的一种生活。学生在学习语文的过程中不仅是在认识和体验语文内容中所包含的他人的生活，也是在经历一个自己“当下”的生活，学习过程就是生活过程本身。这一理解，不仅指向学校语文教育过程，而且指向学生后生活，指向人的校外生活。这正是人们所说的大语文教育，实质上就是一种对语文与生活的形式认识。语文因其语言功能所具有的“全息兼容的涵摄性”来体现语文教育的广度、“影响一生的终身性”来体现语文教育的长度、“化育人格的修身性”来体现语文教育的深度。① 因此人们还提出“语文生活”② 概念，把语文学习不再看成是学校教育的专属，而把它当作终身学习的内容，这种“生活”当然主要体现为语言的交流运用和人们的阅读生活。显然，这里的“语文”就不只是课程了，这里所说的生活世界也是一种教学生活世界，这实际指的是一种语文学习与生活或语文教育与生活，是一种元生活。这种认识是一种进一步的认识，是对语文教育与学生生活理解的深化，这个视角，对语文教育当然也是富于积极意义的，使教育深入关注学生当下的教育生活，把学生的学习过程当成生命过程的一个有机部分，而不是将教育生活当作人生的准备，这样注意到了学生

---

① 大语文教育再论．语文月刊，2000（12）．

② 韩军．论人的语文生活．www.cbe21.com．

生命的全程性和完整性。

——**语文的内涵即是生活。**亚里士多德是这样表述语言真相的："有声的表达是一种对心灵体验的显示，而文字则是一种对声音的显示。"① 这里面揭示了一个语言的经典结构，正如海德格尔所理解到的："文字显示声音，声音显示心灵体验。心灵体验显示所关涉的事情。"② 对语言的认识就意味着对语文的认识，这是一种对语文内涵本体的认识。语文课程之中蕴涵着人类丰富的生活世界，正如前面所说，由文章主体构成的语文就是一个多样多彩的"生活簇"，是师生得以在其间亲临体验的世界。学生学习语文，不只是在语言层面上对语言知识与技巧进行机械掌握，而是通过语文学习去感知、认识、体验人类丰富多彩的生活，从而从中获得生活经验，获得精神内涵，从而获得生命价值、蕴藉人生意义。我们讨论语文对于人的精神建构、德性生成必然是从语文和生活的内涵这个角度给以关注的，这是一种阐释学观念下的关注。这就是关注语文文本负载的生活内涵，关注学生作为文本解读者的生活内涵在语文中的呈现或映照。在语文教育中讨论学生德性生成基于这一理解。

诚然，语文是生活的，更显然地体现在其语言的生活应用上，但这里肯定并不旨在说明语文作为语言交际工具的意义来讨论与生活的关系，从语言本身来看，语文本来就是生活的一种表达形式。这里我们说语文是生活的，主要是着眼于语文的内涵与生活的内涵的相关意义。在这个意义上理解的生活世界，也正是胡塞尔现象学中所运用的概念，可以理解到三个层次的内涵：一是生活世界是我们生活于其中的实在世界，二是生活世界是前科学的或非主题化的世界，三是生活世界是主体的构造物。③ 这个生活世界即是德性的原本地，德性蕴藉于这个生活世界之中，语文通过表达生活世界而表达德性意义，学生通过语文学习而获得德性体验和德性生成，也由此构建自身美好幸福的德性人生。

4.2.2 语文具有"人之初"意义

"一个人从小所受的教育把他往哪里引导，却能决定他后来往哪里走。"④ 毫无疑义，语文是最早影响一个人人生的一门课程。一个人一走入教育，不

---

① ［德］海德格尔．海德格尔存在哲学．孙周兴译．北京：九州出版社，2004：382.

② ［德］海德格尔．海德格尔存在哲学．孙周兴译．北京：九州出版社，2004：383.

③ 李文阁．回归现实生活世界．北京：中国社会科学出版社，2002：95－100.

④ ［古希腊］柏拉图．理想国//转引自单中惠，朱镜人．外国教育经典解读．上海：上海教育出版社，2004：3.

论是什么时候、什么形式的教育，都必然是从语文开始。如果说人一出生就是人生的开始，那么，人一走进教育就是人生新阶段的开始。人的最早的教育应当是从“学语”开始，从生人父母最初的口口相授开始，尽管这个时候的语言学习并不能就称为语文教育（因为我们所讨论的语文教育是作为一种学校教育存在），但完全可以说是个体人的语文教育的发端。婴儿的语言从自然发声的“mama”、“baba”，到父母准确地教之“māma”、“bàba”，就开始了接受教育，然后语言扩展到身边亲人的称谓：爷爷、奶奶、姐姐、弟弟等，从个体的人来说，这应该就是语文之初，也是教育之初，也是一种人之初。可以看出，教育之初、语文之初，人们就非常注意德性的熏陶，这些亲人称谓的强化，自然加强了亲情感。在有的地方，成人教婴儿称呼他人，往往在称呼前加一个“爱”字，如“爱爸爸”、“爱妈妈”、“爱伯伯”。这些教育方式，对处于混沌中的婴儿而言，当然还不能感知其中的德性培育意义，但是教育就是这样从零开始，从不间断地持续下去，接着进入到学校教育，人就是在这样的一个过程中形成人的。语文的德性培育没有另外一个新的开始，正是在从牙牙学语开始的一切学习过程之中，在婴儿最初的语言学习中就已经接受着亲情教育，一种最基本的德性培育。可见，在各种学科知识中，语文是最早走入一个人的人生的。“识字”是教育的正式开始。也就是说，人的教育最初就是从语文教育中的“识字”开始的。有道是，“人生识字糊涂始。”人不识字的时候就不知“道”，对世界不认识，“无知则无畏”，自身处于一种完全的蒙昧之中，也就没有糊涂可言，而人一旦受到了教育，开始了识字，对自然、对社会、对整个世界、对人、对生命有了认识，才会知道自己所要了解、要知道的东西太多，才会对未知的世界充满迷惑，才会使人感到糊涂。苏轼有诗云：“人生识字忧患始，姓名粗记可以休。”① 诗中尽管体现了诗人的一种悲怀之情，表达的是一种不可取的精神述说，但此语恰恰表明了语文（当然，“人生识字”不只代表了语文）对人生的重要影响，是一种人生的深思之言，是对人生有着无限体会后的会心之言。如果说“糊涂始”是对知识、道理的迷失，“忧患始”则是更进一步地对人生本体的认识，是一种精神上的负荷，这种“忧患”体现了生命的责任意识，表现了一个人的高度的德性。这两句话，表明了最早给人以精神建构的正是“识字”，正是最初

---

① 宋·苏轼. 西江月·石苍舒醉墨堂.

始的语文教育，正是人之成其为人的必然方式：教育。我们同样也可以说，语文教育从一开始（识字）就给人以德性影响，“识字”不仅仅意味着“识字”，意味着“文化”的开始，蒙昧的逐步结束，而且还意味着人的文化心理形成、人的精神构建的开始，也意味着德性观念的开始。“识字”一般意义上是指学校教育了，不论是集体学校还是私塾，都存在师生教学关系，“识字”对于个体人来说，也是语文教育的一种开端。这种最初的语文教育（事实上此时还是一种语言教育）也包含了德性的教育。汉字是一种独特的表意文字，一个方块字就蕴涵了许多的意义，这是表音文字不可比拟的优越性。著名汉文字学家肖启宏先生用易学的分析方法，对汉字的本源、规律及应用，作了全面系统的研究，提出了“汉字不仅是记录汉语的文字符号，而且是负载着古代科学知识和文化观念的全息标志”① 的观点，认为中国的文字就是一种理智信息，祖先用文字告诉我们许多至为深刻的道理。确实，汉字形体可以呈现出异常丰富的多彩的意蕴来。如“哭”、“笑”两字，是两张面具，一张愁眉苦脸，一张喜笑颜开。许多汉字本身就已经具有深刻的德性意蕴，如“颂”、“贬”二字，“颂”字从公，“贬”字从贝，可见唯有“天下为公”是最值得歌颂的，要贬斥的是贝字当头的拜金主义。② 汉字文明，是非明确！所以，肖启宏先生指出：“开发汉字宝藏，用汉字文化来教化国人，来统一中华民族的思想，是我们再造‘仁义大国、礼仪之邦’精神文明光辉典范的盛德大业。”③ 当然，作为蒙童，对汉字中深藏的意蕴还不可能有所认识、有所体会，但在汉字的这种长期的耳濡目染之下，在一种汉字文化的长期熏陶中，人之德性能不深受其益吗？语文通过“学语”、“识字”最开始走入人生，影响人生，也以中华民族语言、文字中丰富厚重的德性内涵最早地蕴藉着人生内涵。语文从其最基础的知识开始，就拥有着德性培育意义；人生从一开始就承受着语文的惠泽，使语文成为人生德性的渊薮。

4.2.3 语文是人生永远的语文

我们说语文是人生永远的语文，一方面是指语文影响人的一生，一方面是指语文陪伴人的一生。这正是“大语文”的理解，也正是一种对语文学习的广度、深度、长度的三维意义的理解。语文学习的广度就是，语文作为母

① 肖启宏．汉字通易经．北京：新世界出版社，2004：4.
② 肖启宏．汉字通易经．北京：新世界出版社，2004：6.
③ 肖启宏．汉字通易经．北京：新世界出版社，2004：10.

语，学习资源和实践机会无处不在，无时不有，它渗透在一个人生活的每一点滴。一个人的语言面貌、语文素养不仅取决于他在学校所受的语文教育的程度，也还与他的家庭背景、社区文化水平、校园文化生活呈正相关，也与他交往方式、范围和活动兴趣紧密相连。一个人的一切生活活动都自觉或不自觉地处在一个语文实践之中，可以说，丰富多彩的人生阅历也正是丰富多彩的语文经历。语文的长度就是，语文具有伴随人的终身性的特征。除了具有“人之初”意义，还有终身性意义。语文学习既非从跨入学校开始，也非从跨出学校结束，而是从呱呱坠地、牙牙学语到黄昏诵晚、人生诀别都与生命相始终，贯穿人生全过程。学习型社会的形成，学习型人生的形成，将更显性地表现出语文学习的终身性意义。

语文学习的广度和长度都可以说是一种生活层面的形式性影响，而语文学习的深度则是生命意义的、价值意义的内涵性影响，这正是本文关注的核心所在。这种深度影响就是语文化育人格的修身性意义，就是培育生命精神、生成德性品质的内在人生意义。卡西尔认为，语言处于人类精神活动的焦点地位，甚至可以说它本身就是一种精神实体。通过语言可以走向人类心灵的所有领域。语文正是通过语言做着“走向人类心灵”这样一件意义非凡的事。黄伟先生通过对语文学习的考察，概括出语文学习对学习主体的作用的四个境域：一是初步感知、掌握和运用语言文字，满足日常交际需要；二是凭借语言文字进入人类文明殿堂，认知并摄取人类知识，获得“知识力”；三是在人类语言文化对话中反省、审视以至把握人生定位、生活价值和生存方式；四是在语言文化中潜咏吐纳，让人性充盈圆融，精神审美超脱，灵魂自由徜徉。① 前二者即为语文的“使用”意义，后二者则是语文的“享用”意义，语文就是要在语文学用之中实现“道德人生”和“审美人生”的大境界。这正是语文对人生影响的深度，事实上更是一种高度。

4.2.4　语文是一门人生课程

如果说语文的“人之初”意义不能说得上是人生意义的话（事实这也是一种人生方面的意义），我们还应当深入地看到语文对人的整个一生的重要影响，一种宏大的、深刻的、美好的人生影响。正如前面所述，语文是生活的，语文的主体内涵是通过文章这一主要载体所展示的“生活簇”，也就是生活构

---

① 黄伟．语文教育的三维建构——《全日制义务教育语文课程标准（实验稿）》的一种解读．http：//www. pep. com. cn.

成语文本身。在那些丰富多彩的生活之中，也展现了丰富多彩的人生境况，蕴藏着丰富的人生经验。各种类型的人生境况，通过语文这一“生活簇”揭示给学生，传达给学生，引领着学生的人生向度。这些人生境况或如火炬，灼亮人心；或如清流，浸润人心；或如雷霆，警醒人心。语文课程对人生的意义可以概括为如下几个方面：

——展示人生的美景，体验人生的意趣。作为“生活簇”，语文课文之中，展示了许许多多的美好人生。这样一些美好人生的原生样态，以生动活泼的形式，呈现给学生，让学生感知生活之美好，感受到人生之精彩，体验人生之意趣，从而使学生热爱生活，珍惜生命，充满积极向上的情绪和力量。如《社戏》描绘的儿时在乡村生活的浪漫，《从百草园到三味书屋》中百草园的快乐生活，都可以给学生诗意生活的人生向往，一种美好人生的向往，一种真、善、美的德性生活的向往；《春》、《绿》、《荷塘月色》等课文以自然美映衬作者内心的恬淡、喜悦、沉静的生活美，展现着德性人生的一种深沉的幸福感；《菜园小记》、《普通劳动者》等课文表现的是一种革命的浪漫主义的人生情怀，也透射着一种宏大的美感，给学生的人生体验是昂扬的、积极的、美好的。这对学生生成与创造昂扬的、积极的、美好的人生具有深远的意义。

——传播人生的道理，彰显人生的价值。许多的课文，其人生意蕴非常深厚，它们或者通过生活写实，或者通过一些来源于生活而又高于生活的具体生活情景的创设，来表现一些人生现象，表达一些人生理想，揭示一些人生道理，彰显一些人生价值，让人通过具体生活情景去体会、理解人生的意义；或者对人生的一些真理进行直接的阐述，作些或深或浅的说明，用深刻的道理增强学生对人生的直接认识。如《项链》通过“项链”这样一件普通的生活道具，展现了“不能够讲究打扮，只好穿得朴朴素素，但她觉得很不幸”的玛蒂尔德的必然性人生遭遇，给学生提出了如何认识人生的重大课题，告诉学生关于人生的一些道理，用反面教材引导学生正确认识人生的价值，这样的课文不会不给学生带来对人生价值的深切思考与关怀；《生命的意义》、《崇高的理想》、《生于忧患，死于安乐》等课文则是对人生价值的直接阐述，也是对学生人生观的有益引导与合理教诲。

——启发人生的思考，培养人生的信念。引导学生人生思考，为学生树立正确的人生观、价值观，引领学生坚定美好人生信念，也是语文课程具有的重要价值。不少课文中都体现了人类一种高贵的精神追求，不仅可以使学生明白什么是正确的人生观、正确的人生道路，什么是更为有益的人生、更崇高伟大的人生，这种人生将自身个体的人生命运与共同体的命运联系起来，超越个体生命的限制，达到一种人生的高度。如《挺进报》、高尔基的《母亲》，通过对作品中人物把个人人生命运毫无保留地与共同的事业联系在一起的高贵精神的描绘，展现了他们的英雄德性，让学生产生对崇高人生的认同、信仰、敬畏与追求，提升人的精神追求品位和人生境界的层次；《挥手之间》、《最后一次讲演》分别展现了毛泽东、闻一多为了民族的利益，不顾个人安危的豪迈的人生气概，对学生坚定人生信念有着重要的教育意义。

——提供人生的经验，引导人生的选择。众多的课文以其各自独具的人生内涵，用多样的人生经验，让学生在课文学习过程中，不断地“静观”、“内省”、“觉悟”，从而判断人生的意义与价值，选择自己应然的人生向度，从而奠定个体人生选择的心理基础与行为方向。在这些课文中，还存在着大量德性人生的美好榜样，这种榜样也将使学生在课文学习过程中受到强力触动或潜移默化，促使学生选择奋斗人生、正义人生、德性人生的正确走向。如《一碗阳春面》，母子三人面对艰苦生活而不屈服的故事，指引着学生不向生活低头，在困境中积极奋斗，以赤诚热烈的心胸去拥抱生活、迎接生活的挑战，这正是人生观的有力指引。《训俭示康》以一代大家之识，教诲学子树立以俭为美的人生品格，亦是启示良深，是学生人生的应有导向。

“教育应该关注人生境界问题，同时人生境界的提升也需要教育。”① 一个健全的社会一定会关注其成员的人生境界，一个健全的人一定会关注自己的人生境界，一种健全的教育也一定会关注学生的人生境界。那么，一种优秀的课程也必将是关注学习者的人生境界的，尤其是人文科学课程。语文课程正是这样一种优秀的人文课程，它不仅是学习者学习培训语言的重阵，也是蕴藉、生成、获得人生意义的要途。语文既是语言知识学习、语言技能培训的课程，也是一门重要的人生课程，语文课文中所体现的人生情景和经验，通过学习者的观察、思考、体验、选择，形成自我人生体验，引导自己人生的方向。同时，我们还能明确地看到，课文中所展示的这些人生都闪烁着德性的光辉。语文课文是从古今中外精神文化食粮中精选出来的好文章，人生向度是积极向上的，人生品质是德性的，人生追求是正义与幸福的，因此，

---

① 石中英．教育哲学导论．北京：北京师范大学出版社，2004：127．

语文课程不仅是一门重要的人生课程，更是一门指引着学生积极人生、德性人生、幸福人生的课程。

4.3 人生是语文应然的走向

论述及此，我们感觉到我们的论题有些语文哲学意味了。实然，语文的品质具有比较明显的哲学特质，这正是语文更为令人尊敬的所在，这也是我孜孜不倦地把深度关切的眼光投放在语文德性价值上的基本理由。

哲学总是要在较高的层次上为人们的思想所倚赖，因为正如冯友兰先生所称，哲学思维是"对人类精神的再认识"。人生在世，在其生存过程中，就是处于"人与物（I－It）的关系、人与人（I－You）的关系、人与自我（I－I）的关系"① 之中，真、善、美即是这多种关系相处的终极的好状态，这些关系里总不可丢失的主体就是"人"。人，不论是从理性的、文化的、政治的、符号的、德性的哪一种视角去观察，其与动物的差别就是，在同样生活在现实生活世界当中的时候，动物只生活在"当下"给予的既定的物质世界，只能被动地接受（适应）"当下"给予的事实，而人不仅能主动改造"当下"的事实，还能超越"当下"的时间与空间限制，生活在更广阔的未来的世界。动物不能设计自己的未来，而人可以设计和把握自己的未来。我们常常用"顶天立地"一词来描绘那些英雄豪杰，这里的"立地"就是立足现实，为人类崇高目标而艰苦卓绝地奋斗；"顶天"就是超越现实，进到"大我"、"无我"的精神境界。由现实到未来，由本我到超我，这就是人的精神追求的路径，这就是人生的路径。

我们还是要回到教育的视野之中来。教育的目的就是实现人的自由的、全面的发展，就是促使人生不断地趋于完善，这是教育的一个不变的宏大的主题。作为教育的具体内容的各学科课程，均应统一在这样一个目标和主题之下，各学科课程都应承担自身的责任，这份责任都存在知识的教育和精神的教育两个方面。而由于学科课程的特点，语文作为一门重要的人文课程，对人的精神建构的责任尤为重大：语文理当面向人的精神建构，以建构人的真善美的精神品质为己任，为人的精神立品质，为人生立生命。

4.3.1 人生因语文飞得更高

正如前文述及的，除了对职业需要、职业影响以外，语文是对一个受过

① 刘志山. 真善美的哲学与教育. 北京：中国社会科学出版社，2004：1.

普通学校教育的人影响最大最深远的一门学科，这种影响是一种深层次的精神影响，是对人生观、价值观的影响。语文中展现的丰富多彩的人生境况，唤醒着、感染着、指引着学生心灵，催生着学生德性，启迪着学生的人生。从《沁园春·长沙》、《〈黄花岗七十二烈士事略〉序》、《崇高的理想》等伟人的篇章，学生们认识着、感受着、感染着毛泽东、孙文、陶铸等伟人们火红的革命热情和崇高的人生价值取向；《有的人》、《致橡树》等以诗美与哲理的方式，向学生点亮着人生之灯；更有林道静、江竹筠、焦裕禄等这些文学的和现实中活生生的人物形象，都以其绚丽的人生在学生心灵深处画上一道道美丽的德性彩虹——积极、上进、忠诚、信实、惠敏、正义、奉献、节制。从《祝福》、《窦娥冤》、《包身工》、《竞选州长》、《卖炭翁》等课文，学生可以深入认识、感受封建的和资本主义的社会制度对人性的摧残，阶级与阶级的对立，以此认识制度之恶、阶级之恶，从反面的角度让学生同情受压迫、受剥削的弱者生命的悲苦，产生恻隐、同情、怜悯弱小生命，形成仁义、慈爱、公正、尊重的德性。从《春》、《天上的街市》、《春夜喜雨》、《一件珍贵的衬衫》等课文，学生感知、体验到来自自然的、人类心灵深处的精神美的意蕴，产生惠敏、快乐、幸福、和谐、希望、安宁等美好德性。总之，学生在语文学习当中，通过对文本及超文本意义的解读，通过处身性的认知和体验，经过耳濡目染、情感熏陶、心灵应答、内在意志的选择，从而生成属于自己的德性品质。学生作为一种富于认知的和体验能动性的个体的人，在语文的学习过程中，通过一篇篇文章、一桩桩生活的叙事，一朵朵德性之花就在眼前、在心灵深处妍然绽放，由此产生着人生美丽的光华。语文就是这样一种连接生活与人（学生）的生命的重要媒质，通过语文，让学生德性人生一步一步地往高处行进。语文的这一媒质过程，可以表述为如图 4－1 所示：

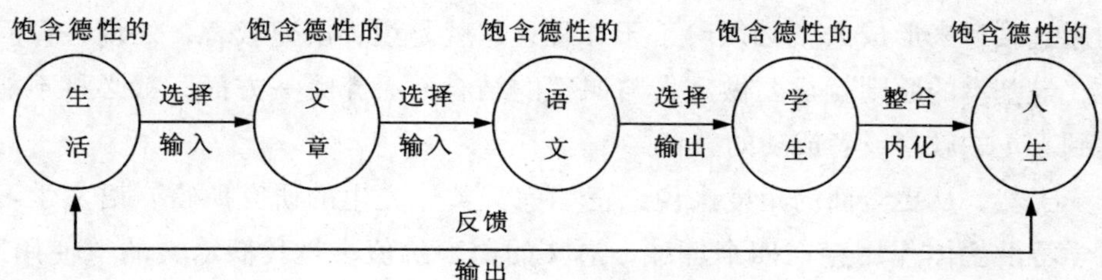

图 4－1

由上图可简明地看出，语文作为生活德性在人生德性中的重要媒质意义：饱含德性的生活经过作者的选择进入文章，饱含德性的文章经过教材编写者的选择进入语文，这个过程都是生活中实存的德性输入语文课程的过程；在此基础上，饱含德性的语文开始将自身蕴涵的德性通过教学向学生输出，并经过学生的选择形成自己的德性品质，这些德性品质经过学生在具体生活中内化、整合，并稳定到学生心灵深处，形成自己饱含德性的人生内在品质，这种稳定的品质又通过生活输出、反馈到生活本身。这整个过程便是学生通过语文生成自身德性的过程，这是一个完整的生命过程。

语文因其本乎生活、本乎生命的灵性，因其真、善、美的德性内蕴，因其人文的精神的美，成为学生心灵的绿色根据地，成为学生精神起飞的跑道。语文，用其有力的德性生命，引领着学生向着高贵的精神家园走去，向着德性的人生生长，向着幸福的远空翱翔！

4.3.2 语文因人生走得更远

人生需要语文，语文也需要人生。语文的人生意义和精神价值既是语文课程的骄傲，也是语文课程的责任。不面向人生的语文，不把学生精神建构作为己任的语文，是僵死的没有生命力的语文，是得不到学生接受与欢迎的语文，是行而不远的语文。语文的人生意义和精神价值应该是一条激励之鞭，催促着语文课程不断完善自我，不断朝向自己更高更远的目标走去。

语文是一门学科课程，研究语文，也正是立足于它是一门学科课程。我们最终的目标任务就是，要通过我们不断深入的研究，去完善语文学科课程的品质，提升学科课程的价值，优化课程的结构，改进课程的教学，提高课程的教学效益，更好更全面地为学生“形成人”服务。培养人是我们的着眼点，而课程研究是我们的立足点。课程研究一定要心中有人，要眼中看到人，而通过教育来形成人就必须着手于课程，这就是说，研究教育，处理教育问题，最基本的原则就是要做到人与课程的结合，丢弃哪一方面，都必将不能达到真正的教育或者成功的教育。

当然，从更全面的角度来说，正如前文黄伟先生的研究所得，语文学习对学习的主体作用存在四个境域，语文的语言价值，是我们语文的“使用”价值，其德性的精神价值是我们的“享用”价值。语文是一门形而下与形而上高度共契的课程，是语言与精神相结合的语文，也是人生中形而下与形而上高度共契的培育方阵，修身意义的德性精神是人生的一种必需，交际意义的语言也是人生的一种必需，人生语文就是为人的生存、生活与生命服务的语文。正是这种人生的全面性，使得语文学科之于人的价值和意义更为宽阔而深远。因此人生语文也应在更为宽阔的人生意义和更为宽阔的语文意义上来进行科学的定位。

4.3.3 人生语文是语文教育的应然理念

语文是一门多么宝贵的学科！然而，语文本来是生活的，我们的生活又往往在语文中丢失；语文本来是生命的，我们的生命又往往在语文中遗忘。如果说语文中语言的应用意义也至少还关乎人的生活与生命，那么，对语文中民族心性和人类精神的忽略，至少也可以说是语文中生活与生命的不完整，甚至是严重的根本的缺失。教育是一种价值引导的工作。“基础教育要为学生终身发展奠定基础，要为学生幸福的人生奠定基础。”① 正如肖川先生所进一步描述的：

> 基础教育应该在学生的内心世界中打下一个亮丽的底色，让学生感受到生活的美好，人性的美好；让学生学会过精神生活，珍视精神的价值，眷注内心，使学校生活成为整个人生美好回忆的巨大的源泉和宝库，以便让学生形成快乐、开朗、积极、乐观的人生态度。快乐是心灵的阳光。②

诚然，生命已然成为当今教育的基本话语，关怀生命，成为了当代中国学校教育价值的新取向，这是教育的一种好的更新。事实上，对于语文而言，关怀生命不是一种新的价值取向，在我国古代语文教育中，因其语言与文史哲的高度统合，以“天人合一”为核心的教育与生命理念，一直就贯穿着我们的教育实践，当代语文清醒于现代工具语文之病而再度转向对生命的关怀，既是一种传统的回归，也是一种传统的超越，这是一种在生命理念上的新的超越。

支持生活，培育生命，面向人生，服务人生，优化、美化人的生存方式

---

① 肖川．教育的智慧与真情．长沙：岳麓书社，2005：6.

② 肖川．教育的智慧与真情．长沙：岳麓书社，2005：6－7.

和生存状态，这应当成为当代语文的使命。当代语文的自身发展必须依此而行，这是人类发展的要求，也是人类发展对教育的要求，是教育对语文课程的要求，因而更是语文作为一门人文学科自身应然的要求。当代语文教育，理当依托语言，从语言走向精神，从交际应用走向德性生成，从言语基础走向人生境界，这应当成为语文未来的根本走向。

中编　德性之质：语文的价值维度

有声的表达是一种对心灵的体验的显示，而文字则是一种对声音的显示。

——亚里士多德：《解释篇》

上篇从哲学和伦理学的角度在对德性进行理解的基础之上，对语文、德性、人生三者之间的关系作了些讲述，初步说明了语文德性之要义。本篇将从语文本体论角度来进一步深入地认识语文，通过对语文具体品质的分析，对语文德性内涵进行深入的挖掘，以此获得德性在语文品质结构中的实存意义，并进而获得语文德性价值的应有理解。

中央电视台新闻频道曾在2004年11月2日晚的“新闻会客厅”栏目播出一个节目，主题是“摄影名师眼中的故宫”。嘉宾是美国地理杂志首席摄影师史蒂夫先生、法国著名摄影师阎雷先生，还有中国两名著名摄影师。主持人请各摄影师拿出自己认为最佳的故宫摄影作品。中国摄影师拿出四张故宫照片，这些照片都选择没人干扰的时间，朝霞或晚霞时刻拍摄的，照片利用独特时间及光与影的巧妙结合，从不同角度充分展现了故宫的皇宫气象：气势宏伟，金碧辉煌，美轮美奂，真是一幅幅绝妙胜景。外国两名摄影师选取的两张：一张是两边柏树，中间树深处背坐一僧，背景是美丽的故宫：红墙黄阙。一张是一个普通女孩半眯了眼站立在故宫红柱边。中外两相比照，外国摄影师的作品气韵流动，景人相谐，富于生命意蕴；中国摄影师的作品精美绝伦，技艺卓著。其深度区别是：外国摄影师的意趣在意在人，把故宫置入人的生活实景，暗设生命想象，表达人与建筑和自然的精神之和；中国摄影师的意趣在景在物，把故宫当作单纯建筑，用技巧处理作品。进一步的结论是：外国摄影师的作品心中有人，为人而艺术，为人的生命与精神而艺术，他们眼中的故宫是人们心中崇敬的地方；中国摄影师的作品心中只有物，只有建筑，用技术作艺术，为艺术而艺术，丢弃了人的精神与生命，他们眼中的故宫是卓绝的建筑。

这个节目给予我们的启迪是深刻的：人文科学的价值追求是不能离开人的，是不能离开人的精神与生命的，否则就会走向自然化，就会使人文精神遭致物化。上述中国摄影师的作品正是把高度人文的故宫最终观照成为了一种没有生命意蕴和人文精神的自然景物，物化了蕴涵其中的精神品质。这也正是对我们语文研究的启示：研究作为人文科学的语文，必须放眼于人的生命与精神！语言学家洪堡特指出，“民族的语言即民族的精神，民族的精神即民族的语言。”① 韩军先生说：“母语……是一门根植于人的和民族的心性与精神的精神之学，是教育之学。母语教育根本上就是精神教育。”② 韩军先生对母语教育的认识是深入的，他强调母语教育是一种区别于思想教育的精神教育。我非常看重这一理论思维的指向，一种富于价值的指向，这种指向也是本书的基本向度。

① ［德］威廉·冯·洪堡特．论人类语言结构的差异及其对人类精神的影响．姚小平译．北京：商务印书馆，1999：50．

② 参见李海林．言语教学论·序．上海：上海教育出版社，2000：4．

第5章　语文性质之争的解围

不能不对语文性质之论插上些话，倒不是因为我有了多少见识，而是这个问题的根本地位使然。语文性质应该是语文学科教育研究的基点。语文性质认识是阐述本文主体观点的不可回避的障点，对此问题不拿出自己的想法和认识，就无以去论说自己的中心。同时，语文性质问题也是当前语文研究的基本话语，是语文研究的实在背景，也就是本书论述的一个现实基础和分析依据。确定地用正面的词语来表述理论看法，显得不是很谦虚："解围"需要两种力量——魄力或说服力，这两者于我都尚欠缺，那么，把自己的想法说给各方听，是我现实应当做的，"解围"权当我的学术理想，这里姑且提出。

5.1　"世纪之争"的论点及述评

1904年语文独立设科后，给语文自身带来一个理论难题，就是：语文到底是什么？或者说，语文的性质是什么？众多的语文教育理论专家、语文教育实践工作者为之倾注心力，他们都站在各自的立场上表达自己的看法，或者站入某一种立场的阵营，形成了多种学术争鸣之态，并在此问题上挣扎了整整一个世纪，使语文的性质之争成为了一个"世纪之争"，可谓百年语文，百年论争。这既是语文之悲，也是语文之幸：悲的是语文百年还不真正为人所识，幸的是面对语文没有人不倾注他的热情。

周庆元教授对语文性质论争问题有比较全面深入的研究，在他的《语文教育研究概论》中述及：

> 关于语文学科的性质，语文教育理论界的认识历来并不一致或者说不完全一致。有一性说，即认为语文学科只有工具性，语文学科是一门工具学科。有二性说，即不仅具有工具性，而且还具有思想性或人文性，

> 工具性和思想性（人文性）是辩证统一的。还有多性说：有的认为语文学科具有工具性、思想性和文学性；有的认为它具有工具性、思想性、实践性、综合性；还有的把语文学科的性质分为两类，一类是包括工具性、基础性、思想性等在内的基本性质，一类是包括文学性、知识性、社会性等在内的从属性质。这是一种视角。另外还有一种视角，有人持"工具论"，有人持"人文论"，有人持"工具人文统一论"；也有人持"言语论"……也有人持"悬置论"……也有人持"消解论"……①

显然，作为"世纪之争"的语文性质之争，目前比较明确地提出自己论点的，有这么一些基本理解：工具论、人文论、工具性和人文性统一论、言语论、悬置论和消解论。当然，其中真正能形成论争之势，影响较大的就是工具论和人文论之争。我们不妨先就这些观点作点简介和浅析。

5.1.1　权威的"工具论"

在整个语文性质论争的史程中，"工具论"是作为一种主流之论而存在的，是作为一种权威之说而存在的，并且实实在在地主导着中国现代语文教育的整个领地，成为语文教育的理论鳌头。"工具论"观点的持有者以语文教育界的几颗巨星叶圣陶、张志公、刘国正等教育家和语言学家为主。他们认为语文是百科之母，"语文是工具，自然科学方面的天文、地理、生物、数、理、化，社会科学方面的文、史、哲、经，学习、表达和交流都要使用这个工具。"② 并特别强调，要做到个个学生善于使用这个工具，"语文教学才算对极大地提高整个中华民族的科学文化水平尽了分内的责任，才算对实现四个现代化尽了分内的责任。"③ 当语文教育在"工具论"指引下产生出一些不良情形而受到业界的质疑和批评时，张志公先生发表了重要见解，认为"把多年来语文教学没搞好的原因归结为强调了工具性，搞多了科学性，就离谱了"④，为"工具论"作积极的辩护。刘国正先生在《课程·教材·教法》1996 年第七期发表了《我的语文工具观》，进一步系统地阐明自己的立场和

① 周庆元. 语文教育研究概论. 长沙：湖南人民出版社，2005：22.
② 叶圣陶. 叶圣陶语文教育论集. 北京：教育科学出版社，1980：150.
③ 叶圣陶. 叶圣陶语文教育论集. 北京：教育科学出版社，1980：150.
④ 周庆元. 语文教育研究概论. 长沙：湖南人民出版社，2005：33.

观点，认为“十多年来，语文教学改革的一个重要理论收获是肯定了语文学科的工具性”，进一步为“工具论”树碑。魏书生先生是紧随其后的代表，他认为：“语文是工具，它是做人的工具，生活的工具，发展智力的工具。”① 这些正是工具论的一些基本论点。

显然，他们的立论仅仅基于语文作用于学习、交流的显性功能——对于人的外在功能，而对语文更深层次的内涵，对语文内在固有的品质，对语文作用于人的更为内在、更为厚重的功能，却还缺乏认识。叶圣陶先生在中国正处于知识荒地的时候，在国家拨乱反正、迎接科学知识的春天到来的时候，在科学主义统领世界思想及教育潮流的时候，立足于祖国“科学文化水平”和“四个现代化”目标，充分强调学科的知识意义，提出绝对知识主义观点，是可以理解的，也是符合当时历史背景的。然而这种观点，是在没有对语文进行深入的、严肃的、全面的、实事求是的品质分析基础上提出来的，这种观点仅看到了语文学科的表层意义，没有看到其中的深层意义。张志公先生虽然曾经表明“科学性和人文性都得加强”，② 这也是在“人文论”的挑战之下的一种被动认同。吕叔湘、张志公先生均是汉语言研究专家，把更多的关注置于“语”的层面，而对“文”的层面有所忽略，这也是正常的。到魏书生先生这里，对语文的把握似乎比较全面，对语文学科的人文性已经有了一定的认识，尤其是看到了语文本身具有教化（学会“做人”）作用，这无疑是一种认识的进步。但他毕竟仅把语文学科当成了“工具”，只看到了外化的作用，还没有看到内化的意义，“生活的工具，做人的工具，发展智力的工具”的说法就呈现出“泛工具论”之嫌，如果从这个角度说，一切知识和能力，一切学科和科学，本身都是作为人“生活的工具”，则一切学科和科学的性质都成了“工具”了，那么“工具性”还是语文独有的性质吗？就这一理解，连“人文”本身也是一种工具意义了，是一种催化人的精神的工具。

5.1.2　传统的“思想论”

语文学科性质具有思想性这种“思想论”观点一直以来就有，是一种传统的观点，也是一种被普遍接受的观点，从语文教育理论专家到实践工作者，对此都持认同态度。在九十年代初之前的各类语文学科理论专著及有关教材中，只要论及语文学科性质，就会把思想性放在一个重要的位置来认识，或

---

① 魏书生语文教育改革探索. 沈阳：辽宁人民出版社，1986：15.

② 周庆元. 语文教育研究概论. 长沙：湖南人民出版社，2005：33.

者作为基本性质把工具性与思想性并列，或者作为一般属性放在首位。如朱绍禹教授编著的《中学语文教育概说》对“语文科的基本性质”阐述中说“语文科是工具学科，是具有思想性的工具学科”，① 并论述说：“语文科还具有思想性。它与数理化等学科不同，它反映着政治倾向，它包含感情色彩……内容则是生活，是事物，是思想，是精神……”② 陶本一、王光龙先生等在《语文学科教育学》一书中，对“语文学科的基本性质”的表述是“（一）工具性 工具性是语文学科最基本的本质属性……（二）思想性 思想性也是语文学科本身固有的基本属性……”③ 认为“语文这个工具不同于任何物质生产的工具，它是表达思想感情的一种工具”④。周庆元教授主编的《中学语文教学原理》的表述是“语文学科的基本性质是工具性和思想性”，认为“语文固然是工具，但它不是从事物质生产的工具，像工人的锯钳刨、农民的锄犁钯那样，而是一种表情达意的工具”。⑤

从这些基本观点看，“思想论”在有的专家看来是与工具性并列的另一属性，在有的专家看来还是一种“工具论”，只是把语文看成了带有思想感情的工具了。语文学科的思想性是显然的，对此我国古代语文教育高度重视，并将其当作语文学科的灵魂性东西处之，非常重视通过语文教育来构建人的内在思想。从古以来，人们就十分敏锐地注意到了语文的教化功能，因此，在治世之中，都善于倚赖语文来化育人伦。而把思想性看成语文的工具性的从属特征，则更是有失偏颇。大凡具有思想感情的工具只有“人”，只有当人作为工具时，这一工具才是具有思想感情的，物质性工具是不具有思想感情的。语文或语言具有思想感情也是因为人具有了思想感情，是人赋予了语言思想感情的。但是语文作为一门学科，除了其语言形式及内藏的知识外，更多的是精神品质，把这种精神品质用“思想”来概括，是对语文品质的一种狭化认识，同时也不能体现语文中所展示的活生生的生命意蕴，是对语文品质的一种僵化认识。

5.1.3 时髦的“人文论”

对语文“人文性”的思考始于20世纪80年代中期。真正持“人文论”

① 朱绍禹. 中学语文教育概说. 呼和浩特：内蒙古人民出版社，1983：14.
② 朱绍禹. 中学语文教育概说. 呼和浩特：内蒙古人民出版社，1983：15.
③ 陶本一，王光龙. 语文学科教育学. 太原：山西高校联合出版社，1991：71－74.
④ 陶本一，王光龙. 语文学科教育学. 太原：山西高校联合出版社，1991：74.
⑤ 周庆元. 中学语文教学原理. 长沙：湖南教育出版社，1992：19－21.

的是一批年轻的语言学家和语文教学实践工作者。比如，复旦大学中国语言研究所申小龙先生首先提出了汉语人文性问题，认为传统语文研究以人的感受去把握语言特征，这种“人文性”特征是汉语传统语言研究的精华。① 语文教育界的陈钟梁先生从一批语言学家那里得到了人文主义观点的启示，首先提出了语文教学“科学主义”和“人文主义”的概念，认为语文教学除了科学主义思维方法外，还有人文主义思维方法，课堂不仅是学生获得知识的场所，也是学生体验人生的地方，语文课应当是知、情、意的统一。② 当时王尚文教授在其专著《语文教育学导论》中则提出，语文教学应该是对学生进行人文教育的最重要的课堂。这些学者、教师对语文性质认识主体方向是，在认同其“工具性”的基础上，对“人文性”进行严密关注，批评“工具性”的不足，高扬“人文性”的大旗。真正意义上对“工具说”提出严肃批判的是当时的年轻教师李海林，他在1996年第五期《语文学习》发表了《语文工具论批判》，但文章没能提出自己立论的观点。到2000年其语文教育著作《言语教学论》中提出言语是语文的本体。而当时山东的韩军认为“语文学科是一门社会科学，人文精神是它的基本精神”，③ 江苏的马智强老师指出“思想性、人文性是语文的本质属性”，④ 成为真正的或者说绝对的语文“人文论”者，他认为“传授道德和文化是语文教学的根本任务”，他批判地指出，“‘工具说’的谬误，在于把语文教学的形式上的任务当作了根本性任务，把具有丰富思想内涵的教育，当作只供技术操作的‘工具’来看待。”⑤ 由这些观点所引导，语文“人文论”大旗下一时集聚了大批语文教育的思想者：于漪、钱梦龙、程红兵、陈军等等。《北京文学》从文学视角切入，引发更多的人及一些媒体对中国语文教育进行深入思考，使“工具”与“人文”之争达到高潮。当然这些论争，往往是教育者为教育者立言，语言学者为语言学者立言，而文学者为文学者立言，有的并不是公允客观、理性冷静地去真正就语文本质进行深入探究的。《北京文学》引导的讨论，形成了对中国语文的诟病，他们几乎是从语文的具体教学层面展开的，他们的“忧思”仅仅在于“相当一部分的青年人语言文字水平低，写作能力差，与传统文化之隔膜以及对文

① 周庆元．语文教育研究概论．长沙：湖南人民出版社，2005：29.

② 周庆元．语文教育研究概论．长沙：湖南人民出版社，2005：30.

③ 周庆元．语文教育研究概论．长沙：湖南人民出版社，2005：31.

④ 马智强．语文教学的世纪性思考．中学语文教学，1996：4.

⑤ 马智强．语文教学的世纪性思考．中学语文教学，1996：4.

学艺术、哲学历史的生疏"①，没有上升到对人的精神层面的分析与要求。

"人文论"是在对"工具论"的质疑、反思与批评甚至批判中逐步形成自己的阵营的，也是在讨论争鸣之中不断受到广大语文教育理论和实践工作者的认同的，并在很近的时间内，使"人文性"成为语文教育的流行语。语文"人文性"讨论并不是源自语文自身，而是受到当时世界后现代意识的影响，受人文主义思想潮流的启发和感染，在哲学、文学、教育学等主体学科的引领下，语文教育理论研究借以观照本学科的生存状态，从而形成了本学科领域的主打话题。"人文"不只是在语文教育方面，也是在更为广阔的领域成为当前社会意识形态的宏大语境。自此，语文教育的论著及教科书开始讳言"思想性"，因为"人文"的内涵更为广阔，已经涵盖了"思想性"。当然，时至今日还言必称"思想性"，是既不讨好又不时髦的。其实，论争似乎广泛深入，但从不少理论著作和语文教育教材看，许多的理论工作者并没有真正为语文对"人文性"进行自我的、从学理层面上的深入剖析，而是人云亦云，从而把一个"人文性"推崇为语文学科的"性质"。事实上，这对语文教育来说，又制造了一个理论悬念和课题难点："人文性"果真是语文的性质吗？用"人文"表述语文除了"工具"外的另一个层面的本质意义，肯定是具有积极意义的，强调语文教育的"人文"内涵是非常必要的，然而，这就意味着"人文性"是语文独具的基本性质吗？"人文性"可以用来描述语文性质吗？我想，理论研究既不是为了讨好，也不是为了时髦，不应当被一种时髦所遮蔽，人的认识可以随着时代的变化而变化，一个事物的性质则是固有的，除非其内涵发生了根本的改变，否则是不会随任何时代的变化而变化的。

5.1.4 和合的"统一论"

"工具性"与"人文性"的论争，主要集中在20世纪80年代中后期至90年代中后期，近年来虽有少许文章进行思考和探索，但已经没有什么论争之势了。这种局面的产生，也许正因为通过那一场集中的论争，已经在普遍意义上使"人文性"得到了认可和接纳。这种认可和接纳，就是基于对语文学科性质这样的共识：语文学科的基本性质是工具性和人文性的统一。也就是说，两种认识得到了中庸式的调和。对这种调和的认可和接纳，最初体现在2000年颁布的《九年义务教育全日制初级（高级）中学语文教学大纲（试

---

① 王丽．中国语文教育忧思录．北京：教育科学出版社，1998：1.

用修订版)》，这个《大纲》开始体现了“工具性”和“人文性”并重的精神。到2001年颁布的《全日制义务教育语文课程标准》(实验稿)得到了最明显的体现，《标准》明确提出：“语文是最重要的交际工具，是人类文化的重要组成部分。工具性和人文性的统一，是语文课程的基本特点。”① 但是，《标准》尚把“工具性和人文性的统一”作为“特点”看待，依然没有直接提出“工具性和人文性的统一是语文学科的性质”，也没有说“工具性和人文性的统一是语文课程的本质属性”。显然，从《标准》看来，对语文性质的认识还是在打太极，还是让人雾里看花，这充分说明理论界对语文性质的认识仍是底气不足的，或者说是还没有一种确定的认识。这种调和的得来，或许还不完全来自本学科理论上的论争，近些年来世界哲学思潮和我国理论界人文意识广泛觉醒的背景及社会意识形态初具的人文思潮，无疑起了积极的作用。这种调和，与统一思想、减少混乱以利于教学实践把握有关，与科学认定学科性质的需要有关，也与当前教育理论的发展引导的教育观的改造有关。当前，教育界在积极倡导一种走向和合的现代性的教育观，即在坚持现代性的前提下，吸纳后现代对现代性的合理批判，在有限理性主义指导下的现代性的教育观。工具论可以说是一种代表现代性的语文教育观，而人文性是代表了后现代的语文教育观。现有的定位，实际上就是在一种最高层次上对语文学科性质的认识进行了和合。二者都有其合理性和科学性，片面强调哪一方面，丢弃哪一方面，都是有害的，都将对语文教育走向应然的健康之路形成障碍。但是这种和合对最终把握语文的本质有没有积极意义呢？语文性质是否有必要进行再认识呢？这种“二元论”是否会取消语文固有的性质？这是“统一论”留下的理论话柄。

5.1.5　片面的“言语论”

“言语论”并不是论争的主体观点，而是在“工具性”和“人文性”论争中新生的一种观点。“言语论”以湖南的李维鼎教授（主张语文的“言意互转性”)、李海林先生（主张语文“言语智慧论”）为代表。“言语论”彻底否定“工具论”，他们认为，“工具论”从表述、理论、方法、实践上都是错误的②；也彻底否定语文的“语言性”，他们把语言与言语完全地分离开来，认为语文的本质就是言语，语文教学的本质就是言语教学，充分关注交际言

① 《全日制义务教育语文课程标准》(实验稿). 北京：北京师范大学出版社，2001：1.
② 《语文学习》编辑部. 教学争鸣录. 上海：上海教育出版社，2000：161.

语，因为“个体在思维和交际之中，并不存在‘语言’，而只存在‘言语’”。①他们注重从动态的语用过程或者说语文交流的生成过程来观照语文的本质内涵。

这种认识实际上是站在语文工具价值（言语实践）立场上来批判工具论，是没有批判力的。把语文本质定位于“言语”而又否认其工具性，有出尔反尔之意。当然“言语论”看到了语言与言语之间的区别，对明确语文教学的主要指向有着积极的意义，即：语文教学重在语言的应用而非语言学学理方面的教学，指导人们把语文课不要上成语言学课。但是，这一理论观点的片面性也是显然的：一方面只注重了言语与语言两者之间区别，却割断了两者的内在联系。语言是一个大概念，它包含了作为动态的、个体的语用意义上的言语，也包含了作为静态的、普遍的学理意义上的语言规律与法则。更为关键的一方面是，这种观点主观抹杀了语文客观存在的基本内涵，也抹杀了语文教育教学实际依据的基本方法和原则。现行的语文教育——事实上从古代语文教育以来——本然地存在着语言学基础教学，语音、语法、语言逻辑等语言学意义的内涵一直就是语文教育教学的重要部分，比如“汉语拼音方案”就属于语言范畴，而不属于言语范畴了，而这是语文教学中每个学生必须过关的基础性知识，“言语论”对此视而不见是不客观的，因而也是站不住脚的；同时，语文正是通过静态的、普遍的具有语言学理的意义的基础性知识、方法、原理来指导、教育、训练学生个体的言语发展。语文教学不可语言学化，但语文教学不能丢弃也丢弃不了语言学基础。语文教学，说到底就是用方法论的语言原则，通过典范的言语成果，学习语言的实践（即言语），认识和掌握语言的规律（即语言）。甚至可以说，语文教学以学生学习和掌握语言、以语言运用为重要目标，这并不意味着语文教学是对个体进行“当下”的言语教学或个别语句的教学，而是通过一般的语言规律、原则、方法来使学生在具体生活中生成个体言语的。

5.1.6　无为的“悬置论”

“悬置论”是人们对王荣生博士的语文性质观照的概括，王荣生把“语文科性质”用“课程取向”取代，对“语文科”性质进行“悬置”。“悬置”就是放在一边，高高挂起，不理不睬。如果是这样，就是一种无为的处理方式了。事实上，王荣生博士只是从侧面去理解语文性质，他并没有对语文性质

---

①　李海林. 言语教学论. 上海：上海教育出版社，2000：124－170.

置若罔闻，是“在用‘课程取向’置换‘课程性质’时，提出对待‘性质’的合适策略，用自己建立起来的课程取向分析框架倾诉了对新课标关于语文课程性质表达的看法”。①“取向”实际上就是指价值取向，价值是由性质所规定的，讨论事物的价值取向避不开对该事物的性质认识和判断，否则就是无源之水、无本之木。面对语文性质，我们不能无为，因为语文性质的认识对于语文教育教学如此关键，决定着语文教育目标、方针、原则与方法，影响着语文教育的整体发展。

5.1.7　无奈的“消解论”

“消解论”认为“语文学科性质问题本质上是一个被虚构出来的学术假问题”，要“消解语文学科性质这一预成性语文课程基点”。②这种认识可以说是一种唯心论。一个事物的性质是不以人的意志而存在的，不是说有就有，说没有就没有的。任何事物都本然地具有其内在性质。一个事物、一个问题因其固有的复杂性而让人们难以认识，并不意味着事物和问题的不存在。语文的性质也是人为抹杀不了的，人们去不去认识它、关注它，它都自然地存在着，并决定性地影响着语文教育的发展变化。语文学科的性质问题是一个重要的学术理论问题，也是一个重要的实践问题，近几十年（语文学科定名以来），语文教学所存在的少慢差费，在很大程度上与有着知识主义、理性主义、科学主义倾向的“工具论”性质观的偏颇相当关联，因为语文学科的教学结果即学生的语文获得性品质滑坡，表现在人们的语文素养、文化吸收和精神生成不断弱化。严肃认真地重新审视我们过去的语文教育，重新审视语文性质观，重新审视语文的内在品质，很有必要，很有价值。

5.2　“世纪之争”的疑惑与判断

2001年颁布的《语文课程标准》把语文的“课程性质”定于“是最重要的交际工具，是人类文化的重要组成部分。工具性和人文性的统一，是语文课程的基本特点”，这似乎是给“世纪之争”击响了退堂锣鼓，但是人们的思想没有因此而停止，因为性质之争疑惑尚存：理论界对语文概念系统的不严肃态度，带来论争主体混乱，即性质争论主体不明或存在多主体；争论逻辑

---

① 于源溟．预成性语文课程基点批判［博士学位论文］．湖南师范大学图书馆，湖南师范大学研究生处，2005.

② 周庆元．语文教育研究概论．长沙：湖南人民出版社，2005：22.

定位的混乱，造成论点的多端性，其表现是在语文本体、价值、特点之间的迷失，集中表现在语文作为存在的属性与语文作为存在的价值之间模糊；定尊性的表述不够科学，“工具性”是价值论，“人文性”是准价值论或准属性论（或泛属性论），二者都不是完全意义上的本体论范畴的概念，用以描述语文性质言尤不及。

5.2.1 疑惑与判断之一：谁的性质被论争？——论争话语主体从单主体向多主体迷失

涉及语文性质之研究，让笔者最意外的发现是，我们共同论说的话语主体是如此混乱，在工具性和人文性的主体认识上有这样一些概念：语文、语文学科、语文科、语文课程、语文课、语文教育、语文教学等。从这种混乱中可以看出，对于许多人（这许多人中不少还是理论专家）而言，对自己所研究的主体是不够明确的，这也使我或者使读者、学生或其他研究者（这里指有意识地将“世纪之争”的研究主体明确在某一个概念上来理解的研究者）产生迷惑：我们到底在研究谁的性质？为了明确这一问题，我们不能不对“语文”概念系统进行一次比较深入的学理分析。我们先不妨列举一些对“性质”主体表述的多种变异。

（1）作为“语文学科”的性质：

——“语文学科既是工具学科，又是人文学科。”（饶杰腾《语文学科教育学》）

——“第二章 语文学科性质研究”（周庆元《语文教育研究概论》）

——“《名不正则言不顺——关于语文学科性质研究综述》”（鱼浦江，《语文学习》1991 年第 1 期）

——“《‘语文课’就是‘言语课’——再从语文学科的工具性说起》”（李维鼎，《长沙水电师范学院学报》1994 年第 1 期）

（2）作为“语文课程”的性质：

——工具性和人文性的统一，是语文课程的基本特点。（《全日制义务教育语文课程标准》（实验稿），人民教育出版社 2001 年）

——“第五章 语文课程性质论”（李海林《言语教学论》）

（3）作为“语文课”的性质：

——“语文课具有工具性。”

——“《语文课不是一门工具课——谈语文教学中的思想情感教育问

题》”（曹若愚，《沈阳师范学院院报》（社科版）1995 年第 5 期）

——“工具论以关于‘语言’的性质的论述来替代关于‘语文课’的性质的论述，这是一种典型的论题转移。”（李海林《言语教学论》）

——“语文课是一门人文性的课程……”（李海林《言语教学论》）

（4）作为“语文科”的性质：

——“《从语文科目标看语文科性质》”（朱绍禹，《语文学习》1997 年第 4 期）

——“语文科是工具学科，是具有思想性的工具学科。”（朱绍禹《中学语文教育概论》）

——“工具－技能性是中学语文科的本质属性。”（余应源主编《语文教育学》）

（5）作为“语文”的性质：

——“语文是工具。”

——“语文工具论是‘语言本位教学观’的产物。”（李海林《言语教学论》）

——“《越出雷池 轻装前进——从语文的‘工具性’说起》”（李维鼎发表于《 语文学习》1990 年第 5 期）

（6）作为“语文教育”的性质：

——“第三节 语文教育人文性的争鸣”（周庆元《语文教育研究概论》）

——“第十三章 语文教育的性质”（本文作者注：整节讨论的是语文的性质）（魏本亚《语文教育学》）

（7）作为“语文教学”的性质：

——“《弘扬人文 改革弊端——语文教学性质观的反思》”（于漪，《语文学习》1995 年第 1 期）

——“语文教学是一门社会科学，人文精神是它的基本属性。”（韩军《限制科学主义，弘扬人文精神——关于中国现代语文教学的思考》，《语文学习》1993 年第 1 期）

诸如此类，还可以列举很多。这些概念的混乱更为迷人的，一是在同一著作中，同时出现多种不同概念来讨论语文性质问题，二是在《语文学习》这个专业刊物中就“工具性”和“人文性”的讨论主体也出现多个概念，三是在一些名家的论著中也出现性质讨论主体的多个概念混用现象。这说明我们不少的研究者并没从真正意义上去对这些概念进行认真负责的辨析与梳理。

那么，我们到底在讨论谁的性质呢？看来，开展语文研究时，对这些概念进行认真的辨析梳理是一项基础的、严肃的工作。

通过学理分析，笔者理解到：在概念层次理路上，第一，从概念系统看，语文作为一个总概念，是概念系统中的母体，其他概念都在此之下；第二，从本质范畴看，语文是一个相对于数学、物理、化学、英语、历史、地理等学校教育科目的分类名称，它首先是一门教学学科（当然不是科学学科意义上的分类），叫语文学科；第三，语文不仅是一个教育概念，而且是一个学科教育概念，语文教育即指语文学科教育，语文教育是一个在学科意义下的概念，我们可以说“语文学科教育”而不能说“语文教育学科”（以研究语文教育教学为任务的“语文教育”学科是另一层面的概念）；第四，语文课程也是语文学科下的概念，是语文学科课程，我们也不能说“语文课程学科”；第五，语文教学是语文学科课程下的概念，可以称作“语文（学科）课程教学”；第六，语文科、语文课的概念，从论著中看，使用者的意思应当分别是语文学科、语文课程的简称，主要是用于口头语；第七，在实际运用和表述中，上述各概念可以（实践中人们也是这样使用）简单化为“语文+本概念”，反之，在“语文教育”、“语文课程”、“语文教学”的中间都可以加入“学科”。

在概念内涵意义上，第一，语文是一个抽象概念，涵盖了语文作为学科的整个知识（广义的知识）内涵体系以及在此体系下生成的各种概念及各项活动，这里的“学科”不是指“按照学问的性质而划分的门类”，而是指“学校教学的科目”，是与基础教育中数学、物理、历史、地理等并列的科目概念，当然，语文作为一个学科与其他学科不同，它没有专一的科学学科的母体，它是多学科基础的复合（这正是后文我们认识语文性质的重要依据），而其他学科则存在一个科学学科母体；它可以指“语文学科”但不只是“语文学科”，可以指“语文教育”但不仅是“语文教育”……然而，在理论话语中，“语文”主要体现为静态的学科意义；在实践话语中，“语文”主要指体现为动态的课程意义。第二，语文教育是实现语文学科知识内涵转化的各项要求和活动的总称，包含了理论和实践两个层面的内涵。第三，语文课程是对实施语文学科教育的一种规划，是语文知识内涵的组织及其转化工程设计的结果①；它包含语文教育的方针、目标、原则等政策系统，教材、课时、

① 郝德永. 课程研制方法论. 北京：教育科学出版社，2000：67.

课序等操作系统，课堂、教学、师生等实践系统。第四，语文教学是对语文课程的执行，是语文知识内涵实现转化的具体实践过程，是一个直接面对学生的过程。第五，“语文科”更强调学科分类意义，是“学科”中对“科”的强调，意义指向“科目”，“语文学科”更倾向知识意义，更强调语文这一知识体系；“语文课”在学校教学实践中更多地指向一种“有计划的分段教学”① 或者就是指“课堂”，“语文课程”是指宏观规划的、以供实施的操作系统。“语文科”有时是对“语文”的狭义指称，有时是对“语文学科”的简称；“语文课”有时是对“语文课程”的狭义指称，有时是对“语文教学”的代称。“语文科”具有本体意义，“语文课”具有实践意义。由此可以看出，“语文科”与“语文”、“语文学科”，“语文课”与“语文课程”、“语文课堂”都具有代称意义，但意义上有细微差别。以上理解可以用层次图表达如下（图5－1）：

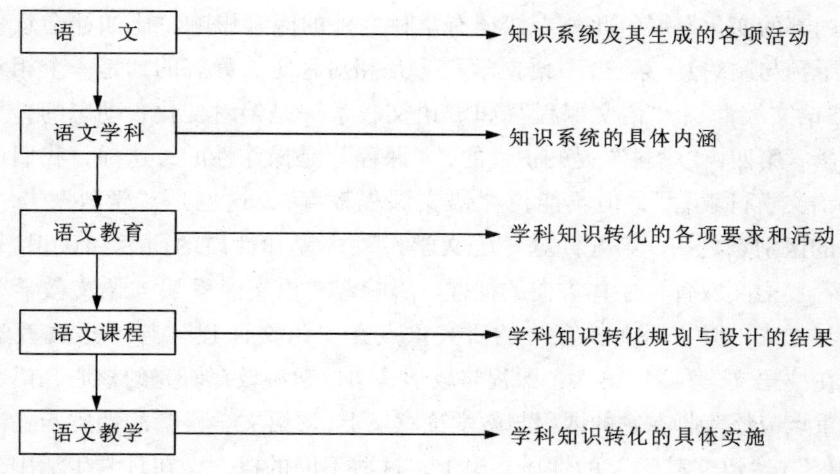

图5－1

在此图基础上，我们不妨还进一步分析各概念间应用意义上的关系（联系与区别）。第一，“语文”作为一个抽象概念至少有两个分支理解，其一是知识角度的“语文”，这就是“语文学科”，是知识论范畴的概念，在此意义上这两个概念等同互用。其二是实践角度的“语文”，这就是对语文学科知识转化（亦即教育）的实施，指“语文教育”、“语文课程”、“语文教学”等的

① 中国社会科学院语言研究所词典编辑部编．现代汉语词典．北京：商务印书馆，2005：776.

总和，还包括平常所说的“语文课本”、“语文课堂”、“语文教材”、“语文教师”等更下位的概念，是属于实践论范畴的概念。显然，“语文”与它的实践意义上的这组下位概念是不能相互替代的，即语文不等于语文教育或语文课程或语文教学，也不等于语文课本、课堂、教材、教师等。也就是说，在理论上，“语文”概念包含了内涵（知识的）与实践（操作的）两个层面，而在知识层面只有“语文学科”与之相应，因此“语文学科”在一定意义上可以指称“语文”，而在操作层面上有多概念与“语文”相应，因此不能用其中之一去指称“语文”。我们常听说的“语文是工具”这个“经典”命题中的“语文”就应该是指“语文学科”。第二，语言学的发展带来的知识变化和更新，反馈到“语文学科”；教育学的发展带来的教育思想、观念、原则、方法等变化和更新，反馈到“语文教育”、“语文课程”和“语文教学”等方面；语言学与教育学的发展变化共同影响“语文”的发展变化（这是指学科自身内部的变化发展，此外当然还有学科之外的因素影响，比如社会意识形态的干预与制约）。第三，“语文学科”是相对稳定、静态的，是一个相对恒量；“语文教育”、“语文课程”和“语文教学”是绝对变化、动态的，是绝对变量。第四，“学科”是知识性的，“课程”是操作性的，这样，我们可以说“语文学科教育”，但不能说“语文课程教育”，这也是“学科”与“课程”的区别点之一。第五，对“语文学科”内涵和性质的研究和认识影响、规定着“语文教育”主体方向的把握，影响着“语文课程”、“语文教学”的思想与方法，但“语文教育”的研究重点在“语文课程”与“语文教学”，而不在“语文学科”。第六，课程与教学是学校学科教育研究的核心，语文研究的重点应该落脚在它的课程与教学论意义上，“语文学科”的性质不是“语文课程”、“语文教学”的性质。第七，这些不同的概念，在日常生活中，只要在具体语境中不致使人产生歧义，作为约定俗成，是可以混用或简用的，但在理论著述、学术讨论和教材中就应当严肃严谨对待，否则就会引起理论上的误解，以致混淆视听。

上图所示，诸概念之间的内涵、外延及相互关系是比较明确的。由此我们可以分析出“世纪之争”的性质应该是谁的性质。第一，“语文”是一个抽象概念，它强大的包容性使得它不确定具体内涵，分析它的性质必须有具体指称，也就是说语文的性质需要分解到它的各个下位概念；第二，“语文教育”是在各种教育要求统领下的活动总称，“工具性”和“人文性”都不是对活动性质的描述；第三，“语文课程”是关于语文学科知识转化或迁移的规划和设计结果，课程是“图纸”，是目标和过程，而不是“工具”；第四，“语文教学”主要是指一种执行过程，是“施工”，也不符合“工具性”和“人文性”的描述；第五，至于“语文科”、“语文课”具有概念的不规范性，不是科学概念，而是日常口语称谓，并且指称存在歧义，不应该是性质研究的主体；第六，研究一种事物的性质，必须立足于对该事物内涵品质的分析，内涵决定性质，因此，作为以“语文”内涵为概念的“语文学科”正是我们性质研究的主体。

我们再回头看看已然的“性质”之争。上述所列的说法，只有第（1）方面的才是站住了论争的阵脚，其他说法都存在话语主体的迷失，是不规范、不严谨的，因而也是不科学的。然而我们遗憾地看到，作为替语文学科性质这个“世纪之争”定尊的《语文课程标准》正是立足于“课程”来讨论语文性质的。前面的分析明确地告诉我们：学科≠课程。从“学科”到“课程”还存在一个转换过程，即把自然存在的学科内容按照一定原则通过规划设计转换成可供实际教育教学操作的课程，其中需要经过多个环节、大量工作，说到底，“课程”就是对“学科”的一种激活，把学科具有的可转化性内容规划设计成为可操作性的内容与程序。事实上，在过去——也许是课程论尚未形成独立学科——理论专家们都是立足于“语文学科”概念来讨论语文性质的，现在也还有不少理论专家坚持在“语文学科”概念上讨论语文的性质，如周庆元教授在2005年出版的《语文教育研究概论》、饶杰腾先生2000年出版的《语文学科教育学》等，但有不少的理论专家和实践工作者转向以“语文课程”为语文性质研究的主体。“课程”最简洁的理解是“学校教学的科目和进程”①，语文课程最狭义的理解就是人们通俗所说的“语文课”（包含了作为教学内容的教材、作为教学分段的课时、作为教学主体、地点与过程的结合的课堂等），最广义的理解则是指语文学科知识系统、知识组织的方法系统、知识传授的过程系统，总之是一个动态的工程系统，而《语文课程标准》并没有对“课程”进行具体界定，那么，课程性质怎么能用“工具性与人文性的统一”来表述呢？

看来，对于“世纪之争”的话语主体我们可以得到两个基本的判断：一

① 中国社会科学院语言研究所词典编辑部编．现代汉语词典．北京：商务印书馆，2005：776.

是性质讨论是指对“语文学科”的性质讨论，而不是对别的任何事物的讨论。二是过去性质之争因为话语主体混乱而不是科学意义上的讨论。在研究者们的不经意中，我们的“世纪之争”有太多的话语主体参与进来，或者说研究者们一不留神就使话语主体转移了，致使真正的主体出现迷失，大家讨论来讨论去，却不知道到底在讨论谁的性质，各说一词，没有从学理意义上去作严肃认真的探究，这为上面所列的事实所明证。既然讨论的话语主体都不一致，我们又如何能达到一致的认识呢？奇怪的是尽管讨论的话语主体互不相同，这些话语主体所具有的内涵又各有很大差异，而所认识到的结果却基本上集中于“工具性”和“人文性”，这样的讨论是科学意义上的讨论吗？这样的结果是科学的结果吗？

5.2.2 疑惑与判断之二：论争的实质是性质吗？——论争话题方向从本体论向价值论走失

这里我们要对“世纪之争”论争话题方向是不是在“性质”范畴内进行剖析。“世纪之争”是在争什么？行内人士会答曰：不就是争论语文学科的性质么！那么什么是“性质”？性质是“一种事物区别于其他事物的根本属性”，① 是“指事物所具有的本质、特点”②。而“本质”是指“事物本身所固有的，决定事物性质的、面貌和发展的根本属性”。③ 性质是事物本质属性的反映，是决定该事物是该事物的根本特点。本质具有唯一性，那么性质也具有唯一性，事物不可能同时拥有多种本质属性，而特征有时具有多面性或多重性。

那么语文性质的世纪之争是否真正在性质层面展开讨论呢？事实上，语文性质论争并没有在性质层面开展讨论，也存在话题方向的走失，是一种从本体论到构成论再到价值论的走失，而最终落脚在价值之争。“从思想方法论看，导致语文学科性质的‘二元论’乃至‘多元论’的症结，则是忽视了对语文学科的‘本体’作认真切实而深入的研究。”④ 从学理上看，本质、性质、价值三者的关系是一个前后因果关系，本质决定性质，性质决定价值，三者不是同一个逻辑层面的概念，本质即事物的固有内涵，性质即事物的本

---

① 中国社会科学院语言研究所词典编辑部编．现代汉语词典．北京：商务印书馆，2005：1528.
② 辞海（缩印本）．上海：上海辞书出版社，1989：975.
③ 中国社会科学院语言研究所词典编辑部编．现代汉语词典．北京：商务印书馆，2005：65.
④ 李杏保，陈钟梁．纵论语文教育观．北京：社会科学文献出版社，2001：3.

质特点，价值即由本质、性质规定着的根本用途。如下图所示：

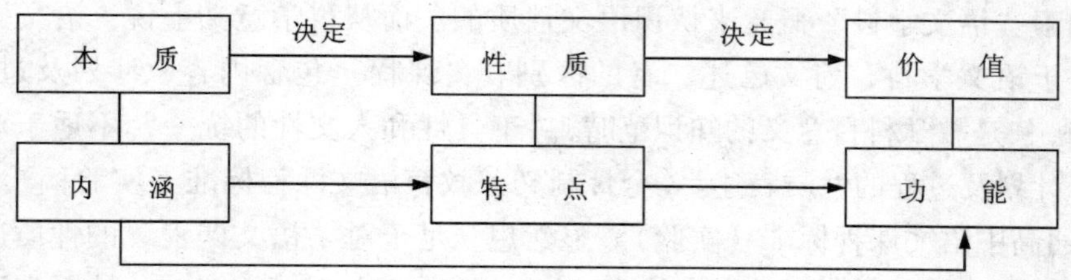

图5－2

不难看到，我们过去的语文性质之争，争论的话题实际上不是“语文是什么”，而是在争论“语文由哪些要素构成”或“语文有什么价值”，过去的论争存在着本体论、构成论与价值论的混淆与替换，“工具性”和“人文性”都不是一种语文“性质”的视点，而是语文“价值”的视点。从这个意义上讲，李海林先生较早地并明确指出过这种错位。他指出，过去语文性质之争，实质上存在“语文本体与语文构成”①的认识错位。人们在回答“语文是什么”时，往往作出这样一些回答：语言＋文字，语言＋文章，语言＋文学，语言＋文化，或者是这些要素的总和，就连被认为最规范的《现代汉语词典》对“语文”解释的表达也是“①语言和文字……②语言和文学……”②显然，这些都是以构成论表述回答本体论提问的一些具体表现。这种对“语文是什么”的回答除了明显存在以偏概全的逻辑错误之外，更存在答非所问的话题转移错误。

5.2.3　疑惑与判断之三：性质的表达可靠吗？——论争结论从逻辑关系到概念表述的语失

经过长期论争，《语文课程标准》以权威之态正式将语文课程性质定调：“语文是最重要的工具，是人类文化的重要组成部分。工具性和人文性的统一，是语文课程的基本特点。”然而，根据前面所述，这样的结论可靠吗？“工具性”和“人文性”是一种性质表述吗？语文课程的性质果真是“工具性”和“人文性”之统一吗？这些表述在逻辑关系和概念使用上得当吗？经过研究，我发现是不得当的，可以从下面两个方面来分析：

一是逻辑关系失当。其一，《语文课程标准》不清楚为谁定性。课标没有

---

① 李海林. 语文本体与语文构成. 湖州教育网，http：//www. huedu. nt，04－05－28.

② 中国社会科学院语言研究所词典编辑部编. 现代汉语词典. 北京：商务印书馆，2005：1665.

对“课程”进行适当的科学的界定，从其表述看，是当然地把“语文课程”等同于“语文学科”概念来认识语文性质的。而从科学意义上说，语文课程不等于语文学科，前文已述二者的区别。“课程”包含内容、计划及过程，“学科”是教学科目意义的知识范畴，“工具性和人文性的统一”不适于对内容、计划及过程的性质表述。《全日制义务教育语文课程标准（实验稿）》和《普通高中语文课程标准（实验）》显然想立足于对“语文课程”的性质进行定性，尽管两个课标都没有直接表述“工具性和人文性的统一，是语文课程的性质”，而是表述成为“工具性和人文性的统一，是语文课程的基本特点”，但这种表述是在“课程性质与地位”或“课程性质”专节中的核心表述，实质上就是一种对性质判断的表述。其二，话语主体迷失和话题方向走失不可能带来科学的正确的结论。正如前两个判断所指出，语文性质讨论中存在话语主体的混乱，连讨论谁的性质也处于不清晰状态，那么性质如何能清晰？讨论的话题方向也一直在课程价值上纠缠不休，得出的结论又怎么能说是对性质的判定？语文课程标准研制组编写的《全日制义务教育语文课程标准（实验稿）解读》在解释语文课程性质定性中正有这样的表述：“关于语文课程的性质和功能，里面既有学术的问题，也有一个体现国家意志的问题。”①显然，在课标编制者这里就一直把“性质”和“功能”混同了，而且对事物客观性质的认识和判定，也要体现“国家意志”！其三，二元论的性质结论是一种悖反结论。性质即本质特征，是一事物区别于另一事物的根本特征，具有唯一性。二元论中的“工具性”倾向物质性意义，“人文性”倾向精神性意义，一个事物的根本属性既是物质性的又是精神性的，这是对事物一种不科学的认识。其四，推断语文工具性质的三段论不成立。推出语文工具性质的三段论是：语言是工具，语文等于语言，所以语文是工具（语文具有工具性）。这个三段论中，“语言是工具”在价值描述上（而不是性质描述）是成立的，而“语文等于语言”是不成立的，因而结论是不成立的。语文和语言从内涵到外延都是不同的。

二是概念表述失当。工具性和人文性不是语文学科的性质，仅仅表现为语文学科的特点。用工具性和人文性表述语文学科或课程的性质是不科学、不严谨的。首先，工具性不是语文学科（或课程）的性质。这已经为众多学

---

① 语文课程标准研制组．全日制义务教育语文课程标准（实验稿）解读．武汉：湖北教育出版社，2002：34．

者所论证。把工具性定为语文课程的基本性质，存在三个方面的问题：一，理论依据不足。“工具论”最根本的理论依据就是：（1）列宁说：“语言是人类最重要的交际工具。”①（2）斯大林也说过：“语言是手段、工具，人们利用它来彼此交际，交流思想，达到互相了解。”② 叶圣陶、吕叔湘等学者把语文看成工具的基本理论依据就在于此。这里列宁和斯大林两位领袖所言，其实都是对语言的一种形象描述，以“工具”为喻，并且是对“语言”的价值意义层面的描述，而不是一种严格的定义，也不是对语言性质的界定。实际上，马克思的“语言是思想的直接现实”③，才是对语言性质认识的一种表述，即语言就是思想的表达、外化。海德格尔则形象地说“语言是存在的家”，这也有本质揭示意义，表明了语言的本质是对存在的承载。而语言和语文是两个相去甚远的概念，正如许多学者所认识到的，语文≠语言！语言是一个内涵单纯、外延广阔的概念，是一个具有人类学、社会学、语言学、心理学、符号学、文化学等广泛学科意义的概念，而语文是一个内涵复杂、外延较窄的概念，是一个教育学概念。对什么是语文后文将作专节论述。毛泽东在《给红军大学的信》中的一句话“学生学会了看书作文，那他们出校后的发展，就有了常常用得着的基础工具了”④ 也给了工具论一定论据，毛泽东所言，是在“语文”概念上的说法，但也是一种价值描述，不是一种定义和性质描述。语言是工具，也并不等于语文是工具；语文在学校教育各科目中具有基础性地位，也并不是说语文学科的性质就是工具性；语文是一门掌握工具（掌握语言）的学科，也并不是说语文就是工具。二，“工具”是喻义，不能直接描述事物性质，构成“工具”与“语文”之间的相似连接点是他们共同具有的“应用性”特征；“工具”说到底都不是性质意义，而是价值意义。三，工具性是一种泛属性，它不能区别事物。所有的知识都是人类征服自然和改造自然的工具，所有的学科都是我们未来生活的工具，我们说语文是工具，那么依此类推：数学是人类计算事物的工具，哲学凭借为人类思考提供世界观和方法论而成为人类思想的工具，音乐是人类表达情感的工具……那么，这些学科的性质都是“工具性”吗？这样的“工具性”能区别

① 列宁．论民族自决权//列宁选集（第2卷）．北京：人民出版社，1972：508．
② 斯大林．马克思主义和语言学问题．北京：人民出版社，1971：16．
③ 马克思恩格斯全集（第3卷）．北京：人民出版社，1960：525．
④ 周庆元．中学语文教学原理．长沙：湖南教育出版社，1992：21．

事物吗？

其次，人文性也不是语文学科（或课程）的性质。人文“旧指礼教文化”①，“今指人类社会的各种文化现象”②。从这样一个宽泛的定义看出，人文仿佛一个只可意会不可准确言传的东西，它是从人的一切生产生活活动中泛出的人类精神的灵光，属于意识范畴。“人文”的巨大包容性使得“人文”的内涵过虚、外延过泛，令人不可捉摸。人文性是一种泛属性，所有人文学科，甚至自然学科、社会学科都具有人文性，人文学科更为浓郁。说人文科学具有人文性与说自然科学具有科学性、人具有人性、动物具有动物性一样，都是对事物共性特征的认识，而不是对区别性特征的认识，也就不是对性质的认识。甚至，工具本身就表现出某种人文性，作为人类制造的工具，凝聚了人类智慧与精神，每一件工具从其形状、用途、原理等都体现了人类对自然的认识与征服的意志和智慧，都是人文的具体体现。语文是一个人文学科，具有人文意蕴和特点，但不独具人文品质，其人文性不区别于其他人文学科，“人文性”并非“区别于它事物”的特征，即不是根本特征、不是性质。美术、音乐的人文性更为浓郁，人文性亦是音乐和美术的学科性质吗？人文性能区别语文与音乐、美术吗？

总之，工具性和人文性因其意义的宽泛性、特征的普遍性，而不能作为具体事物的性质描述。同时，“工具”是一种对事物的价值性描述，而不是本质性描述，“工具性”也就是一种价值论而不是一种性质论。用“工具性和人文性的统一”来表达语文学科的性质是不得当的。

5.3 “世纪之争”的归位与重识

出现如此纷繁的语文性质之争，既表明语文性质本身的复杂性，也说明了我们的语文教育教学还未进入自觉状态。确实，语文是用得极其普遍但可能是定义最差的一个教育术语，或者说人们根本上就还没有给它以定义，或者说语文是一个逻辑起点概念，无须更多的定义和解释大家都心中了然，或者说是一个无法定义的东西。然而，事物的本质总是客观地存在着的，正如“人”这一概念，大家都明知所指，但如果从哲学角度来看，“人是什么”就是人类的一个最大的问题。对语文的认识，人们尚处于对若干现象的约定俗

① 辞源（世纪珍藏本第1版）．北京：商务印书馆，2001：0158．

② 李国炎等．新编现代汉语词典．长沙：湖南出版社，1988：1133．

成，是在一种感性层面进行认识，但是现象与本质并不那么完全合一，正如马克思所说："如果现象形态和事物的实质是直接合而为一的，一切科学就都成为多余了。"① 那么，用审慎的眼光对语文本质进行更深入的解剖，以求透过现象更接近本质，就是学术应有的科学态度和应有的必要行动了。我们的问题是：语文是什么？就讨论语文的概念、内涵、性质而言，语文是立足于作为一门学科来讨论。正如那么多在对语文性质认识上孜孜以求的学者专家一样，我也肯定还不能为语文作出清晰、精确的定义。查德说过："当系统的复杂性日趋增长时，我们作出系统特性的精确然而有意义的描述的能力相应降低，直至达到这样一个阈值，一旦超过它，精确性和有意义性将变成两个几乎互相排斥的特性。"② 如果是这样，既然还不能给语文下一个精确的定义，那就用描述性方法给语文一个应有的界定是可以的，但这种描述一定是针对本质的、性质的描述，而不再是现象的、价值的描述。

5.3.1　语文名称：一个教育的好概念

"语文"概念具有广义性。"'语文'一名，始用于一九四九年华北人民政府教科书编审委员会选用中小学课本之时。前此中学称'国文'，小学称'国语'，至是乃统而一之。"③ 在1950年编辑的初中语文课本《编辑大意》中这样说明："说出来是语言，写出来是文章，文章依据语言，'语'和'文'是分不开的。语文教学应该包括听话、说话、阅读、写作四项。因此，这套课本不再用'国文'或'国语'的旧名称，改称'语文课本'。""语文"立名是很近的事，然而语文命名所带来的语文性质学术之争却是广泛的、深入的、持久的。性质辨析离不开对语文内涵构成的解剖。当前对"语文"内涵构成的理解，大致有这么一些：语文 = 语言；语文 = 语言 + 文字，语文 = 语言 + 文学；语文 = 语言 + 文字 + 文章 + 文学 + 文化。这些理解，不论是作单项理解还是几项合起来理解都是不全面的，比如其中的"文化"就是一个泛概念，它有所指，但指向并非很具体。商务印书馆1996年7月修订本《现代汉语词典》对"语文"这一词条的解释是"①语言和文字：语文程度（指阅读、写作等能力）。②语言和文学：中学语文课本"。这一解释，应当是源自吕叔湘1963年4月在《关于语文教学的两个基本认识》一文所言："'语

① ［德］卡尔·马克思．资本论（第3卷）．北京：人民出版社，1958：1069.

② 魏本亚．语文教育学．徐州：中国矿业大学出版社，2002：333.

③ 叶圣陶语文教育论集．北京：教育科学出版社，1980：730.

文'有两个意义：一，'语言'和'文字'；二，'语言'和'文学'。"这是关于语文构成除了叶圣陶口头语、书面语之说外另一个最明确的表述。到现在看来，这个说法显然是不周延的。就是创造"语文"这一词汇的人自己也并不能完整清楚地表述其本真含义。"语文"一词，是华北人民政府出版总局的编审局在讨论如何将小学国语与中学国文统合起来时，一位同志提出的建议：我们叫它语文行不行？语也在里头，文也在里头。叶圣陶先生就此说过：

> 彼时同人之意，以为口头为"语"，书面为"文"，文本于语，不可偏指，故合言之……其后有人释为"语言""文字"，有人释为"语言""文学"，皆非立此名之原意。第二种解释与原意为近，惟"文"字之含意较"文学"为广，缘书面之"文"不尽属于"文学"也。课本中有文学作品，有非文学之各体文章，可以证之。第一种解释之"文字"，如理解为成篇之书面语，则亦与原意合矣。①

这一说法说明了语文概念产生的缘起与意图，虽还不是对其定义、性质的明确论断，但至少对那些对"语文"概念以偏概全的错误理解给予了否定：语文的"文"并非指哪一种文，而是涵盖了所有的文，语文概念的意义是广阔的。

我们还可以假借英语来对照理解我们的语文概念。正如歌德所说，"谁不懂得外国语，谁也就不了解本国语。"②"因为我们看不出自己语言的特殊结构和特征。"③如果要把我们的本国语文教育介绍到英语国家，"语文"一词如何处理？解决这一问题就是从另一个侧面认识"语文是什么"的途径。如果说语文就是语言，那么Language（语言）是其英译，显然不对；如果说语文就是言语，用Parole表示语文，那就是孤立地看待言语与语言、语文与语言的关系，Parole的内涵显然不及语文；当然Language、Parole都是泛概念，不区别于语种；那么如果说语文是汉语，用Chinese表示语文，显然，该词主要倾向于"语"的意义，同时又失去了对语文作为本国语言基础学习的教育学科的意义，Chinese是一个表达语言种类的概念，如果从教育学科种类来

① 叶圣陶语文教育论集．北京：教育科学出版社，1980：730.

② ［德］歌德．格言录（Sprüche in Prosa）//歌德全集（第42卷第2部分），118．转引自［德］恩斯特·卡西尔．人论．甘阳译．上海：上海世纪出版集团，2003：211.

③ ［德］恩斯特·卡西尔．人论．甘阳译．上海：上海世纪出版集团，2003：211.

说，它又包含了我们大学汉语言文学专业课程中的古代汉语、现代汉语，不能使作为基础教育的“语”和“文”的综合的意义区别出来。语文本身是一个新词，从其内涵意义上也不可能从英语中寻找一个对应单词，因此，“语文”一词的英译就是“Yuwen”，是作为英语的一个“外来词”，它是一个包含了Language、Parole、Chinese，以及Word、Article、literature以及更多学科方面在内的综合性概念，加上其作为基础教育学科科目的意义，形成一个全新的概念、一个新生的事物。这就能从语词表达的角度使语文区别于别的概念，反过来也体现了语文独具的品质意义。我们平常说的“外语”，在生活应用之中，应该是指“外国语言”，指用以交流的语言种类，而在教育学科之中也应指“外国语文”。

“语文”是一个教育学的好概念。在口头为“语”与书面为“文”合称“语文”后，在长期的实践运用发展中，在人们的文化心理中，它已然积淀形成了一个自身独立完整的教育学概念，一个全新的、内涵丰富、意象相切的学科名称。从语言学角度看，“语”、“文”两字已经以语素的身份共同构成了一个独立的词，它不再是词词相加的短语了；在语义上，已经超越了口头为“语”、书面为“文”合称的“语文”的原本意义，它已经拥有了“语文”所带来的广阔而深邃的社会文化现象和文化意义的所有内涵，“语”已经包含了“语”作为语素的一切内涵，“文”也包含了“文”作为语素的一切内涵，两者已经融为一体了，是复合的，不可独立切分的；从学科意义看，学科自身的发展，已经让“语文”这一词得到了丰富和完善，通过五十年的社会变迁，通过五十年的教育实践，通过多次的课程改革，也使语文学科逐步形成了自身的学科体系和教育方法。总之，对于语文的认识，尽管我们还没有达到深入之境，我们也许可以给它下一个定义，也许它就是一个学科的逻辑起点，我们只能描述其性质、形态、目的、任务，但是不能给出确切的定义，但对语文还是有了个基本的把握。“语文”确实成了我们生活中一个最亲近、最温暖的名字，成了我国基础教育中一个最响亮、最普遍的学科，成了我国教育学中最新颖、最恰当的一个概念，成为了我们民族文化中既最大众、也最深邃的一个因子。“语文”确实是教育的一个好概念，“语文”一词成为汉语语汇的优秀创造。“语文”名称创造者的智慧之花，已经在中华民族文化这棵美丽的大树上越开越璀璨。

5.3.2 语文内涵：一个复杂的大系统

我惊讶的是，在基础教育课程中，历史课、美术（图画）课、政治课、体育课等学科的名称都没有独立定义，也许它们本身就是逻辑起点。我们知道，对于基础教育学科概念来说，历史不等于历史学，生物不等于生物学，物理不等于物理学，体育不等于体育学，等等，尽管它们的联系非常紧密。然而语文比之上述学科概念来说，来得更为复杂，语文的构成不是单线索的（比如基础教育“历史”学科就是史学中人类史的人类社会发展史；而基础教育“数学”学科就是数学科学基础；“美术”、“图画”是美术基础），其内涵构成的来源是非常复杂的。其复杂性就是指语言（这里特指口头语）、文字、文章、文学、文化这么多要素的结合吗？事实上，其复杂性远远不止于此。我们至少可从以下角度来理解“语文”内涵的复杂性：

一是语文构成要素的复杂性。“有时候是事物的丰富让我们看到了结构，有时候是结构让我们看到了事物的丰富。”① 认识语文丰富的、复杂的内在要素和内在品质，我们需要借助结构方法。对语文构成最简单、最朴素的理解是：口头语和书面语的相加，用数学式表达为：语文＝语言（狭义，指口头语）＋文字＋文章＋文学。可用结构图示为：

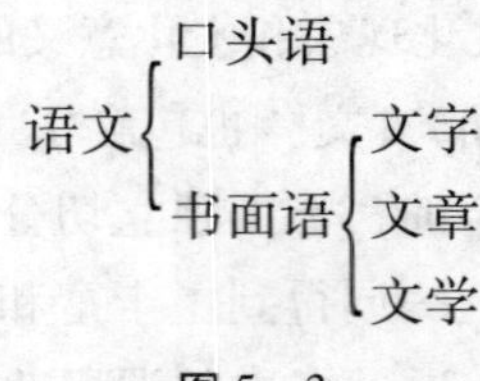

图5－3

这是一种对语文倾向于语言学意义的理解，传统的认为“语文即语言”就是这种理解模式。它把语文的教育学科性质作为一种潜在的、默认的因素，也把语言形式之外的具体语言内涵置之度外，因而把语文看成是一种等同于语言的工具。这种理解模式就是“工具论”式的理解模式，其进一步观察就限于听、说、读、写，语、修、逻、文。

进一步的理解是：语文＝语言（狭义，指口头语）＋文字＋文章＋文学＋文化。这里的“文化”是与谁并列？是一个独立内涵吗？显然是整个语文包含的文化内容和体现的文化意蕴，如果用结构图示表达可以是：

① 张楚廷. 课程与教学哲学. 北京：人民教育出版社，2003：59.

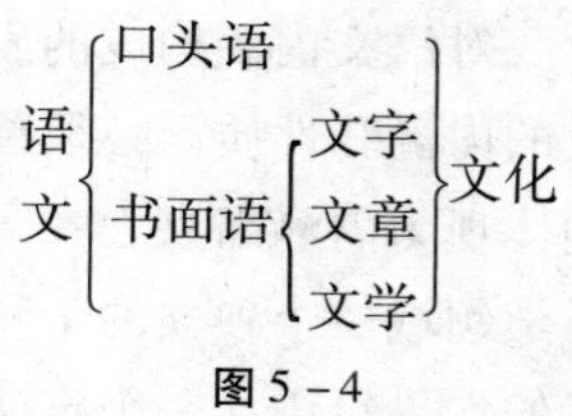

图 5－4

这里的“文化”并非与文字、文章、文学并列相加的同层次内涵，而是作为口头语的语言及作为书面语的文字、文章、文学共同体现出来的文化内蕴，如果更形象而又准确地用数学式表达，就应当是：语文＝（语言＋文字＋文章＋文学）文化。这种理解模式是语言学与社会学相融合的一种模式，它也把语文的教育学科意义当作潜在的、默认的因素，但它关注到了语文所蕴涵的人文意义，对“文化”特征的关注是一种必然的关注，也是对语文学科的一种应然的本质性关注，后文专述之。

本文更进一步的理解是：一个教育学下面的复杂概念，不可能用简单的数学表达式表达，可用图示表达为：

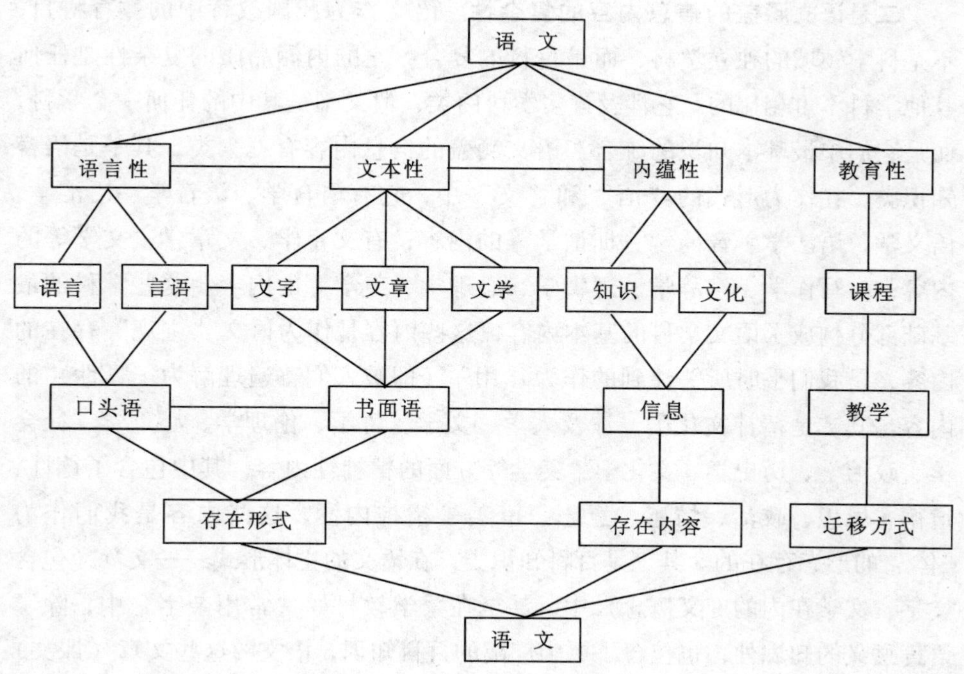

图 5－5

上图比较全面地表达了我对语文内涵构成的发现与认识，这些认识可以表述为三点：一是认识语文的内涵和性质，必须首先把它置于教育学意义之下来讨论，将其教育性明确体现为内涵因素之一，它不仅是我国基础教育的一个科目，而且不是整个科学领域一个独立的学科，这样我们就可以比较直观地将语文区别于语言。我们如果给语文一个定义，这个定义的表述中必须体现教育学科意义。二是如果将口头语和书面语分开看待，教学实践中语言学习和言语训练则是以文本性的书面语为主体，其中又是以文章（广义，包含文字、文学）为主体的课文形式来实施，也就是说，学生语文学习的材料主要是“文”，作为主体形式的课文饱含了知识和文化这样一些广泛而深刻的内蕴（当然，口头语也包含知识与文化，但不如书面语的深厚与稳定），其中蕴藏的知识、经验、文化、精神又是“文”的内核，也就是说，广义的“文化”成为语文的重要的内在品质。三是语言是语文的基本存在形式，语言性是语文的基本品质。

二是语文涵盖的信息内容的复杂性。语文作为我国教育中的教育科目，不是科学领域的独立学科，而是百科的复合，它的内涵品质的复杂性是任何其他学科不可相比的。它涉及许多学科门类，但又不是其中的任何一个学科，而是它们中最基本知识的统合。语文涵盖的信息内容有三大类，其一是语言知识类，在作为形式的“语”和“文”中，它有语言学、语音学、语汇学、语义学、语法学、音韵学、训诂学等的内容；有文字学、文章学、文学等的内容；有写作学、修辞学、逻辑学、心理学、美学等的内容。这些学科的最基础部分构成了语文学科的基本内容，这些内容是作为语文“主观”存在的内容，是我们平时所关注到的作为“用”（即被人们普遍理解为工具性）的内容。其二是精神文化类，涉及人学、文学、哲学、伦理学、心理学、社会学、政治学、历史学、文化学、美学等方面的精神性内容，其中包含了德性、道德、思想、政治、情感、意志、审美等精神内涵，这些内容是我们作为“体”的形态存在的。其三是百科知识类，在语文的主体形式——文章（包含文字、文学在内的广义概念）中，甚至在蒙学教材如“常用杂字”中，除了语言意义的知识外，也包含了更为广阔的百科知识，语文的这些文章（课文）中含有哲学（《人的正确思想是从哪里来》等）、生物学（《万紫千红的花》等）、建筑学（《中国石拱桥》等）、宇宙学（《宇宙里有些什么》等）、地理学（《威尼斯》等）、物理学（《回声》等）、气象学（《大自然的语言》等）、文化学（《我国古代的车马》等）等各方面的具体的知识性内容，可以说，任何知识都可以纳入语文之中，只要选入一篇某方面知识的文章作为课文，这类知识就进入了语文的内容。这类知识也是一种“用”的知识。这三类知识形成语文学科自在的、“体”“用”结合的知识（经验）系统。

从语文教材编写的价值取向看，第一、二类知识（经验）属于主观性知识（经验）。第一类语言知识是语文教材的基础性知识，是学生学习语言知识、训练语言技能、培养语文素养的必然性知识；第二类精神文化知识（经验），一方面是体现“语言是交流思想的工具”和“文以载道”本质的必然需要，另一方面是培育人、形成人和体现国家意志的必然需要。第一、二类知识（经验）都是教材编撰者根据学科目标任务和国家教育方针的要求来进行安排的，是主观性的，是有意识、有计划性地进行安排的。第三类百科知识是属于教材的客观性知识（经验），即这些知识（经验）的进入不是必然性进入，而是从属于文选的需要，从属于第一、二类知识选择的需要，这些内容是作为一种“客观”存在的内容。工具论者只注意第一类知识（经验），忽视第二、三类知识（经验），然而语文学科中所承载的第二、三类知识（经验）正是学生知识获得与精神生成的重要途径。语文的这一高度包容性，使语文在客观上成为了一个语言知识、精神文化和百科知识的大结合。这个知识（经验）系统可以直观表达为：

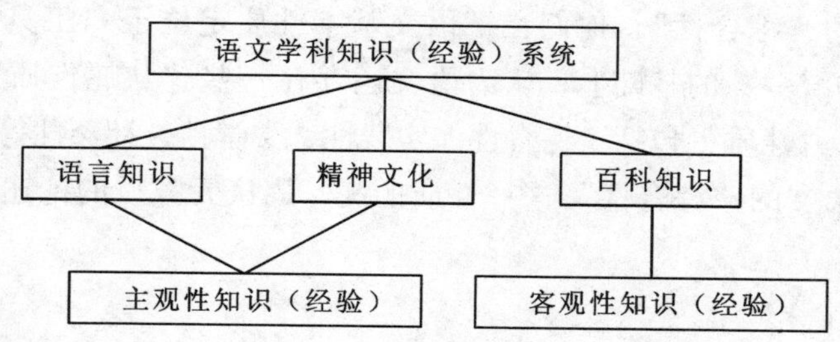

图 5－6

5.3.3　语文性质：一个文化的复合体

是的，语文在概念系统上的混乱，语文内涵的无限丰富，语文价值多维度的体现，前人对语文性质认识的多种视域，使得人们对什么是语文、语文的性质到底是什么迷惑丛生。尽管对“世纪之争”已然拿出一个“统一论”的公论，但人们仍然觉得说服力不够。如何找到能引导我们穿出扑朔迷离的语文性质迷宫的阿里阿德涅彩线①？我们在质疑前人之论并作出自己的初步判断之后，是否能提供一个新的视角去放置人们的眼光？这是我们需要努力去做的。我们看到，前人对语文内涵及性质的认识，都是一种分析式思维方式，是深入语文内在结构去认识语文，并深陷其中，这样往往只见树木不见森林，往往把眼光置于整体中的一个部分，从而从不同的部分的视角作出自己对语文性质的判断，这样也就产生了结论的多端性与偏颇性。事实上，从上一节的内涵分析可以看出，语文最大的特点就是没有自身完整的知识体系，而是多系统基础知识的合成。教育实践也证明，语文带给学生的利益也远远不止于语言掌握，不止于工具意义。这就提示我们，语文不能满足于分析其中的个别部分（比如语言）来判断整体的性质，而应该在对内涵多元性认识基础上寻求一个包括所有个别形式的普遍的综合的概观，也就是说，要以综合的思维方式，把语文各内涵统合起来，抓住这个“概观”，我们也许就能抓住阿里阿德涅彩线，走出纷杂的性质迷宫。有这样一个“概观”，是可以接近语文的性质的，那就是：复合文化性。由前面的分析我们完全可以得到一个这样的认识：语文是一个文化的复合体，复合文化性可以用以描述语文学科的性质。因为，语文学科说到底就是一门基础文化学科，语文课程就是一门基础文化课程，语文课就是一门基础文化课，而这个“文化”又是多方面文化内涵的复合。

语文是一个复合体。对语文学科性质的认识中，过去不少学者专家都认识到了语文的“综合性”，他们在把语文基本性质定位于“工具性和人文性（思想性）的统一”的基础上，认为语文还存在一些“从属性质”或“其他性质”，这些“性质”包括：综合性、实践性、文学性、社会性等。学者们是如何来认识语文的“综合性”这一性质的呢？周庆元教授的论述是比较有代表性的：

> 语文学科内涵的丰富性，导致了语文学科性质的综合性。先从语文学科的内部构成来看。一是语文知识的多样性。从单篇课文看，字词句篇无所不包；从整体知识看，语修逻文无所不有。二是语文能力的多极

---

① 阿里阿德涅彩线（a clue of Ariadne）（希腊神话）：克瑞忒国王米诺斯设著名的迷宫，欲加害于阿提刻王子忒修斯。但米诺斯之女阿里阿德涅公主爱上了忒修斯而给他一团彩线，线的一头拴在迷宫的门口，从而引导忒修斯安然走出迷宫。

性。就语文的专门能力而言，主要是聆听、述说、阅读、写作四种基本能力；而牵涉到一般能力来说，则还有观察、记忆、联想、思维、想象诸种心理能力。三是教材形式的丰富性。从语言形态看，有文言文和语体文（白话文）；从文章形态看，有实用文章和文学作品；从选文范围看，上下三千年，纵横八万里，古今中外，遍选精品；从课文体裁看，既有记叙、说明、议论、应用等实用文章，又有诗歌、散文、小说、剧本等文学作品。再从语文学科的外部联系来看。它"涉及其他一切学科，并把各种学科的结果集中在自身里"（乌申斯基语），诸如文史哲、数理化、天地生、音体美、工农医之类，五花八门，广为包容，举凡政治、经济、社会、历史、文化、教育、人生、道德、科学、技术、文学、艺术、心理、逻辑等等，大千世界，无不涉猎。进一步说，语文学科不仅要进行智育，而且还要进行德育和美育，在语文教学过程中，培养品德，陶冶情操，熏陶美感，提高政治思想觉悟。如此丰富多彩的综合性，是其他任何一门学科所难以企及的。①

从这段论述确实可以让人感受到语文明显的"综合性"特征。语文学科因为不是在科学领域中的学科分类，而是作为学校教育科目进行的学科分类，它不像数学、物理、历史等教育学科，它没有自身完整的知识体系，即使从语言的角度来说，它也没有完整的语言学和文章学的知识系统，而仅仅是一点语言学、文章学的基础知识，这些知识具有相对的线索性，却具有绝对的零碎性。正如前文所分析的，它是各种学科门类基础知识的大结合。

这种大结合是有机的，是水乳交融的，是一种"复合"。"综合性"之说把语文内在的各种知识（经验）分割开来，没有表达出语文学科各知识（经验）间有机相连的状态，因为"综合"就是"把各方面的不同类别的事物归在一起；把不同种类、不同性质的事物组合在一起"②，"综合性"所构成的事物可以对其各部分进行分析，这种结合是机械的而不是有机的。而"复合"是"合在一起；结合起来"③，是一种有机的结合，在这种结合之下，各参与复合的事物你中有我、我中有你，不可分析，正如我们所说的"复合材料"、

① 周庆元．语文教育研究概论．长沙：湖南人民出版社，2005：27．
② 李国炎等．新编现代汉语词典．长沙：湖南出版社，1988：387．
③ 李国炎等．新编现代汉语词典．长沙：湖南出版社，1988：386．

“复合肥”。语文内涵的知识（经验）是一种“合金式”构建。比如句子“凡是敌人反对的，我们就要拥护；凡是敌人拥护的，我们就要反对”，这一个句子中就包含了字、词、句、语法、修辞、逻辑等语言性知识，也包含了情感、态度、世界观、价值观、人生观、政治意识、道德取向等精神性知识与经验，同时这句话产生的背景还体现着历史文化、政治环境、社会状态等潜在意义，因此这个句子是多元知识（经验）的“复合”，这些知识（经验）不是某些词语的分工，而是一种“合金式”构建，共同组成了所有这些知识（经验）。“综合性”引导人关注构成的部分，“复合性”引导人关注构成的整体。语文学科是一门多元知识（经验）复合而成的学科，语文是一个多元知识（经验）复合而成的整体概念。

语文是一个以语言构建起来的复合文化体。语言既是语文存在的基本形式，也是语文存在的重要内容。语文以语言为基础，语文内涵以语言知识（经验）为基础。不论是语文中的语言知识，还是语文中的精神文化、百科知识，都是通过文字和文章（广义，含文学）来体现，都是通过一篇篇课文来展示，“文以载道”，“文”是语言，人类思想、精神、文化借语言而留存，马克思所说“语言是思想的直接现实”一语即道破语言的真谛，语言是人类思想、精神、文化的寓所。语文是一个以语言构建起来的复合体。

语文作为一个复合体，其赖以构建的形式是语言，而其主体本质则是文化，即语文是一个以语言构建起来的文化的复合体。用“文化”这一概念来统领语文学科最基本的特征是恰当的，正如《语文课程标准》所明确的：“语文……是人类文化的重要组成部分。”语言本身即是一种文化，同时语言也是其他文化的存在方式。我们平常讲的“学文化”、“有文化”，最朴素、最简单的意义就是“识字”，就是“指运用文字的能力及一般知识”①。在扫盲年代和扫盲人群中，学文化就仅指“识字”和“算数”，而是否“识字”就代表了一个人有无文化，是否知识化了，也就是是否符号化了，这正是语文最基础的意义，由此也可以看出语文之于人的绝对性意义，语文作为文化的代称，成为判断人之为人的最基本准则。德国哲学家卡西尔对人最深刻的认识，其实与文化盲区人们的认识是如此的殊途同归，他走到了人的最高处，实际也就是走进了人最基本的特性之中。他曾天才地把人、符号与文化紧密衔接

---

① 中国社会科学院语言研究所词典编辑部编. 现代汉语词典. 北京：商务印书馆，2005：1427.

起来，把符号作为“人的本性之提示”①，把人定义为“符号的动物”②，把一切文化简约为符号本质，并认为“只有这样，我们才能指明人的独特之处，也才能理解对人开放的新路——通向文化之路”。③ 当然，站在高层次上看，文化是人类在社会历史发展过程中所创造的物质财富和精神财富的总称，并特指精神财富，如文学、艺术、教育、科学等。从语文固有的内涵看，语言作为人类存在的一种符号形式，本然地是一种文化，是人类最重要的文化表现之一。百科知识也是人类创造的文化结晶。精神文化更是一种高层次内蕴的文化。语文外在形态上作为学校教育的一个学科，也是一种文化，教育自身亦即一种文化表现。语文是多文化的复合体，又是在多文化复合中形成的一个崭新的文化体。总之，语文所具有的语言性、文本性、内蕴性和教育性都是一种文化性，语文中的语言、文字、文章、文学、百科知识、精神文化、教育课程诸方面从形式到内涵都是属于文化的范畴。语文学科中固有的这种文化特质，既涵盖了中华民族的传统、心性和品质，也吸收着人类的文明、智慧和精神，有着宽阔的文化内涵空间。

语文学科的性质是复合文化性。用复合文化性来描述语文学科的性质有一定合理性。表现在：一是复合文化性是语文学科内在固有的本质特征，语文是各类文化的基础集成，各类文化的基础内容共同构成语文内涵，文化是语文的本质性特征，复合性是语文的结构性特征，复合文化性是对语文内涵本质和结构本质的直接揭示；二是复合文化性区别于别的学科，其他学科有自己比较单一又相对独立的知识体系，而语文学科内涵依赖于多种学科门类的基础知识的汇集。在作为学校教育科目的学科之中，没有哪门学科具有或者显著具有这样一种复合文化性特征。三是复合文化性包容了工具性、人文性、思想性、综合性、实践性、社会性等语文性质多性说，使语文性质走出二元悖反或多元悖反现状。四是复合文化性支持语文价值多元性，既符合语文本然特征，也适于语文教育实际，其语言文化应对语文的工具价值，其精神文化应对语文的人文（思想的、德性的、情感的、审美的等）价值，其百科知识及理性智慧作为一种科学文化，体现语文的智慧价值。总之，语文通过多年教育实践的运用、发展，已经形成了一门具有独立特性的稳固的学科，

---

① ［德］恩斯特·卡西尔．人论．甘阳译．上海：上海世纪出版集团，2003：42.

② ［德］恩斯特·卡西尔．人论．甘阳译．上海：上海世纪出版集团，2003：42.

③ ［德］恩斯特·卡西尔．人论．甘阳译．上海：上海世纪出版集团，2003：42.

它既不是语言学、文字学，也不是文章学、文学，而是一门由语言、文字、文章、文学、逻辑、修辞等等，以及由此建构的整个文化组成一体的一门复合性学科。

复合文化性是解释语文学科独具深厚的教育价值、社会功能以及人生意义的根本理由。为什么一直在工具论主导之下的我国的语文教育，尽管让语文教育成为了单纯的语文知识学习与技能训练阵地，然而语文的教育功能、语文的精神价值意义却并没有完全被丢失？为什么国家意志如此关注于语文学科，在知识准入即过去认为的课文思想性的选择上深受着意识形态的掌控？为什么在我国“文革”时期的语文教材会几近于政治教材？这正是因为语文学科具有浓厚的复合文化性特征，正因为语文学科具有强大的精神价值，这种价值即使在工具论的偏执之中，它也将在一定程度上顽强地展现着自我的魅力。

至此，我们还应为语文学科的地位正正位。语文就是语文自己，是一个自在的学科，它不是任何学科的工具和附属物，不从属于任何别的学科。语文为语言而生，为文化而生，为人的精神而生，它不是为哪些学科而生。语文还有个“本我”，即语文作为一个独立的学科还有自身的天地、自身的目标、自我的价值，还有自己对人的发展直接的巨大的甚至可以超越其他学科的影响力。其实学科间的联系都是互相的，不是单线条的，哲学能为人们说话、写文章乃至学习、工作、生活提供立场、观点和方法，那么，哲学是语文的工具吗？是别的学科的工具吗？哲学的本质是工具性吗？语文固然是基础学科，学生通过语文学习，提高语文素养，从而为学好其他学科打好基础，语文素养是学生学习其他学科和自身发展的基础，但语文不是别的学科的必然性工具。我国基础教育中的一个现象在某种程度上能说明问题，从普遍意义上说，语文学习好的学生，数理化相对差些，数理化学习好的学生相对不太喜欢语文学习（当然也有语文学习好的），文理双栖的学生少之又少，特别是那些语文素养好、作文写得好、感情敏锐、心思细腻的学生，常常在数理学科方面就感觉困难。这与其说语文作为学生学习其他学科的工具作用使然，不如说是学生生理与心理状态决定了学生学科学习结果，与语文学习好坏没有绝对正比关系。然而语文学习好、语言感悟力强的学生，其内心必定是更丰富，其精神必定是更充实。

语文是高贵的。然而，语文“世纪之争”由于话语主体和话题方向的迷失而视觉迷蒙，由于对语文性质始终作分析式探讨而抱树为林，由于学术理论研究者们墨守陈言、人云亦云、不去做深入的学理探究而使语文之理的认识始终不得日出花开，使得语文的高贵之气始终不为人所识或者不为人所重，甚至一直做着下贱的奴工——这是我们不能承受的语文学术和实践之痛，也是民族和人类的生命之痛！

通过上一节的论述，我们对语文的认识就立足于这么一些理解：语文不等于语言，语言具有工具价值（而不是工具性质），而语文学科具有基础学科（而不是工具学科）地位，语文教育的理论和实践，只能从语言着手，不能从语言着眼；语文首先是作为一个学科概念而存在的，课程不等于学科，语文学科与语文课程各自具有不同的内涵和外延；语文学科的性质是其复合文化性，工具性和人文性因其概念的过泛和价值性描述而不能作为语文性质的判断；语文只存在语言意义上的工具价值，不存在学科意义上的工具价值，语文学科对学生的作用不只是学习与生活的工具辅助，更应是精神和生命的积极引领，一种对人的生长的本质引领——语文的高贵还不仅在于它作为人类生命赖以存在的语言意义，也不仅在于作为人类业已形成的文化的传承意义，更在于语文是人类精神生长的圣地。

第6章 语文德性品质的解析

上一节从学理上对语文性质进行了一些必要的辨析，通过这些辨析，我们明确了语文一些基本问题的讨论范围和方向，尤其对语文学科性质有了一个基本明晰的认识。这些认识，是本着科学的态度与精神、立足于语文事实的。在对语文性质之争解围中，确立语文的复合文化性性质，也是在把握语文工具价值和人文价值基础上进行的思考，因为工具和人文于语文始终是非常有意义的。复合文化性不是对工具性和人文性的超越，而是对其二元悖反的统合和对其无可依傍的空泛状态进行一定的定位。对语文内涵中德性品质的分析正是基于对语文人文意蕴的肯定，对语文文化本质的尊敬，对语文精神价值的弘扬。

6.1 语文德性品质在语文教育中的意义

德国教育家赫尔巴特是相关综合课程理论的提出者，他认为，教育的终极目标就是培养学生的德性和意志，而孤立的、支离破碎的教材不利于以德性和意志为核心的完整人格的形成，并主张教材应以德性和意志为核心彼此关联起来，使新的观念群不断同化于已有的观念群之中，使课程最终指向完整人格的形成。我国的语文课程正体现了这样一种理论思想，是由多个相关课程综合而成的一门新的课程，如果按照其中的构成部分分科设立课程，这不仅使课程体系陷入庞杂，不便进行教育教学的实践，同时这些课程就失去了合力，课程的教育价值就会受到减损，尤其是对学生德性和意志的培养能力就会降低。语文作为一门复合性学科，通过近百年的实践，充分形成了自身的教育价值，这种价值最得以巩固的就是其中德性与意志的教育价值。而在这些价值方面中，作为传统的精华，语文的德性价值是显得如此沉着深厚，作为学生德性生成的重要倚赖，教材中课文的德性蕴藉、过程中课堂的德性承传、生活中语文阅读的德性伸展，都成为语文教育的重要品质。特别是作为学生学习的主体依据的语文教材，从其语言文字、各类课文到作文教学，都充满了德性内涵，富于德性意义，我们完全可以说，语文是一个丰富而厚重的德性宝库。

语文以语言为主体形式，而“语言是思想的直接现实”。语文以课文为主体形式，而“文以载道”。语文内涵的载体是课文，语文的德性品质也蕴藉于课文之中。“文”是语文教育的主要依赖，是语文教育的灵魂所在。宋太宗赵匡胤日阅《御览》三卷，因事有缺，暇日追补之，尝曰：“开卷有益，朕不以为劳也。”① 为什么“开卷有益”？因为“卷”里是一个宝库，是智慧的宝库，也是德性的宝库，打开它，于智慧获得有益，于德性修养有益，所以古人重读书。语文教材是教育专家们根据课程特点要求、人的发展需要和具体培养目标精心选择、编写的，更注意“文少益多”。历代以来，我国对“语文”教材的编写，一直就注重知识性和思想性相结合，更注重在使学生知识学习的同时获得德性的生长，因此在我们的语文教材中包容了丰富的传统文化和德性精神，大量的丰富的德性内涵蕴藉其中，成为学生的一个德性源地。

一个国家对其教育体系的把握必然要充分体现其国家意志。以复合文化性为根本特征的语文学科，作为学校教育的重要学科，在对人的培养中，寄予了国家和人们对青少年深切的生命良愿，那就是对学生健全人格、美好心灵、高尚精神的形成和发展。语文教育的根本任务正是教给下一代民族的语言和民族及人类的精神。正如赵厚玉教授所认为，语文教育理论体系存在三个系统：教学论系统、教化论系统和教导论系统。② 其中教化论系统就是指“直接作用于青少年人格中的行为方式、生活态度、价值信念、人生观、世界观等方面，这些方面通通可以称之为‘德性’”，“‘教化’就是一种形成人们德性的功能”。③ 教导论是一个实践论系统，是组织性、工程性系统，而教学论和教化论则是目的论系统，目的论系统正是由语文学科内涵所规定。如果作个机械对应，教学论系统就是负责学生语言性和知识性学习，教化论系统就是负责学生精神性教育。她进一步认为，“教化论包括两个方面的内容：一是从整体教育观念出发，研究和解决语文教育如何为全面贯彻党的教育方针，

---

① 宋·王辟之. 渑水燕谈录.

② 赵厚玉. 语文教育学的现代阐释. 北京：中国编译出版社，2003：16－20.

③ 赵厚玉. 语文教育学的现代阐释. 北京：中国编译出版社，2003：18.

培养全面发展的社会所需人才的问题；另一方面，探讨如何培养适应现代社会发展需要，具有良好个性品质、高尚情操和创新精神的创造性人才问题。”① 尽管这一理论说法属于一种完全的社本主义教育观，“教化”、“适应”、“社会需要”等理念都表现出没有把人本放在教育思维的基点，但是这一理论所触及的视野是值得追索的，从这三种维度去思考语文教育理论是明智的，因为这种“研究和解决”的方向确实来自语文学科教育的固有品质。

为什么语文的教学内容会因着时代的变化而发生显著的变化？这正说明了语文之于人的精神生成的重大意义，人们注意到了甚至是深刻领悟到了语文在涵养人的心性、培育人的思想、催生人的德性、构建人的精神上有着独特重要的作用，语文是人（接受教育的人）的一个精神领地。百年语文教育史告诉我们，除了直接的思想政治品德课程，再也没什么课程能像语文课程一样具有鲜明的阶级性和时代性，那样富于变化，顺应时代，贴近时代，反映时代，又用它通过影响一代一代人而去塑造时代。也就是说，再也没有哪门课程能够如此普遍、如此深刻、如此有力地影响人的精神建构和德性生成。时代特征在语文课程中的体现，就是语文教育对时代影响能力的体现，也就是语文教育对人的影响能力的体现。

6.2 语文德性内涵在语文内涵中的地位

尽管说语文是文化的复合，是诸多学科基础的融合，但语文内涵并非一个混沌体，而是很好为人们所认识和掌握的，正如陈钟梁先生所言：语文教材是“传播社会学理论的启蒙读本，灌输人类知识的普及本，同时又是一本生活的百科全书”。② 只要我们潜心走入语文内涵的深处去看看，就能清楚地看到语文德性品质在语文宫殿之中卓然而立。

6.2.1 语文内涵的“3D”合构

阐释学及其超结构思维有助于我们对语文内涵的剖析和把握。阐释学对课程有一个超结构的理解，这种理解正是我们对语文的应有理解方式。张楚廷教授在讨论“文本与解读者（学生和教师——本文作者注）的关系”这个

① 赵厚玉．语文教育学的现代阐释．北京：中国编译出版社，2003：18．

② 陈钟梁．语文学科的德育功能．上海教育（中学版），1989：11．

阐释学研究的基本问题时，智慧地运用了两个结构图像来进行表达：①

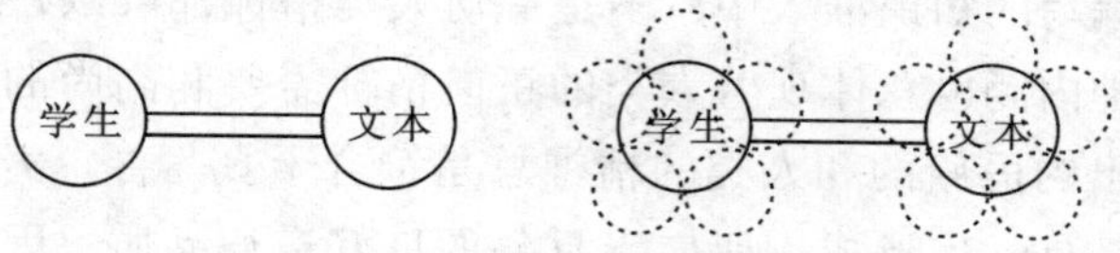

图6－1

把这两个生动的图像移转到对我们语文学习者与语文课程（这里主要指作为文本的教材）的观照，亦可说明：左图像中“学生”是作为语言知识和技能工具式学习的“学生”，“文本”是作为体现为文字、文章的语言形式。而作为超结构的右图像中，“学生”是作为语言知识和技能工具式学习的“学生”（实圈）及带着“意识、情感、态度、期望”② 的“人”（虚圈）的统一，实圈与虚圈构成完整的“学生”；“文本”是作为体现为文字、文章的语言形式（实圈）与“象征着文本及其作者的精神、思想、理念、风格……”③（虚圈），实圈与虚圈构成完整的“文本”。显然，语文学习中的“学生”也应当是超结构的“学生”，因为“我们从不空着手进入知识的境界，而总是携带着一大堆熟悉的信仰和期望”④。学生是一个精神生命存在的人；语文学习中的“文本”，也应当是超结构的文本，因为“语言是思想的直接现实”。

那么，在语文内涵——作为学习内容的教材文本中，“虚圈”又是指哪些成分呢？从上一节对语文内涵的学理分析中，我们知道，语文学科的复合文化由语言性要素、文本性要素、内蕴性要素和教育性要素构成，前三个要素是语文内在要素，后一个要素是作为教育科目而存在的外在要素。而从语文三个内在要素即内涵品质来看，则有三个基本维度，即语文品质是语言维度、精神维度和知识维度的合构。其中“语言维度”是指语文中语言知识、经验、技能这一部分，这是过去人们狭隘理解语文的那部分内涵，即是纯语言内涵，我们简称“言维（LD，Language Dimension）”。“精神维度”是指道德、情感、意志、审美等，是过去人们理解的思想性、人文性方面的意义，但必然地宽于思想性、严于人文性（因为语言维度本身也具有人文意义，人类创造

① 张楚廷．课程与教学哲学．北京：人民教育出版社，2003：115.

② 张楚廷．课程与教学哲学．北京：人民教育出版社，2003：115.

③ 张楚廷．课程与教学哲学．北京：人民教育出版社，2003：115.

④ ［德］H. R. 尧斯．审美经验与文本解释学．顾建光等译．上海：上海译文出版社，1997：7. //张楚廷．课程与教学哲学．北京：人民教育出版社，2003：115.

的一切科学成果及一切科学创造的活动都客观地具有人文性)。我们不难理解到，语文教材编写的知识准入中，不是一切人类精神都可以自由地进入教材的，准入的精神内涵也总体现着人类的正向精神需要和高尚的国家意志，语文课文中体现出的民族的和人类的精神总是符合于真、善、美的特征的，这些精神的核心又是学生形成人所应当具备的良好道德品质，因此，这一维度实质上就是一个德性的维度，我们简称“德维”（VD，Virtue Dimension）。“知识维度”是指语文中具有的百科知识，包括蕴涵其中的理论、思维等智慧性因素，这个“智慧性”也不是有的学者所认为的“言语智慧”，“言语智慧”是站在言语里面来看语文内涵的，是一种窄视野的观照方式，而这里所言的“智慧”是站言语之外同时也关注着言语自身带来的人类理性智慧，是一种整体知识与经验的合成。语文客观地给予学习者以言语之外的智慧。我们把语文内涵的这一维度简称“智维”（KD，Knowledge Dimension)。这样，我们就能更清晰地看见语文内涵的基本构成及其来历，就如下图所示表达的：

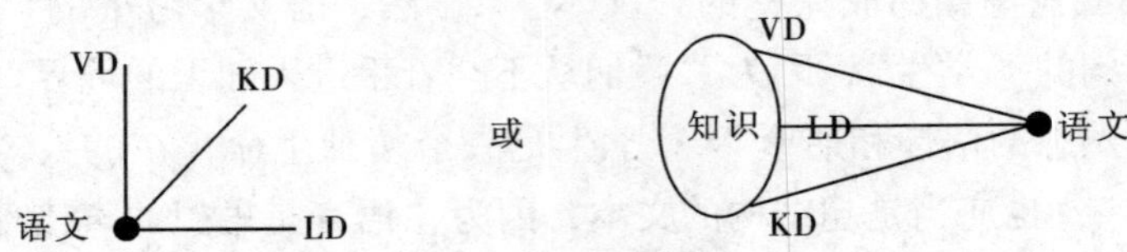

图6－2

上图所示，语文并非自成系统地从某一科学领域分支出来的学科（它不是语言学)，它的全部内涵倚赖于各学科知识（文化）以语言身份（课文）的汇集：LD把语言学的基础知识通过课文形式汇集过来，VD把人类精神文化通过课文汇集过来，KD把任意科学文化方面知识通过课文汇集过来，这样形成语文内涵——语文内涵来自人类所有的科学文化成果中那些最基础的成果。这些内涵在形成时，LD和VD是语文教材编写人员根据语文教育需要即语言规律和国家意志（体现在教育方针上）主观安排的内涵因素，主要体现在记叙文、说明文、议论文和文学性文选；KD中具体的百科知识则是客观进入语文教材的内涵因素，是教材编写人员在根据语言性教学需要而选择教材时的附带性内涵，主要体现在记叙文、说明文等。这就是我们所指称的“语文”，一个复合文化性的学科，这正是我们始终坚持语文不等于语言的根本事实依据所在：语文不是单纯语言内涵，还有德性内涵和智慧内涵。

可能有人会提出，在语文内涵结构中是否还存在一个“第四维”——

"美维"（ED，Esthetics Dimension）呢？语文教育不是还存在重要的审美教育价值吗？在本文看来是不需要独立观照语文中的美的内涵的，因为德性即真、善、美的统合，美成为德性的具体内涵。同时，"美"不是一个独立存在的形态，它寓于其他各个具体方面，在"言维"中体现着语言之美，在"智维"中体现着知识和智慧之美，在"德维"中更体现出德性之美，美的品质共生于其他各种品质之中。当然，语文中的审美价值是十分重大的，美无所不在，它以一种无形的抽象形态伴随着其他任何知识来到语文之中，并在它所在的地方闪烁光芒，也伴随着任何知识为学生心灵所感应并进而照亮学生心灵。语文中的美感主要集中在语言所构筑的一些事物意象之美和人类情感之美（这种情感之美正是体现为德性之美），这种审美要求，应该主要在"言维"、"智维"和"德维"的教育价值实现过程之中去同时实现审美价值。①

6.2.2　语文教育的"3E"取向

与语文"3D"合构的内涵品质相应，语文教育必然将语文所具有的这些内涵迁移到学生头脑中去。也就是说语文教育也就必然地存在一个"3E"教育取向，即："言育"（LE，Language Education）、"德育"（VE，Virtue Education）和"智育"（KE，Knowledge Education）——这是语文学科价值的三个基本的重要的方面。

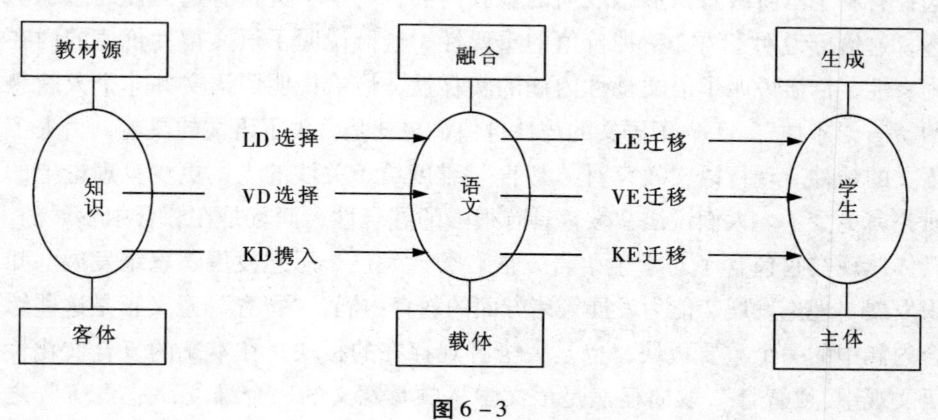

图 6－3

---

① 周庆元教授与本文作者曾撰文重构学生全面发展素质系统，指出现行倡导的学生德、智、体、美、劳全面发展的五个方面的不完善，并认为"美"是共生性品质，不是独立性品质，主张消解"美育"的独立性，提出了体格、心格、智格、行格"四格"素质系统，把美育融入"四格"的培养之中。参见周庆元，胡绪阳．如何认识学生的全面发展．教育研究，2005（7）．

语文教育实践中，人们对其中的“言育”维度当然从来就是高度重视的，到现代语文教育中，由于受科学主义影响，在语文教育观上为工具论所主导，有的人甚至认为语文教育就是育言一责，主张纯语言教学，他们排斥语文教育中的德教和智教，语文教育不能将学生精神生命置于其中，使语文课缺乏灵性，缺乏感性，陷入一种枯燥的语言理学，使学生因意识不到语文学习的真正意义而失了兴趣，由此丢失了学生——这一点，至今还是基础语文教育中的普遍现象。“德育”即是德性培育，不是平常意义上所说政治思想、道德品质的德育，是对学生内在精神生命的培育，而不是道德规训，这始终是语文教育中的一条主动脉之一。“古代语文的思想教育，是与古代社会的伦理教育、德性培育等结合在一起的；现代的语文教育的思想教育则是与社会主义的政治教育、爱国主义教育等结合在一起的。”① 这句话体现了语文的“德育”意义，更体现了社会对语文特有价值的利用。对语文的“德育”功能，有的人认为是代表某种阶级、政党的意识形态或利益，因而敌视之，并想从语文中抹去，而事实上是不应当这么做也做不到的。当然，由于语文特有的“德育”功能，统治阶级往往利用语文阵地为他们的统治服务，把语文当成一种意识形态的阵地，当成实现并维护本阶级利益的工具，在语文教育之中，选择有利于本阶级意识形态取向的德教内涵，对学生进行有选择性的意识渗透，这恰恰说明了语文精神价值的重要性，恰恰说明了语文德性价值的内在固有性，恰恰说明了语文德性内涵的实存性，恰恰说明了语文并非个人臆想的“言语本质”。丢失了语文的德性价值，也就是丢失了语文的灵魂，丢失了语文的精神。现行语文教育对“智育”维度给予关注的人则更少，理论上的研究就更少了。人们说语文教育具有很强的综合性，而且是在综合中发展的，具体体现在它包含了对学生语言发展、德性发展、思想发展、思维发展、知识发展、理论发展、能力发展等诸方面的教育内涵，“智育”意义正是这些综合内涵中的一个重要板块，也是一个客观存在的板块。在本文的复合文化性语文观中，“智育”取向显然是语文学科颇具意义的一个维度，是“3E”之一。言育、德育、智育这“3E”都是语文作为一门教育学科的客观实存价值，是不以理论家们的思想意志为转移而存在着的，也是不因实践者们主观忽略而消除的。刘国正先生在《中国语文教育丛书·总序》中也这样说道：“从孔

① 张隆华，曾仲珊. 中国古代语文教育史. 成都：四川教育出版社，1995：8.

子的年代起，直到十九世纪末，中国汉民族的语文教育，一直是同儒家伦理道德教育、经世济时教育、知识百科教育紧密联系不可分割的，学语文同时也是学做人，这是历久不衰的一种传统（尽管做什么样的‘人’，各个时代有不同的要求和内涵）。”①

6.2.3　语文德性内涵的“主观”性

上面论述的语文学科内涵的三个维度以及由此得来的语文教育价值取向的三个方面，正如马斯洛的需要层次论，也是一个梯级发展的“金字塔结构”状态。其中“言维”及其“言育”目标是语文教育最基础的层次，不论如何认识语文的性质，都不能脱离语言这一基础。这一层次的任务在于学习语言知识，掌握语言运用技能。“智维”与“智育”是第二个层次，是获得知识、了解文化、发展思维、锤炼智慧、达成理性的环节，是语文不可忽视的一个重要环节。“德维”与“德育”是最高层次，是精神培养，形成学生真、善、美的德性，生成良好品质，孕育美好心灵。可以图示为：

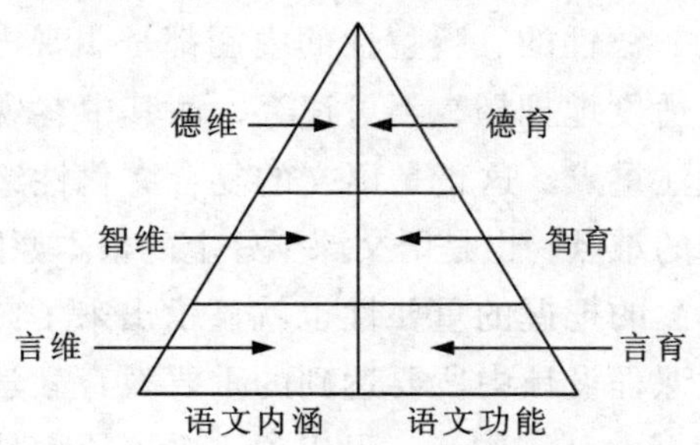

图6－4

根据前文分析，3D当中，言维LD、德维VD是主观性内涵，是在进行课程设计规划时，由编写人员根据语文学科的语言性知识的规律、特点以及国家意志对学生德性走向要求进行主观有意地安排的内容，也就是课程所想要达到的显性目标，比如《荷塘月色》倾向于语言性选择，《白杨礼赞》语言性与德性相兼，《我的叔叔于勒》倾向于德性选择。智维KD中涉及的一些百科知识则是客观的、随机的，是应学科语言性和德性培育教学的主观需要进入语文教材的，比如《中国石拱桥》、《第比利斯的地下印刷所》等文章中所涉及的诸如赵州桥、印刷所结构，并非语文一定要表达的内容，而是因为这

① 张隆华，曾仲珊．中国古代语文教育史．成都：四川教育出版社，1995：3．

两篇文章在事物结构说明方面具有典型性，便于教学，与建筑知识本身没有必然关系。但是，由语言的、德性的、百科的知识及经验汇合而成的，对学生智慧、思维、能力以及心理意义的敏锐、兴趣、激情、想像等智维因素的培养期待又是主观的、必然的。

对语文内涵的主客观性的认识，是面向语文内涵的教育教学的把握的，是很有意义的。过去人们没有真正认识这一点，没有注意到语文中哪些是由学科内涵规定的课程目标方向，哪些是附带内涵，在教育教学把握中就有失当。有的强调语文的思想性，把语文课上成德育课甚至政治课，满堂说教；有的强调语文的语言性，让学生身陷字词句篇、段落大意、起承转合的牢笼之中；有的强调语文课的“语文味”，片面追求语言意象体验，声像并用，花色杂陈，使语文教学陷入一种虚无缥缈之中；有的甚至过分纠缠于文章中动物学的、生物学的、建筑学的等具体科学的知识和概念，把语文课上成动物课、生物课、建筑课。通过对语文内涵的主客观性的分析，我们就可以知道，语文内涵中语言性的、德性的、智慧性的内涵都是主观内涵，都需要在教育教学中认真、科学、适度地把握，不可遗弃，而其中客观附带的具体科学知识不是语文学习的关注重点。这正是语文的复合文化性给教育教学带来的比其他任何学科都突出的难点，也是语文课不好上的根本原因所在。

对语文中德性内涵的把握的重要性也就显示出来了：德性内涵是语文中的主观内涵，是语文课程设计中所要达到的重要教育教学目标，是我们语文教育教学必须紧紧把握的基本内涵。可以说，丢了语言性把握，就丢语文的肌体，丢了语文的自然生命；而丢了德性把握，就丢了语文的灵魂，就丢了语文的精神生命。没有精神的生命是植物和动物，没有精神把握的语文是一枚干涩的果壳。但对这一点在语文理论和实践中往往难以取得共识，语文德性内涵常常遭致丢失，关注语文德性品质常常受到责难，被冠以人们不高兴的“德育第一”、“政治挂帅”之名。在赵厚玉教授所论述的语文理论体系三系统之说中认为：“语文课堂教学的主功能是‘教学’，副功能是‘教化’，而且‘教化’这种功能还是在‘教学’过程中潜移默化地进行着，并不需要教师单独作为一项任务提出。”① 这正是当前一种比较典型的片面认识。德性内涵是语文的主观内涵，德性品质是语文的重要品质，学生实现“语文知识、

① 赵厚玉．语文教育学的现代阐释．北京：中国编译出版社，2003：19.

能力、学习方法和情感、态度、价值观等方面要素的融会整合”、“陶冶性情，追求高尚情趣，提高道德修养”、“领悟其丰富内涵，探讨人生价值和时代精神，以利于逐步形成自己的思想、行为准则，树立积极向上的人生理想，增强为民族振兴而努力的使命感和社会责任感”① 是语文重要的课程目标，因而也是具体课堂教育教学的重要任务，这个目标的实现、任务的完成——即学生的德性生成，非常需要教师的潜心指引，并且需要德性的教师充分运用语文的德性品质，对学生进行充分的、生动的、有效的德性指引，语文的这些课程目标才能得到实现。

6.3　语文德性品质在语文课程中的展现

语文的课程主要体现形式是课文，课文是语文教学内容的基本载体，对学生而言，课文就是学习的“源头”，是一种知识源、精神源，作为精神的核心，也是一个德性源。我们观察语文的德性品质，最切实的途径就是深入课文之中去。语文课本中的选文具有突出的广泛性，从体裁来说，有记叙文、议论文、说明文、应用文，有诗歌、散文、小说、剧本；从外延上来说，有自然的、家庭的、社会的，有国内的、国外的，有古代的、现代的；从内涵上来说，有政治的、文化的、经济的，有生活的、思想的、艺术的。可以说，语文是人类生活及生活成果的汇集。文因道生，道缘文显，文以载道，道以文传，正是“道非文不着，文非道不生”。对于文章本身来说，其中所承载的精神和思想是重要的，一篇文章，一部书，不是因其语言意义而存在，而是借其精神意义而存在。这正是语文课本向来注重选文的典型性的原因，这种典型性是语文知识和文章精神相互融合的典型性，也就是平时我们所说的选择那些文质兼美的范文作为学生的课文，语文课程因之而具有内在的德性品质。为彰显语文的德性品质，我们不妨对作为语文的主体形式的课文中德性品质作个概览。根据不同时期语文教材的不同形态，这里把语文教材简单分成经史语文、文选语文和综合语文三种。“经史语文”就是以四书五经等原著为教材，没有经过专门编辑的教材；“文选语文”就是根据语文教育教学需要和教育主办者意志需要，选择的那些文质兼美的代表作品的纯文章类教材；“综合语文”就是选文与语文知识综合编辑而成的教材。

---

① 中华人民共和国教育部制订．普通高中语文课程标准（实验）．北京：人民教育出版社，2003：2.

6.3.1 经史语文的德性蕴藉

尽管“语文”是现代之称，但语文作为一门学科的内涵、理论和实践是直接源于古代的一些教育科目。把现代语文之源直接统称为古代语文便于历史地、联系地认识语文。古代语文中最具德性蕴藉。我国民族数千年来积聚的灿烂文化、民族精神、优秀传统，都蕴藏在古代浩瀚的典籍之中：在四书五经之中，在经史子集之中，而这些，正是我国古代语文的基本内容。《学记》有云：“古之王者，建国君民，教学为先。”“君子欲化民成俗，其必由学乎?”当时的“教学”与“学”的途径正是融文、史、哲于一体的古代语文教育。“可见‘化民成俗’、‘建国君民’，自然也就是古代语文教育的最终目的。”① 儒家学者一向认为：“诗书教化，所以明人伦也。”这就是说，“在教学诗书中，做到潜移默化，寓道于文。”②“教化”就是通过教材、教育实现对学生心灵的沁润、熏陶和感染。“明人伦”就是进行道德教育，就是让学生生成内在的德性品质，从而以德处世。这些理念，决定了语文教育价值的基本取向，从而也就决定了语文教材内容的取向。朱熹曾经指出：“古人之教，自其孩幼而教之孝弟诚敬之实，及其少长而博之以诗书礼乐之文……及其十五成童，学于大学……教之格物……致知。”③ 由此可以看出我们过去的德教之重，并且把人的一生基础德性的形成放在基础教育阶段。古代教育实质上就是一种大语文教育，“孝弟诚敬”正是德性的一些最基础的内涵，这些德性品质的生成无疑要借助于语文教育。作为学“文”的“诗书礼乐”也可以说基本上是一些德性之作。这些教育内涵在教育中的实现，除了日常教育的言教之外，主要是通过对“文”的学习而得。纵观语文教育的历史，语文的教材，大多是以德性之文作为教育之材，让学生在语言习得的同时，受到深刻的德性教化，养育人的心灵，催生人的精神。

在从远古到奴隶社会过渡期间产生的庠、序、学中，即授人以礼、乐、射、御、书、数“六艺”，作为贵胄之学，非常注重使受教育者行为合乎礼仪、行动合乎规范、举止合乎乐律，“语文教育也就在乐教、礼教、射教、御教中顺顺当当的、自自然然的进行。”④ 在当时的乡学中，则以“乡三物”化

---

① 张隆华. 中国语文教育史纲. 长沙：湖南师范大学出版社，1991：20.

② 张隆华. 中国语文教育史纲. 长沙：湖南师范大学出版社，1991：20.

③ 朱文公集，卷十五.

④ 张隆华，曾仲珊. 中国古代语文教育史. 成都：四川教育出版社，1995：30.

育晚生，此“三物”即以知、仁、圣、义、忠、和为内涵的“六德”，以礼、友、睦、姻、任（信任）、恤为内涵的“六行”，以及前面所说的“六艺”。① 可以看出，这些内容，都是一些关乎人的道德行为教育，蕴藉了深厚的德性精神，是后代儒家文化的核心，也是中国传统文化教育的根本。到春秋战国时期，实现语文教育的载体借助于文字蒙求、诗歌讽诵、历史哲理散文的读、写。作为当时流行的文字蒙求课本《史籀篇》，即使是识字课本，也充满了德性意义。《诗经》是我国历代语文教育的重要取材之源，更是古代语文教育的主要内容之一，是我国古代第一部与习礼、习乐结合的专用诗歌教材，这就是我们常说的“诗教”，其中更是富于人文意义和德性精神。这些诗篇，通过对十五国和荆楚地区的风土人情和劳动人民的生活疾苦的反映，激发学生对劳动人民的同情和对统治者的憎恶之情，孕育学生善与正义的德性。“诗”教具有七大作用，一是感发志趣，二是考见得失，三是团结和睦，四是怨而不怒，五是孝敬父母，六是效忠君主，七是多识鸟兽草木之名。② 不难看出，德教，始终是诗教的核心价值。如果说“诗”可以兴、观、群、怨，这“兴、观、群、怨”正是德性生成的心理体验过程。到孔子，把“六经”作为基本教材，是集文、史、哲于一炉的大语文教材。这“六经”的价值取向总体来说正是一种德性取向。他把“诗教”当作修养道德、陶冶性情的重要教材，旨使学生“温柔敦厚”；把“书教”当作了解历史、通古今之流变的重要教材，旨使学生“疏通知远”；把“礼教”当作达到恭顺俭朴、庄重威严的重要教材，旨使学生“恭俭庄重”；把“乐教”当作涵养德性、完善人格的重要教材，旨使学生“广博易良”；把“易教”当作尽心察微、精通事理的重要教材，旨使学生“洁净精微”；把“春秋教”作为鉴史知益、从善抑恶的重要教材，旨使学生“属辞比事”。韩愈《原道》认为儒家“道统”的仁义道德，体现在生活的各个方面，“其文，《诗》、《书》、《易》、《春秋》。”载之于文，就在于诗、书、易、春秋。董仲舒在《玉杯》中说：“《诗》、《书》序其志，《礼》、《乐》纯其美，《易》、《春秋》明其知。”这正是对“六经”作用于培养学生真、善、美德性品质的一种深刻揭示。可见，从教学内容看，“六经”作为大语文教材，实属一个德性培育系统。至于孔子的《论语》，作为后世广泛应用为语文教材的重要典籍，更是一部德性之书，其中“约之以

① 张隆华，曾仲珊．中国古代语文教育史．成都：四川教育出版社，1995：31.
② 张隆华．中国语文教育史纲．长沙：湖南师范大学出版社，1992：21.

礼”、君子“慎言”、“言必信，行必果”、“君子九思”、“择善而从”，等等，都闪烁着德性的光辉。作为后世儒家教育范本教材的《孟子》，当然地充当了儒家德性的代言书。《梁惠王》回答“如何王天下”，立论的主旨即是“仁义而已矣”；其中第七章提出的“保民”、“推恩”、“反本”、“施仁政”都体现了其善德思想，对学生德性培育实有深意。《公孙丑上》提出的“知言养气”、《公孙丑下》揭示的“地利不如人和”，都是直接指向人的德性生成。而“富贵不能淫，威武不能屈，贫贱不能移”、“改过迁善”、“与人为善”等宏大的德性思想，正是一直成为孕育中华民族德性精神的精神之源。到秦汉时期，现存最早的识字课本《急就篇》诞生。就是这个“识字本”，也蕴涵了大量而广泛的德性思想，比如“汉地广大，无不容盛”、“边境无事，中国安宁”，充满了爱国情愫；“百姓承德，阴阳和平”、“贤圣并进，博士先生”，体现着对德性社会和平美好的歌颂；“老菁蘘荷冬日藏”的勤俭节约思想、“依溷污染贪者辱”的清廉意识，都是德性内涵的体现。就是其中姓氏名字部分，那些名字都是取义积极健康，引人向上，具有真善美的内蕴，饱含了德性价值，比如“宋延年、郑子方、卫益寿、史步昌”，中国姓名本来就取字讲究，富含深意，作为蒙学内容，既与生活联系紧密，利于学以致用，也能够给人以正向激励和内心涵养。后来的《增广贤文》作为一种蒙学类读物，更是体现了显著的思想性，可以说字字含德，对世界观、人生观和价值观都有着重要的引导作用，比如“由俭入奢易，由奢入俭难”、“责人之心责己，责己之心责人”、“人老心不老，人穷志不穷”、“一家之计在于和，一生之计在于勤”。当然，尽管这些教材中所宣传的德性思想，大多是一些具有普遍意义的德性思想，也有的具有明显的时代性和阶级性，因而存在局限性。

实际上，语文教材的价值取向，到这个时候就基本定型下来，后世情形，都是在此基础上的巩固、深化、完善与拓展，直至废除科举，改除旧教。就蒙学教材来说，流行最广最久、影响最大的是“三、百、千”。《三字经》的德性内涵显而易见。“人之初，性本善”、“昔孟母，择邻处”……与《急就篇》一样，即使是识字课本，其中的语言组成并非纯粹只是方块字的无意义堆砌，而是以一个个简短而有意义的句子作为基本单位，意义相衔，相对完整，全文体现着浓厚的真、善、美的精神价值。《百家姓》语义不连贯，是极少的“杂字”读本。《千字文》中不仅有着独立的关于学生修身养性的言说，如“知错必改，得能莫忘。罔谈彼短，靡持己长”，而且其中那些相当于对自然的说明、对历史的叙述、对景物的描写，也无处不透射出真善美的光芒。比如“天地玄黄，宇宙洪荒”、“推位让国，有虞陶唐”、“枇杷晚翠，梧桐早凋”，等等，这些语句对人的真善美的德性生成能够起到很好的熏陶和感染作用。正因为“三、百、千”所具有的这种内在的德性意义，人们称以之开展的小学教育为“蒙养教育”，教育的目的“为了识字，兼及初步的道德行为教育和最基础的文化知识学习”①。所以《三字经》云：“小学终，到四书，……孝经通，四书熟，如小经，始可读。……经既明，方读子……经子能，读诸史……”这里明确指出了古代语文教育（实际上也就是教育）的内容和教材序列。由此可见，“以‘四书’、‘五经’为代表的经学教材不仅是古代语文教育的基本教材，而且是紧接在以识字教育为中心的启蒙阶段以后用作读写基础训练阶段的主要教材。”② 而这“四书”、“五经”正是儒家道德教育的经典文献。《大学》“是先秦时期儒家道德教育思想的总结，可以说是我国最早的一部自成体系的道德教育课本”③。这里所提出的“明明德”、“亲民”、“止于至善”的三条纲领和“格物”、“致知”、“诚意”、“正心”、“修身”、“齐家”、“治国”、“平天下”八个条目，构成了儒家道德教育的总纲。《中庸》以哲学的思辨展示了道德修养之重，不偏不倚的“中”与恒久不变的“庸”本身就是一种德性的守则。书中总结的教育过程五个步骤“博学之，审问之，慎思之，明辨之，笃行之”，也不只具有方法论意义，还具有思想论意义，蕴藏着深深的德性价值。《论语》内容涵盖很广，但处处闪耀着德性思想的光辉。“知之为知之，不知为不知，是知也。”完全可以说，知之为知之，不知为不知，是德也！不懂装懂不只是不明智，更是不具有德性的表现。孔子的整个德性思想就体现在这些言传身教之中。《孟子》及“五经”蕴涵的德性内涵前文已述，此不赘言。可以说，“四书”、“五经”之所以沿承下来，之所以一直以来都成为一个时代一个社会教育的主要材料，其根本价值还在于其德性价值，在于其中厚重的儒家德性思想。它们之所以影响深远，也正因为它们成为了教育的主要凭借。以这样一些文献典籍作为语文的主体教材，就必然赋予语文课程深厚的德性价值。

张隆华先生在其主编的《中国语文教育史纲》中有一段话，正揭示了语

---

① 张隆华，曾仲珊．中国古代语文教育史．成都：四川教育出版社，1995：328－329.

② 周庆元．中学语文教材概论．长沙：湖南出版社，1994：35.

③ 周庆元．中学语文教材概论．长沙：湖南出版社，1994：35.

文是一个丰厚的德性宝库这样一个事实：

> 我国古文教育的教化作用，主要是通过四书五经来进行的。除此以外，还有古代的神话故事传说，如精卫填海、夸父逐日、女娲补天、后羿射日等；先秦诸子百家、诗经、楚辞；两汉的史记、汉书；魏晋南北朝的辞赋；唐诗、宋词、元曲、明清小说和散文等。这些时代的典型文体和名篇佳著，对古文教育的思想影响是极其广泛和深刻的。有的是讲为政的、为人的，有的是讲治学的、治军的，有的是讲理家的、理财的，有的是讲抗暴的、抗灾的，有的是讲爱国的、爱民的，有的是讲知命的、知性的，等等，可谓涉及到"教化君民"的一切方面，通过这些典范性作品的"教化"作用，培养爱国主义思想，安贫乐道的思想，除暴安良的思想，不畏强暴、见义勇为的思想，学无止境、精益求精的思想，精兵简政、为政清廉的思想，等等。可见古文教育的教化作用，的确是多方面的，是无比丰富的。①

这段话几乎全括了语文古文教育的思想内涵和价值取向，当然，这里没有将一直以来被世人所推崇，并一直作为散文学习的教科书的《左传》、《战国策》等加以点明，然而《左传》、《战国策》等典籍的德性意义亦为显著。比如《曹刿论战》、《介之推不言禄》、《邹忌讽齐王纳谏》、《唐雎不辱使命》等等，文中都充分体现了人物的忠勇之心、仁义之气、浩荡之襟，这些正义德性正如古代西方荷马时代"英雄"式的德性，发散着真、善、美的灵光。这些作品作为散文教材，它们仍然是富于德性内涵的，仍然是德性的教育之资。

6.3.2 文选语文的德性蕴藉

文选教材是一种教材形式上的创新，是语文教材走向系统化、科学化、专门化的一种体现。《古文观止》、《古文辞类纂》、《经史百家杂钞》等都是具有广泛影响的文选教材，这些文选大都是各朝流传下来的脍炙人口的佳作，其中德性意蕴深厚而隽永。《昭明文选》共700多篇，尽管选文避开了经学、史学、玄学，突出了其文学性，强调了文采，但选文的德性价值仍然是重要

---

① 张隆华. 中国语文教育史纲. 长沙：湖南师范大学出版社，1991：20－21.

取向，讲求“事归于沉思，义归乎翰藻”，注重把语文基础知识与思想政治、伦理道德教育结合在一起。《昭明文选》作为文选性语文教材，仍然没有脱离古代语文的基本精神。真正初具现代语文教材形态的是叶圣陶与夏丏尊先生编撰的《国文百八课》。《国文百八课》在编撰上，当然地十分遵循语文的规律，突出语文的特点，但“内容方面亦务取旨趣纯正有益于青年的身心修养的”①。其中的文选共216篇，这些篇什，多数蕴涵了丰富的德性意义。以第四册的36篇文选为例，我们来分析一下选文中所展现的德性内涵（见表6-1）。

表6-1 《国文百八课》第四册选文②的德性内涵分析

文选名	德性内涵	备注
霜之成因（李良骐）	求真的品质	
春天与其力量（爱罗先珂）	自然与生命之爱；人道主义感情	
物理学和人生（周昌寿）	谋求幸福的、有价值的人生	
论语题解（梁启超）	尊重，理想人格	
子路曾皙冉有公西华侍坐（《论语》）	谦逊，爱与人生	
广田示儿记（林语堂）	正义，气节；虚伪的恶德；善	
苏州夜话（田汉）	爱，仁慈，同情，孝，幸福	
娜拉临走的一幕（易卜生）	爱，忠诚，信赖，幸福	
鸭的喜剧（鲁迅）	友情，生命之爱	
冯谖（《战国策》）	义，勇，爱、忠、智	
整片的寂寥（刘大白）	生命之真	
归园田居（陶潜）	节制，真实，诚恳	消积
木兰诗（古辞）	义，孝，勇，真，爱	
盲乐师（蒋山青）	同情，爱，敬	战争的恶
七律四首（杜甫）	敬，生命的尊重	
五律四首（王维）	生命之爱，真情之美	
欢宴国民党第一次全国代表词（孙文）	正义，责任，进取	

① 叶圣陶集（第16卷）. 南京：江苏教育出版社，1993：174.

② 据《叶圣陶集》（第16卷）（江苏教育出版社，1993）所列目录及人民教育出版社1985年版。

文选名	德性内涵	备注
黄花岗烈士纪念会演说词（陈布雷）	正义，慷慨，忠勇，奉献，敬爱	
杜威博士生日演说词（蔡元培）	敬爱，尊重，善	
送东阳马生序（宋濂）	勤俭，进取，谦慎	
废除不平等条约宣言	爱国，正义，责任	
北伐宣言	正义，勇敢，忠诚	
立志（高一涵）	进取，幸福	
牺牲（顾颉刚）	节制，奉献	
去私（《吕氏春秋》）	公，义，善	
缺陷（李石岑）	敏，智	
“回农村去”（曹聚仁）	自强，爱	
再谈“回农村去”（茅盾）	/	
女儿国（《镜花缘》）	/	
卖柑者言（刘基）	信实，正义	
留侯论（苏轼）	恭谨，节制	
宫之奇谏假道（《左传》）	义，信	
释“三七”（樊缜）	/	
书虚（《论衡》）	真，智慧	
论“五十步笑百步”（苏丹）	自知，善	
《庄子》四则	智慧	

由此可以看出，第四册文选所涵盖的德性内涵范围还比较广，有的文章还是德性内涵的典范文章，如《广田示儿记》、《去私》。这也表现了《国文百八课》的选文注意了德性的把握，体现了教书育人的目的。当然，其中也有一些文章从纯粹的语文角度出发，并无多少的德性内涵，如《女儿国》、《释“三七”》等，这并不损害语文整体的德性内蕴。同时这也说明，在语文教材编写中，尽力将那些语文性与德性兼备的文章选入是非常重要的。叶圣陶在《国文百八课》第四册第一课的文话中，把文章分为“知的文”（“目的在将一些知识传达给人家”）和“情的文”（“目的在将一些情感倾诉给人家”）。①“知的文”大致就是指说明应用类文章，“情的文”是指记叙抒情类

① 叶圣陶集（第16卷）．南京：江苏教育出版社，1993：423．

文章，包括文艺作品。前四册142篇选文中，大致上算“知的文”的第一册仅2篇（《中学法》、《中国国民党之政纲》），属于规章类；第二册1篇（《苏打水》）；主要集中在第三册的说明文，但也仅有16篇，体例上表现为调查报告、事物说明和事理说明、文章知识说明等。第四册8篇，是学术文。这27篇，从德性内涵角度来说，确实没有什么可以言说的（当然也不能说这些文章中绝对没有德性意义），但此外的各篇都富于德性意义。就如作为随笔的《读书与求学》（第一册）、作为书信的《与子书》（第一册）、作为日记的《求雨斋日记》（第二册）、作为说明的《美与同情》、作为政论的《北伐宣言》（第四册）都具有明显的德性意蕴。也就是说，尽管叶圣陶在对《国文百八课》的说明中表明，教材编撰的主要价值指向是“着眼于形式方面”①，但选文毕竟饱含情趣、富于德性，并且这种选文是一个主观结果，是贯彻着编撰者的精神意图及当时国家和政党意志的，必然对学生德性生成产生着广泛而深刻的影响。

与以往语文教材以“四书五经”为主要内容相比，《国文百八课》的选文方法在一定程度上削弱了过去以经史典籍作为语文教材的德性含量，因为选文加入了一些从语文知识教学出发的选文，语文教育明显体现出了其现代性特征——知识工具性。可以说，对于语文课程自身来说，《国文百八课》是建设性的，是适于语文学科的，由此语文课程在知识与文章两方面得到了基本统一与和谐。然而建国后，这种教材没能产生多大影响。随着社会主义社会的建立，无产阶级意识形态成为社会主流意识形态，中国社会处于一种重大的转型时期，语文这一与社会意识形态直接相关的学科，在课程上受到了最为直接的影响。这种影响体现在，作为语文课程所担当的知识工具性责任受到严重贬抑，其思想政治性责任得到高度提升。这个时候的整个社会主义教育都是为了培养又红又专的有社会主义觉悟的劳动者，语文教育非常强调社会主义思想品德的培养，语文教材的选文也就变得思想性非常强，但这时的“思想性”更趋向于政治性，是一种绝对社会本位状态，对德性本身来说，可以说既是一种高度看重，又是一种严重偏离和扭曲，走向了一种片面化，这个时候的思想教育成为了人们的精神桎梏。我们可以从五六十年代的语文教材直接感受到这一状况。下面是人民教育出版社1960年版高级中学语文课本五、六册的目录（见表6－2）。

① 叶圣陶集（第16卷）. 南京：江苏教育出版社，1993：31.

表6-2　人教社1960年版中学语文第五、六册目录比较

第五册	第六册
沁园春·雪（毛泽东）	社会主义建设中的群众运动（邓小平）
新民歌开拓了新诗歌的道路（周扬）	又红又专的问题是世界观的问题（胡绳）
改造我们的学习（毛泽东）	天论（荀子）
无产阶级世界观和资产阶级世界观的斗争（陈伯达）	订鬼（王充）
在全国文教群英大会上的祝词（陆定一）	杂文二篇〔文学和出汗、中国人失掉自信力了吗〕（鲁迅）
劳动人民要做机器的主人（金学）	鱼我所欲也（《孟子》）
之战（《左传》）	勾践栖会稽（《国语》）
张衡传（范晔）	虞卿阻割六城与秦（《战国策》）
屈原列传（司马迁）	李将军列传（司马迁）
指南录后序（文天祥）	海瑞传（张廷玉）
过秦论（贾谊）	促织（蒲松龄）
神灭论（范缜）	席方平（蒲松龄）
论"费厄泼赖"应该缓行（鲁迅）	铸剑（鲁迅）
鲁迅精神（瞿秋白）	难忘的春天（李季）
涉江（屈原）	老田同志（马烽）
孔雀东南飞（汉乐府）	黎明的河边〔一〕（峻青）
反割头税斗争（梁斌）	黎明的河边〔二〕（峻青）
党员登记表（峻青）	马克思的《资本论》（恩格斯）
惊涛骇浪万里行（陆俊超）	弗里德里希·恩格斯（列宁）
路（玛拉沁夫）	悼列宁（斯大林）

从这些编目中，我们不难看出现实意识形态对语文教材之影响。在选文上，加入了不少现实政治生活题材的内容，作者也都是一些现实与历史中非常符合当时主流思想的名家或政治人物。从这两册的编目看，语文教材的语文性还没有完全丢失，选文虽然还是以文学作品为主，古文占了很大比重，这些选文的德性意义非常突出，但是它们的政治意识形态的要求已经比较明

显，这些选文，在思想内容方面主要包括无产阶级世界观、爱国主义、英雄主义、忠义精神、义利观、共产主义先进品德等，这些德性内涵尽管都是一些宏大叙事，基本上是一些高大的超人德性，内容涵盖上也不够宽阔，但这无疑也是一些重要的德性内涵，教化意义非常显著，也正体现或者符合了当时“培养有社会主义觉悟”的教育方针。当然，这种宏大叙事，这种超人德性，从学生的德性生成来看，是不容易培育的，因为它们没抓住人的心灵，离学生甚至是一般普通人的生活实践非常遥远。我们还可以注意到，这时代的语文教材在编写上就是每册 20 篇左右的选文，基本上没有什么专门的语文知识的选编（有的册目在课本最后附加了一篇语文知识），课文后的思考题也只有 2 ~3 道，这些思考题也以主题思想的理解领会为主，有意削减语文教材中的知识工具性意义，这就更为明确地突出了语文教材的精神性意义。从选文内容和教材编写特点看，这个时代的语文教材其重要功能就在于培育无产阶级德性，即无产阶级的思想政治觉悟。

然而到 20 世纪 70 年代，语文教材的内容更是发生了巨大变化。语文课程从知识工具性走向了完全的偏执的“德性”价值——政治价值，语文教材的编写，是以文选为主，语文知识基本没有进入教材。这些选文被政治时文所替代。我们以上海人民出版社 1974 年出版的上海市中学四年级第一学期语文课本和天津人民出版社 1975 年出版的天津市中学试用课本语文第三册为例来分析其德性特征的变化（见表 6 –3）。

表 6 –3　德性特征变化比较

上海市 1974 年版中学四年一期	天津市 1975 年版中学第三册
毛主席诗词（念奴娇·昆仑，沁园春·雪）	炮打司令部（毛泽东）
扬眉吐气的三万二千里	介绍一个合作社（毛泽东）
关于粉碎林彪反党集团的胜利	人的正确思想是从哪里来的（毛泽东）
语文知识 推理	关于中国的王道（鲁迅）
现代中国的孔夫子	小靳庄社员诗选〔给毛主席唱支丰收歌，功归文化大革命，坚决和林彪斗到底，公社春来早，碱洼深处育苗人〕
利议	
中国的战争	

上海市 1974 年版中学四年一期	天津市 1975 年版中学第三册
严正驳斥苏联代表马立克对中国的攻击	工人诗二首〔班前点名，唤阿妈〕
铁面无私	红卫兵之歌
改图记	喜看诗坛开新篇
文汇报的资产阶级方向应当批判	无产阶级专政是我们不可须臾离开的法宝
“今天天气……”	学习对立统一规律 坚持党的基本路线
为了忘却的记念	要保持革命战争时期那么一股劲
在中国共产党全国宣传工作会议上的讲话（节录）	鲜明的对比
我深深地爱上了边疆的一草一木	志在山区干革命 为贫下中农当一辈子赤脚医生
《农村调查》序言	关于制订计划
调查报告两篇（走马岗大队正确处理林牧矛盾积极发展养羊，上华大队养猪事业大发展）	农民起义领袖诗二首（不第后赋菊，咏剑诗）
“没见过的大旱，没见过的大干！”	活板
天论	《论语》、《孟子》批注选
在延安文艺座谈会上的讲话（节录）	五蠹（节选）
火红的年代（节选）	附：揠苗助长
子鱼论战	语法知识——句子成分
孙膑	修辞知识——夸张、对偶、对照

从这两册语文课本目录可以看出，这样的语文教材体现的时代是一个重精神——这种精神是社会本位的而不是人本的——不重知识的时代。语文的时代变化表现在选文之中，这些选文变化，主要是以文章的主题思想、精神内涵的变化为主，而语文知识是不太变化的。从这些课本我们不难看出，作为语文知识性的内容在课本中只有微量的体现，只有在具体课文后面的思考题中，安排了一些文法性的思考题，专题知识在全书中只附带了一二条。这个时代的语文极端地突出了思想性和政治性，直至走向了把语文教材当作以政治时文为主的政治宣传读物，语文性几乎丧失。作为集儒家文化之大成的《论语》、《孟子》，在这个大批孔孟之道的时代，成为大力批判的对象，选入教材的片言只语也是缘于一些批判性“批注”，仅供批判。

6.3.3　综合语文的德性蕴藉

综合语文虽然融合性地编入了大量听、说训练内容和大量语言知识与文法知识，但课文仍然是语文教材的主体。语文教材到八九十年代基本上回到了《国文百八课》的“语”、“文”并兼的形式。《国文百八课》以“课”的形式组织教材，而当代语文以“单元”组织教材。下面以《国文百八课》第一册“第一课”与人民教育出版社1990年版义务教育三年制初级中学教科书（实验本）《语文》第三册第一单元进行比照（见表6－4）：

表6－4　《国文百八课》第一册第一课与人民教育出版社1990年版初级中学《语文》第一单元比照

第一课	第一单元
文话一　文章面面观	一　中国石拱桥
文选一　读书与求学	二　北京立交桥
文选二　差不多先生	三　吴门桥
文法一　字和词	四　母亲架设的桥
习问一	五　巴黎的桥
	作文训练 说明事物的特征

说当代语文教材是一种综合语文教材，是因为在单元编设中，综合了选文、作文训练（阅读和写作综合），还加入了语文知识专节，如在《中国石拱桥》一文后加上了“语法·句子和句子成分”，在课本书末还附有四个附录：“谈谈说明文”、“谈谈小说”、“语法简表（之三）”、“应用文（之二）”，同时，在每一篇课文后的思考练习中带入不少语文知识性内容。这些单元突出主题性，以一定相对关联的主题选择文章，并依此安排语文知识和写作训练，使文选、语文知识、技能训练相综合、听说读写相综合，形成一种综合性编排体例。新时期以来，语文教材的内容经历着多次变化，但大致维持在这样一种综合状态之下，只是课文及知识编辑体例和顺序稍有调整变化而已。这种编排比过去纯文选性教材更突出了语言性内涵，然而教材仍然是以文选为主，这些文选大都文质兼顾，一大批传统的德性内涵深厚的文章总被入选到教材中来。以人民教育出版社1992年版九年义务教育三年制初级中学教科书《语文》第一册的文选内容为例，文选的德性意蕴就非常浓厚，德性内涵覆盖广泛，使全册课本充分体现了语文的德性培育意义。全册分八个单元，单元内容的安排分别是：家庭生活、学校生活、社会生活、革命生活、自然景物、

经济文化生活、科学世界、想象世界。这些选文大都具有很高德性价值，内涵丰富，取向积极，如《背影》（朱自清）、《从百草园到三味书屋》（鲁迅）、《最后一课》（都德）、《小桔灯》（冰心）、《纪念白求恩》（毛泽东）、《皇帝的新装》（安徒生）、《〈论语〉六则》等都是一批饱含德性意蕴的经典文选。同时，一批新入选的文章也富于德性价值，例如第一单元中《这不是一颗流星》（王周生）、《羚羊木雕》（张之路）、《散步》（莫怀戚）、《金黄的大斗笠》（高风）等课文，都是抒写家庭亲情、展现人类慈爱的德性的优秀作品，读来给人以温暖、和谐与幸福的体验。

随着课程改革的不断深入，语文课程新理念的不断普及，依据 2001 年颁布的义务教育语文课程标准和 2003 年颁布的高中语文课程标准组织编写的课标教材，其核心理念就是全面提高学生的语文素养，这种素养不只是包含语文知识、能力，而且包含思想观念、道德品质，是两者的高度融合。教材明确的体现了思想道德教育指向，“初中教材完全是按照课文的思想内容来编排的，从‘人与自然’、‘人与社会’、‘人与自我’三大母题中，选取一些基本的生命命题和精神命题来组织单元”①。这里所说的“生命命题”和“精神命题”正是我们所讨论的德性命题。教材编写者对初中阶段六册语文教材内容的安排是：

表 6－5　初中阶段六册语文教材内容安排②

	第一单元	第二单元	第三单元	第四单元	第五单元	第六单元
七上	感悟人生	理想信念	自然景物	科学世界	人间真情	想象世界
七下	成长足迹	热爱祖国	名人伟人	文化艺术	探险传奇	动物世界
八上	战争生活	凡人小事	建筑园林	科学世界	古代生活	古代生活
八下	人生轨迹	心灵之声	关爱自然	民风民俗	古代生活	古代生活
九上	自然诗情	思想风采	少年生活	求知读书	古代生活	古代生活
九下	祖国深情	人物画廊	生命之歌	戏剧人生	古代生活	古代生活

① 钟雨．坚持正确方向不断深化改革——谈中学语文教材思想道德教育．课程·教材·教法，2005（2）：32.

② 钟雨．坚持正确方向不断深化改革——谈中学语文教材思想道德教育．课程·教材·教法，2005（2）：32.

从这些单元内容安排可以看出，语文对人的生命与精神给予了充分的关注，整个语文教材系统中蕴涵了深厚的德性内涵，即使在一些表达“自然景物”、“科学世界”的选文也不乏德性意义。这种内容安排的出发点是，在学生语文学习中除了语言性知识与技能的获得以外，还必须使学生“增强公民意识和道德感，对社会、对他人富有爱心；让学生亲近自然、关爱自然，心得与自然和谐相处；促进学生自我了解，肯定自我价值，发展自己的兴趣与特长”①，这正是新课标指导下的语文教材的新进步。高中教材的课文是按照体裁（语文中的语言性）兼顾内容来编排的，但也与初中教材一样地重视思想道德教育功能。编写者对课标教材的评说足以让我们充分认识到语文教材中的德性意义：

> 这套实验教材的课文以经典为主，使学生打破时空界限，与文学、思想大师进行心灵的沟通、生命的对话，以便学生在生命与语文学习的起点就占据思想道德与语文的制高点，为终身发展奠定牢固基础。这套教科书选用了许多我国古代、现当代和外国的著名作品。从这些作品中，学生可以领略中华民族悠久的传统文化和灿烂的现代文明的风采，放眼国际多元文化的天光云影，可以感受伟大心灵的搏动，领悟言语世界的奥秘，从而使自己的心灵逐渐变得开阔，变得丰富多彩，以至变成一个大的心灵宇宙。②

可能有人会说，蕴藉着德性内涵的课文也许只限于一些文学作品或者写人记事的文章之中，科技说明文等是否也存在着德性的内涵？作为精神表达的文学作品固然德性意蕴更浓，但是好的科技说明文也存在德性意蕴，比如《小松鼠》透射着生命情感，《我国古代的车马》闪耀着民族文化精神。当然，并非所有课文都具有同样的德性价值，但这类纯知识性的文章在教材中少之又少，从宽处说，每篇文章都蕴涵着作者的思想情感，那么，每篇文章也自然具有德性意蕴。

---

① 钟雨．坚持正确方向不断深化改革——谈中学语文教材思想道德教育．课程·教材·教法，2005（2）：32．

② 钟雨．坚持正确方向不断深化改革——谈中学语文教材思想道德教育．课程·教材·教法，2005（2）：32．

借此分析，因为课文的德性意义，语文真正是一个人类德性的宝库，是学生赖以生成德性的基础和源泉。我们也由此清楚地看到，德性是语文内在固有的重要品质，这种品质的内涵指向经过了人们的主观性选择，德性价值与语言价值一样，成为语文教育教学不可不重视的重要取向。

6.3.4 作文教学中的德性蕴藉

语文的德性价值主要存在于课文及其教学之中。当然，作文教学也富于德性意义，也是德性培育在语文中的重要倚赖。作文是有内容要求的，作文教学就是指导学生用语言文字表达自己的思想感情，它既是文字的表达，也是世界观、人生观、价值观的表露，所谓“文如其人”。“作文教学中包含了生活教育，也包含了思想教育。”[①] 而当代新的教育理念认为，写作“是学生和世界的对话、沟通的一种方式，也是灵魂的表述方式和挖掘方式。学生通过写作，不断挖掘、塑造自己的个性，校正精神的航向，提升精神境界”。[②] 这正是对学生写作的生命视角的观照。写作，正是以德性为核心的个体精神世界的表达。如果说阅读是德性的吸收性体验，那么作文则是德性的展示性体验，在作文的过程中，在表达一种德性的同时，也催生着新的德性。我们从新课标教材高中教材（必修）中对写作的教学内容安排[③]可以清楚地看到写作教学中的德性意义。

第一册

心音共鸣　写触动心灵的人和事

亲近自然　写景要抓住特征

人性光辉　写人要凸显个性

黄河九曲　写事要有点波澜

第二册

直面挫折　学习描写

美的发现　学习抒情

园丁赞歌　学习选取记叙的角度

---

① 朱绍禹．中学语文教育概说．呼和浩特：内蒙古人民出版社，1983：195.

② 钟雨．坚持正确方向不断深化改革——谈中学语文教材思想道德教育．课程·教材·教法，2005（2）：32.

③ 钟雨．坚持正确方向不断深化改革——谈中学语文教材思想道德教育．课程·教材·教法，2005（2）：32.

想象世界　学习虚构

第三册

多思善想　学习选取立论的角度

学会宽容　学习选择和使用论据

善待生命　学习论证

爱的奉献　学习议论中的记叙

第四册

解读时间　学习横向展开议论

发现幸福　学习纵向展开议论

确立自信　学习反驳

善于思辩　学习辩证分析

第五册

缘事析理　学习写得深刻

讴歌亲情　学习写得充实

锤炼思想　学习写得有文彩

注重创新　学习写得新颖

从上面写作教学内容安排列单看，写作话题除了少数涉及思想方法、思维品质外，多数关乎德性意义，把作文与人的内在德性展示紧密地结合起来了。作文的过程是学生德性体验的重要过程，是学生德性展示和德性新生的重要过程，因此，写作教学也充满了德性品质。

从上述概览可以得出应有的结论：德性品质在语文这个复合文化体中具有显要而崇高的地位。可以说，正是因为语文的这一固有的精神领地的特性，历代的统治者都深刻关注语文教育，努力通过语文教育这个途径和阵地去“建国君民”，去形成下一代的符合本阶级意识形态的精神，维护、巩固对社会的统治。这也正是我国“文革”时期的语文教材几近于政治时文读本的根本原因，也充分表明了语文对于人的精神建构的重要意义。在新中国，党和国家也高度重视语文在培养社会主义“四有”新人、建立崭新社会主义道德体系中的重要价值，重视发挥语文的育人功能，使语文永远充满了生命活力与精神意蕴，语文教育必须清醒地认识并把握这一要点。

第7章　语文教育价值的校准

语文的意义何在？穆济波先生有言："惟本国语文一科，较诸学科实居于特殊地位……其关系民族精神，建国基础，一切文化传统所在，何等重大!"① 语文的价值何在？"价值的实质，是客体的存在、属性及其变化同主体的尺度和需要相一致、相符合或接近。"② 复合文化性作为语文的"存在、属性及其变化"，正与人的不同层次的发展需要、人的全面发展需要"相一致、相符合或接近"，因此也本然地具有价值的复合性。那么，在语文教育教学实践中，我们如何体现语文学科的地位？如何实现语文的诸价值？如何才能完成语文赋予的重大使命？这正是我们语文性质研究的意义，也是我们语文教育教学实践应有的理性思维。理论上的清醒才能引导实践上的正确行动。语文内涵的多文化复合决定了语文价值的多维度伸展，从而也决定了我们实践的多价值视角把握。语文因其重要的德性品质，因其独特的教育价值，应该始终成为学生德性生成的主渠道，成为学校道德教育的重要倚赖，让语文成为学生德性生成的绿色根据地。

7.1　德性生成是语文教育的最高纲领

对待语文教育我们所要克服的一种思维定势是，一提工具论就是唯语言，一提人文性就是唯精神，一提德性论就是唯思想——我们所需要的态度是，始终客观地去面对事物的本来面目。单一地观照语文的内涵与价值总是与语文的本然离得很远。工具性与人文性的统一既然偏离了性质之识，也就不可由此去作价值观照。多元然而混沌地观照语文又将使语文走向虚无。语文教育必须面向语文客观存在的内涵及价值。根据语文内涵及其价值的"金字塔"结构，我们提出语文教育的三级纲领：即语文教育应当以语言掌握为最低纲

---

① 穆济波. 中学校国文教学问题. 中等教育，1923（第2卷第5期）.

② 肖前. 马克思主义哲学原理. 北京：中国人民大学出版社，1994：658.

领，以智慧发展为中级纲领，以德性生成为最高纲领。这三级纲领是语文教育三个不同的境界，愈往上走，达者愈稀，然而这三个境界又是每一个人发展的内在需要，是语文教育的应然追求。

7.1.1　作为最低纲领的语言掌握

不论怎么讲，语言都是重要的，语言是人的基本存在方式，人的生命活动与语言息息相关。海德格尔说："人这个存在者是以说话的方式揭示世界也揭示自己。"①逻辑实证主义哲学家维特根斯坦的话更对语言的交际工具意义揭示无余，他说："我的语言界限意味着我的世界界限。"②语言掌握越少，与世界的切入就越少，人的生命价值的发挥也就越少。正如卡西尔所理解到的：语言是生命的边界。强调语文的德性内涵与德性价值，并不是说否定语文的基础性和知识性。我们必须确立在这样的认识之上来讨论语文的意义：让学生学习掌握祖国语言，是语文教育最基本的任务、最低的要求、最基础的目标。谈论语文的智慧价值也好，德性价值也好，人文价值也好，都不能离开这个基础。语言掌握就是"言育"，就是工具论所强调的那一方面。只有掌握好了字、词、句、篇章、结构、语法、修辞、逻辑、文法等作为表达的形式基础，思想的沟通才能更好地实现。不剥开蛋壳，就吃不到鸡蛋（当然，语文的语言性价值更甚于"蛋壳"）。表达的方式方法掌握得越精，表达和理解的思想就越能走向深入。"文字"好比一枝花，而"文章"好比一束花，"文学"则是一盆艺术插花，这正是决定于对形式掌握的程度。因此，在我们语文教学实践中，必须加强对语文基础知识的学习和语言基本技能的训练。叶圣陶对此有很好的阐述：

> 凡是白纸上写着黑字的东西，当作文章来阅读、玩索的时候，什么都是国文的工作，否则不是。一篇《项羽本纪》是历史科的材料，要当作文章去求理解，去学习章句间的法则的时候，才算是国文科的工作。所以在国文科里读《项羽本纪》，所当着眼的不应只是故事的开端、发展和结局，应是生字难句的理解和文章方法的摄取。③

① ［德］海德格尔．人，诗意地安居．郜元宝译．上海：上海远东出版社，2004：61.

② ［奥］维特根斯坦．逻辑哲学论．贺绍甲译．北京：商务印书馆，1996：84.

③ 叶圣陶．关于《国文百八课》//叶圣陶集（第16卷）．南京：江苏教育出版社，1993：31.

放弃了语文的语言性，忽视其语言知识及运用技能的教学，就不是语文课了，因此，双基教学对于语文来说永远是重要的和必要的，这也正是工具论之所以始终坚持其理论领地的理由。我们关注语文的德性内涵，强调语文的德性价值，一方面是出于正视语文的固有品质，一方面也是因为工具论对语文知识性和技能性内涵的过分强调，对语文之于人的精神价值的过分忽视。

7.1.2 作为中级纲领的智慧发展

语言是思维的工具，语言也是人类一切智慧发展的基础。语文的"智维(KD)"品质决定了语文教育的智慧发展价值。智慧发展既包含了注意力、观察力、记忆力、思维力和想象力以及敏锐的感知、分析、判断等心理能力因素的培养，还包含了对知识文化的积累、对民族文化智慧的领悟、对人类优秀文化的吸收等方面的培养。在已有的中学语文教材中，我们就可以接受到许多的民族智慧的养育，诸如："得道多助，失道寡助"、"生于忧患，死于安乐"、"俭以养德"、"一鼓作气，再而衰，三而竭"、"天时不如地利，地利不如人和"等；还有诸子文章中的深刻思想，如孔子《论语》、墨子《非攻》、吕不韦《察今》；在一些成语掌故中更是大义微言，比如"滴水穿石"、"千里之行，始于足下"、"千里之堤，溃于蚁穴"等；在一些寓言故事中蕴藏了更深厚的人类智慧，如《狐假虎威》、《郑人买履》、《刻舟求剑》等；也有体现现代人类智慧的佳作，如许地山《落花生》、舒婷《致橡树》、马南邨《从三到万》、奥斯特洛夫斯基的《生命的意义》等；许多外国作品也为学生智慧的生长提供了丰富的养料，如安徒生童话、伊索寓言、《一千零一夜》中《渔夫的故事》、茨威格《成功的秘诀》、约翰·罗斯金《求知如采金》等。学生对这些课文的学习，不只是语言意义而已矣！萨特说过："词语是人的感官的延长，是他的螯、他的触觉、他的眼睛。"① 语言是存在于作为主体的人和作为客体的世界的中间环节，是人类认识、感知世界的武器，"人是按照他语言的形式来接受世界的，语言制约着人们对世界的感知、体验和理解。"② 因此语文教育不应停止在对学生语言的教学之上，也不能以其精神价值覆盖智慧价值，应该把人的智慧发展作为重要的价值之维加以把握。《普通高中语文课程标准》（实验）明确指出，由于"现代社会要求人们思想敏锐，富有探索精神和创新能力，对自然、社会和人生具有更深刻的思考和认识"，"促进他

① 萨特文集. 北京：人民文学出版社，1991：96.

② 赵厚玉. 语文教育学的现代阐释. 北京：中央编译出版社，2003：20.

们探究能力的发展成为高中语文课程的重要任务。应在继续提高学生观察、感受、分析、判断能力的同时，重点关注学生思考问题的深度和广度”。① 《全日制义务教育语文课程标准》（实验稿）明确要求：“在发展语言能力的同时，发展思维能力。激发想象能力和创造潜能。逐步养成实事求是、崇尚真知的科学态度，初步掌握科学的思想方法。”②

与精神的维度相对，语言和智慧两个维度都大体可以归为知识维度，作为精神的德性维度就是相对于知识而论。作为最低纲领的语言掌握和作为中级纲领的智慧发展，不是本文的论述重点，尽管关于语文教育对人的智慧发展尚少有专论，在此也只能提及一下，我们主要集中探讨语文教育价值中的德性价值。

7.1.3　作为最高纲领的德性生成

蔡元培早就告诫我们：“教育是帮助被教育的人，给他能发展自己的能力，完成他的人格，于人类文化上能尽一分子的责任；而不是把被教育的人，造成一种特别器具，给抱有他种目的的人去应用的。”③ 罗尔斯用人本主义的眼光观照认知主义和行为主义在教育中的失职，反对把学生培养成“具有从事某些规定的智力活动的技能”的知识材料④，他曾无限感慨到：“多少年来，我们所受的教育只是强调认知，摈弃与学习活动相联系的任何情感。我们否认了自身最重要的部分。”⑤ 这个“重要的部分”正是生命、精神，正是情感和德性。雅斯贝尔斯则明确指出：“教育过程首先是一个精神成长过程，然后才成为科学获知的一部分。”⑥ 工具论的局限，正在于对这些生命、精神、情感和德性的丢弃。正如胡塞尔所认识到的，启蒙以后的自然世界科学的实证范式抽掉了一切精神的东西，抽掉了一切在实践中的生活世界的文化价值特性。⑦ 语文教育应当以学生德性生成为最高纲领，把形成人的德性精神，从而“完成他的人格”，当作语文课程的最高境界来追求。语言学习不能

① 中华人民共和国教育部制订．普通高中语文课程标准（实验）．北京：人民教育出版社，2003：2-3.

② 中华人民共和国教育部制订．全日制义务教育语文课程标准（实验稿）．北京：北京师范大学出版社，2001：4.

③ 蔡元培．教育独立议//转引自肖川．教育的视界．长沙：岳麓书社，2003：177-178.

④ Carl Rogers. Client-centered therapy. p. 338, 1951.

⑤ Carl Rogers. A way of being. p. 268, 1980.

⑥ ［德］卡尔·雅斯贝尔斯．什么是教育．邹进译．北京：三联书店，1991：30.

⑦ 金生鈜．德性与教化．长沙：湖南大学出版社，2003：5.

停留在语言层面。“每个人都必须学习语言，但重要的是语言的间接学习，即要熟悉书本上所描写的事物”①，由此增广我们的精神领域。语文课程是学校教育课程整体的一部分，又是有着特殊地位、特别价值、特定意义的一个部分。语文的特殊性，不仅存在于语文作为基础语言学习的意义，更在于其对人的精神建构，在于其对于学生德性生成的意义，并且我们完全可以把它看成一种绝对意义。在这个时代精神面临危险、道德陷入现代性困境的当今，在学校教育面向人的全面、和谐、自由发展的当今，我们着重讨论语文的德性价值是很有意义的。在工具理性时代，在技术宰制一切的时代中，教育封闭了通向心灵的大门，对生命的异化和遮蔽使其迷失了方向，对人的精神存在实质上的解构，对人的德性进行了忽略，教育者都以个人的状态进行着个体技术的实验，而丢弃了整体精神的把握，正是这种情形，使得教育本身开始变得不稳定和被瓦解。正如卡尔·雅斯贝尔斯对教育的意义所分析到的，文化通过个人自己的存在而使个人进入对整体的认识，教育者如果对此整体的实质变得成问题了，而且还处于解体状态，教育就会被动摇和瓦解。它不再让孩子们去领略包括一切的整体的崇高，而是有着模糊不清的、五花八门的结果。焦虑不安遍及世界，感觉到自己正滑入无底的深渊。在这种情境下，某些人会回顾既往，把他们自己不再认为绝对的东西当作绝对教给孩子。另一些人则会拒斥这一历史传统，把教育当成完全与时代无关的事业来进行，好像教育的内容仅仅是专门技艺的训练和实际知识的获得。② 正如卡尔·雅斯贝尔斯对我们的时代在教育问题上的不安的征兆描述，我们的语文教育也在较长的时期中，突现了这样的一些征兆：教师们在缺乏任何统一的教育思想的情形下强化着自身的努力；论教育的新书新论层出不穷；表现为知识和能力的教学技巧持续扩充；单个的教师比以往任何时候都更是一个自我牺牲的人；具有实质性内容的教育正在瓦解而变成无休止的教学法实验；一种尝试迅速地被一种新的尝试所取代；教育的内容、目标和方法不时地被改变。这些都脱离了教育的整体精神，脱离了传统文化，脱离了历史，也即脱离了人的精神，脱离了人的德性的教育。舍勒曾经指出：“价值序列最为深刻的转化

---

① ［奥］维特根斯坦．逻辑哲学论．贺绍甲译．北京：商务印书馆，1996：86－87.

② ［德］卡尔·雅斯贝尔斯．时代的精神状况．王德峰译．上海：上海世纪出版集团，2003：117－118.

是生命价值隶属于有用价值。"① 语文教育越发不能在这样一种丢失生命和精神的情境之下生存，否则只能是使语文受害，使语文的价值被遮蔽甚至泯灭。

在讨论语文德性价值时，卡尔·雅斯贝尔斯的思想总是于我们有帮助的，他在对教化与古典世界的论述中，有一段话对我们理解语文中的德性价值及语文教育的本真意义有着生动而深刻的启迪：

> 凡在青年时代学过希腊文和拉丁文的人，凡曾读过古典诗人、哲学家和历史的作品的人，凡通晓数学、研究过《圣经》以及自己祖国的富有想象力的伟大作家的作品的人，都可能进入一个无限灵活而广阔的世界，这个世界将赋予他一种不可剥夺的内在价值，将授予他开启其他世界的钥匙。但是，这样的教育，在其实现之时，即是一种选择。并非每一个作出的努力的人都能打开这个宝库。许多人失败了，除了一些肤浅、表面的东西之外，一无所获。决定性的因素不在于掌握语言、掌握数学或掌握一种现代文化的内容所需要的专门才能，而是要有一种接受精神影响的悟性。人文主义的教育是对个人施加有选择的影响的教育。因此，只有这种教育才具有产生良好后果的奇效，即便是在教师不称职的情况下也是如此。一个阅读《安提戈涅》的人，如果在这种情形下抗议仅仅教给他语法和韵律而不教给他任何其他东西，仍然能够由于放在他面前的这个文本而受到深刻影响。②

语文是德性之母，是人生之母。人的德性培育成为语文教育应尽的分内之责。早在1922年叶绍钧在研究小学国文教授时，就指出当时的国文教授之弊在于"不会了解儿童，不以儿童本位之一义为教授的出发点"、"不明白国文教授的真作用，徒视为形式的学科"，进一步指出纠正的要务是"第一，须认定国文是儿童所需要的学科；第二，须认定国文是发展儿童的心灵的学科"。③ 叶绍钧先生非常敏锐地看到了语文学科是关乎儿童心灵的一门学科，这对我们如何把握语文的性质和语文教育教学是很有指导意义的。叶圣陶先

① ［德］M. 舍勒. 价值的颠覆. 罗悌伦译. 北京：三联书店，1997：141.

② ［德］卡尔·雅斯贝尔斯. 时代的精神状况. 王德峰译. 上海：上海世纪出版集团，2003：134－135.

③ 叶绍钧. 小学国文教授的诸问题. 教育杂志，1992（第14卷第1号）.

生在1949年编定《中学语文科课程标准》（草案）中就确定了中学语文科课程的两项目标，其中第一项即是这样表述的：①

1. 通过语言文字的学习，从感性的认识出发，在学生的情操和意志方面，培养他们

（一）对劳动跟劳动人民的热爱，

（二）对祖国的无限忠诚，

（三）随时准备去克服困难战胜敌人的决心和勇气，

（四）服从公共纪律爱护公共财物的集体主义精神。

这些因素正是过去被称作“思想性”的内容，事实上它们的“政治”含量也不高，确实是普众应当具有的一些美好“情操和意志”性内容，这些培育指向具有道德价值、具有卓越意义和促人成功的品质，正是我们所说的德性，正是真、善、美的统一。但由此我们可以看出，工具论也并不排斥语文的德性价值，而且非常重视这一价值的实现，把这一价值放在了课程目标之首。这是语文课程诞生时期的价值取向。《语文课程标准》从全日制义务教育（实验稿）到普通高中（实验）也都十分重视语文课程德性价值，德性价值取向的要求在这些纲领性文件中得到了充分的体现。全日制义务教育（实验稿）的表述是：“重视提高学生的品德修养和审美情趣，使他们逐步形成良好的个性和健全的人格，促进德、智、体、美的和谐发展。”② 如果说在义务教育阶段对学生语文学习的要求更多地在语文基础知识及应用方面，到了高中阶段就对语文课程德性价值的实现就有了更高的期待，要求“充分发挥语文课程的育人功能”，具体表述为：

高中语文课程必须充分发挥自身优势，弘扬和培育民族精神，使学生受到优秀文化的熏陶，塑造热爱祖国和中华文明、献身人类进步事业的精神品格，形成健康美好的情感和奋发向上的人生态度；应增进课程内容与学生成长的联系，引导学生积极参与社会实践活动，学习认识自

① 叶圣陶集（第16卷）. 南京：江苏教育出版社，1993：123.

② 中华人民共和国教育部制订. 全日制义务教育语文课程标准（实验稿）. 北京：北京师范大学出版社，2001：2.

然、认识社会、认识自我、规划人生，实现本课程在促进人的全面发展方面的价值追求。①

从这段表述看，如果说新的课程标准在语文教育目标及课程基本理念的确立上有了很大进步的话，就在于它既看到了语文课程真实的、深刻的内在价值所在，从人的角度，认真思考、表达了学生对语文教育的真实诉求，又很大程度上摆脱了“政治”、“思想”和“道德”视野的时代性、阶级性、地域性局限，克服了“政治”、“思想”和“道德”等概念带给我国人们认知与情感上的障碍，同时也较好的表达了国家意志。这些要求对学生精神的关注，是立足于“我”、“人”、“人生”、“成长”，这正是一种德性的表达。

事实上，不论是语文理论专家还是普通教师，一直以来，对语文的精神价值都是有所认识的，只是由于一方面理论认识总站在“思想性”立场，甚至把这种本来就比较狭隘的“思想性”又过于“政治化”，让人们迷失了语文育人功能的真谛；另一方面在科学主义、理性主义和工具主义引领下的语文课程观，使语文价值取向发生偏差，在语文教育评价上采取只重知识与技能的工具性评价，语文教学因之走向功利主义。吴良俅先生在1989年就认识到了此情之弊，提出“变语文训练为语文教育”②，指出当时“目标课程模式”的语文课程“一句话，就是忽略了‘人的形成’的价值”③，在正值工具理性主义观主导语文世界的时候，这一观点的提出无疑是有远见和有勇气的。

政治思想教育事实上也应该立足于德性，德性是政治思想教之基。德性之不存，政治思想教育也将效果不显。同时，政治思想教育也对德性的生成有促进作用。有了社会以后，人就离不开政治。人离不开他当下生活着的具体时代、具体阶级统治状态和具体社会形态，人也就离不开一定政治环境而生活着。祖国和民族是最大的两个政治概念，热爱自己的祖国和自己的民族正是每一个公民最基本的德性。语言总是表现为民族的，是积淀民族文化的基本形式，祖国是民族的融合，一个国家、民族的文化总是存在于一个一个

---

① 中华人民共和国教育部制订．普通高中语文课程标准（实验）．北京：人民教育出版社，2003：2.

② 吴良俅．变语文训练为语文教育——关于教材改革策略的若干思考．中学语文教学，1989（4）.

③ 吴良俅．变语文训练为语文教育——关于教材改革策略的若干思考．中学语文教学，1989（4）.

具体的时代、具体的阶级统治、具体的社会形态，总是存在于一定的政治状态之中，文化离不开政治，作为文化之表现的语言离不开政治，以语言为核心的语文也就离不开政治。甚至，具体阶级、政党的意识形态也必然渗入当时的文化，并利用相关的方式去教育影响下一代，这也是社会发展的一个客观规律，这正是人文学科具有浓厚的意识形态特征的根本原因所在，这也是统治阶级总要牢牢把握人文学科，在教育内容上实行权力控制的根本原因所在。我国德育强调德育内容的“政治社会化职能”①，“美国也很重视通过德育来培养学生维护政治秩序和实现政治目标的能力。”② 法国教育家加斯东·米亚拉雷对此有很好的思想：“学校的语言首先是占统治地位文化的传播工具。因此，所谓母语教学的问题从来就不是一个纯技术问题……在母语教学中，社会学和政治方面的因素占举足轻重的地位。”③ 这一问题其实是一个普遍性的问题，不同背景下的各种母语教育教学都不可回避这样一个问题，都必须对此作出严肃的思考与回答。巢宗祺先生对语文新课程标准关于语文性质定性的解释中正体现了这一客观要求：“关于语文课程的性质和功能，里面既有学术问题，也有一个体现国家意志的问题。”④ 因此，在语文教育中，存在着一定的政治思想意义的德性培育，这是正常的、合理的，也是客观的，语文的教育者、学习者都应当对此持有正确的、客观的认识，采取积极的、科学的态度，既不能陷入唯政治论，也不可陷入政治虚无论，把学生置入一个蒙昧般的纯粹精神的理想国，不要把政治抬举得至高无上，也不能在思想上和行动上排斥政治、抵牾政治。在一个具体的社会形态中，该社会的语文教育必然会以政治性的符合当下主流意识形态的内容（如《竞选州长》《丧家的资本家的乏走狗》）去影响下一代，为本社会形态培养接班人。基础教育面对未成年人，学生的政治意识尚不能自觉，需要通过一些生动的形式（体现为各类意识形态色彩浓厚的作品）去引导他们的思想观点，然而，真正对于政治来说，这种引导之力量尽管是重要的却毕竟还是微小的，真正成熟的政治意识、政治观点、政治信念、政治态度和政治立场还有待于成年以后，

① 吴康宁. 中国大陆小学“品德”教学大纲的社会学研究——兼与台湾小学“道德课程”标准相比较. 南京师范大学学报（社会科学版），2001（3）.

② 叶芳云. 中美学校道教育内容比较及启示. 河南师范大学学报（社会科学版），2001（3）.

③ 顾黄初. 语文教育研究的理论跋涉. 中学语文教学参考，1989（8）：9.

④ 语文课程标准研制组编写. 全日制义务教育语文课程标准（实验稿）解读. 武汉：湖北教育出版社，2002：34.

通过自己更深入的学习、对社会更深刻的了解、对政治更深入的认识，才能形成自己的政治品质。

7.2　语文德性培育的优越品质

我们尤为欣赏的是，语文对于学生的德性生成较之我们现行的思想政治（品德）课程等教育性课程有着如此突显的优越品质。几者相较，语文在人的德性生成方面有其重要的独特的优越特征。语文中的德性内涵处于理性化、抽象化之前，更具有感性特质，在教育过程中易于内化；思想政治（品德）等课程中的道德知识是一些理性化、抽象化规约，在教育过程中，其思想道德要求难以内化。思想政治（品德）课程内容是一些规则、律令，是要求、规训，是一条充满板结着冰冷“理性”的隧道。而语文是一片原野，有青山，树在生长着；有绿水，水在流动着；有阳光，有草地，有花朵，有游戏的小动物们。这样的一个充满了亲和力的生命世界，让每一个投身其中的人都不免深受感染，深受启迪，都会把这样一种美好沁入内心深处。心灵的德性因此而生，因此而深，因此而升。我们发现，语文在德性培育上具有如下特点：

7.2.1　生命引领的体验性

应当说，“体验是道德教育的基本存在方式。”① 有效的道德教育必须经由学生的生命体验。然而，当下的思想政治（品德）课程业已成为一种学科课程，走向了知识教学的歧路，走向了知识化和科学化，这种课程施以的道德教育成为了“把活生生的道德实践转换成规定性的道德知识”② 的约束性道德教育，脱离了生活，偏离了生命，剥夺了学生生命体验的资格与机会。作为社会性课程逐渐远离了生命的内在要求，科学化和知识化覆盖了生命意义。“在对一切知识的占有欲的驱使下，科学一往无前，结果对生命的美好感受和体验就被知识的辩证法、思想的助产术破坏以致遗忘了。”③ 面对现行的思想政治（品德）课程，学生无以用生命去感受、体验。学生作为具有认识和实践能力的人，是学习活动的主体，能够自觉、主动地认识和控制自己的心理和行为，他们都是生命主体，具有选择性、自主性、能动性和创造性。德性培育是引导者把德性内容呈现于学生面前，并引导其对真、善、美的德

① 刘惊铎．道德体验论．北京：人民教育出版社，2003：88.
② 刘惊铎．道德体验论．北京：人民教育出版社，2003：92.
③ 刘惊铎．道德体验论．北京：人民教育出版社，2003：12.

性认识、判断，最后进行自主选择。语文中的大多数课文都是一些生命叙事，而生命叙事正是德性培育的主要存在方式。在语文的学习过程中，学生通过对课文中生活诉说的品读，诱发和唤醒学生的道德体验。这种体验，是教育材料（实质上就是人类生活情景）与体验者之间发生实际的情感关联，它能使体验者经历感动，也可能诱发自身生命感动的生命故事的联想，使体验者对道德规范发生切己的理解和领悟，激活、生成或满足学生的德性需求，“使得一个被动的、自发的生命成为一个主动的、自觉的生命，并逐渐成为优质自我”①，进而生成个体内在的德性品质。语文作为一种德性培育资源是最具生命意蕴和体验品位的，是德性培育的一种“富矿”，具有弥足珍贵的价值。

7.2.2 生活引领的生动性

思想政治（品德）课程的德育内容在组织方式上主要以直接呈现的形式展开，把一些社会性的道德规范进行直接陈述，对学生施以直接的道德规范的训导，这些内容是对生活思考的结果，是理性的和抽象的，是从社会需要出发对个体行为的框定，具有浓厚的教条性。学生面对这些学习内容是处于被动接受状态，是一种“被要求”，而语文课程中的德性内涵主要通过间接呈现，是诉诸形象和事实的。生活是人的教养和德性存在的根基，以课文为主体形式的语文是生活的叙事，语文用文字、声像等具体描绘、揭示人的语言、行为、神态及处理世事的态度与方式方法，从而体现个体的真、善、美的德性状态，也揭露假、恶、丑的非德性状态，通过让学生自己去分析故事、图片和影像中的内容，透过字面和画面去感知、体验作品中所蕴涵的德性意义。语文绝大多数文章都是人类具体生活的生动叙述，通过一篇篇文章，呈现在学生面前的是一幅幅生动的生活画卷，通过这些生活画卷的展示展开人类的德性精神，因此这些德性也体现得具体、生动，学生通过阅读文章，间接参与课文中展现的生活，引起学生感动、共鸣、选择、内化，使德性精神深深沁入学生心灵。

7.2.3 人性引领的普适性

德性本身就是指人类的好品质，它虽然有一定的阶级性、时代性和地域性，但更多的是属于符合于“人”的要求，属于人性的、人道主义的品质，因而是一种程度上更为深刻和广泛的普适性品质。如进取精神、自尊自律、

① 朱小蔓．当代德育新理论丛书·总序//刘惊铎．道德体验论．北京：人民教育出版社，2003：5.

正直公平、诚实勇敢、乐观向上、同情仁爱等良好公德和习惯的培养，不论在中国、在美国，还是在其他的国度都同样受到重视。思想政治（品德）课程中的道德内容，是根据现实社会意识形态需要进行了改造和优化的教育内容，因受阶级性、时代性和地域性的限制而产生一定的狭隘性，其社会性更为彰显的同时其生命性更受到压抑。语文中蕴涵的作为人类生活与生命体现的德性，有着更为广泛、宽阔的视域，语文课文中的大多数都是直接对人类生活进行展示，在文本中尚未对生活世界所蕴藉的德性进行抽象、概括与加工，这些德性深植于实际生活之中，深植于人类心灵，一般没有被社会意识形态化，是一些人类原初的品质。通过语文课程学习所获得的德性品质更多的是一些普适性德性品质。尽管在课文选择过程中，准入课程的文章已经经过了代表国家意志的教育行政部门的审理，准入的道德内容也是符合现实社会主流意识形态的，但语文课文中展示的德性总是基于人的。我国传统文化深深地影响着我国语文教育的内容，作为传统文化的核心组成部分的儒家伦理，是我国语文教育中最重要的德性内涵，而正是这样一些德性内涵，在"上帝死了"、人类精神倾颓、道德断裂和价值颠覆的现代生活中，以新儒学的身份被人们力推为全球伦理，这也表明语文课程中内蕴的德性的普适性。人性引领的普适性使得语文德性培育走得更远、更深，因而也更具生命力。

7.2.4　审美引领的优美性

毋庸置疑，语文课程特有的审美意蕴，带给语文德性培育的优美品质——优美性是语文德性培育的重要特征，这也是思想政治（品德）课程无法比拟的优越品格。语文课程具有丰富的美质，仅就语文教材来说，"所蕴涵的就有自然美、社会美，科学美、艺术美，人物美、心灵美，意旨美、情感美，事料美、意境美。"① 语文德性培育总是在美的伴随中展开的：它是在优美的文辞感受下展开的，也是在文辞所经营的优美情境下展开的，更是在用语言创设的美好情感下展开的，当然也还有在人物和事料中体现出来的德性自身的美中展开的。其中展示的人物美、心灵美、事料美、情感美等作为真、善、美德性的内涵载体都成为德性培育的直接源泉。比如魏巍的《我的老师》中描写蔡芸芝老师："她从来不打骂我们。仅仅有一次，她的教鞭好像要落下来，我用石板一迎，教鞭轻轻地敲在石板边上，大伙笑了，她也笑了。"从对

① 周庆元. 语文教育研究概论. 长沙：湖南人民出版社，2005：424.

调皮学生佯装生气、大伙笑她也笑这一美好的情态、情境描写，我们能够充分感受到一种人物美和事料美，体现了蔡老师的心灵美：对学生慈爱，对人宽厚。在这样一种温情、和谐、优美的情境中，蔡老师的慈爱与宽容的德性就感染、浸润到读者心田。诚然，语文因其特有的美质，具有显著的审美特征，也是学生美育的重要依托，而美育与德育又是一体两翼、水乳交融的，学生美的生成过程也是一种德性的生成过程。语文课文中蕴涵着大量这样的优美教育资源，使语文的德性培育因其优美性而更具魅力。

7.2.5 心灵引领的实效性

正如普罗泰戈所说，教育如果不是深入到灵魂深处就不能在灵魂中生根成长。人们一直在寻求道德教育的良方，特别是在从社会本位出发的方向上作过太多的努力，然而去心灵方式的根本缺陷，使得社会教化显得如此乏力。语文课程的德性培育，是基于生活、生命和学生主体体验的，也就是说是基于人类心灵和学生心灵的，语文德性培育因其体验性、生动性、普适性和优美性特点而使得它的教育力更加深刻、持久、有效。语文“借助于语言，使孩子们看到周围世界的丰富多彩”，“祖国语言的美好、伟大、力量和表现促使学生的感情、精神、思想和体验变得高尚”。① 语文课程中虽然也有道德规训式内容，但更多的是人的生活实景的展现，是生命活动的传真，是心灵意味的回响。语文教学过程，就是一种心灵的对话过程，心灵的感应过程，也是心灵的充盈过程，是对生命的育养过程，因此，语文课程的德性培育在效率上具有实在、持久、稳定意义。

---

① ［俄］苏霍姆林斯基. 把整个心灵献给孩子. 唐其慈等译//单中惠，朱镜人主编. 外国教育经典解读. 上海：上海教育出版社，2004：8.

第 8 章　语文德性实践的考察

通过前面三章对语文学科内在的静态的分析，我们已然知道语文学科的内涵、品质、价值之属，我们有必要就语文教育在实践中的德性把握情形进行考察，以彰语文德性价值的光辉。这个考察直接显示三点状况：一是我国古代语文教育中德性的凸显与张扬；二是世界各国和地区在本国语文教育中对其德性价值的充分关注；三是我国现当代语文教育中德性价值的失落。

8.1　中国古代语文教育的德性概览

回顾我国古代语文教育，我们会发现前人对德性的追求是如此专注。可以说，古代语文教育的最大特点就是：德性为上。

8.1.1　语文的历史地位：学科至尊

“一部中国古代教育史，大抵上是一部中国古代语文教育史。”① 这一概括，完全表明了中国古代语文教育的至尊地位。这种至尊，一方面，是因学科的高度综合而尊。从我国的学科教育发展历史来看，语文综合程度之高无可比拟。无论识字教学，还是语文知识教学；无论语文能力训练，还是思想政治教育，常常是综合进行的。没有单纯的知识教学，也没有单纯的识字教学。历史学家周谷城在《传统蒙学丛书》序中说，研究宋代文化，“也不妨研究研究《三字经》、《百家姓》”②。这说明读古代的识字课本，也可以了解我国固有文化。而且他还说，在这类书的诵习过程中，可以形成个人的自然观、神道观、道德观、价值观、历史观。学语文，也就是学思想、学社会、学历史、学自然；也可以说，就是进行人生观、世界观的教育。语文教育，始终是一身而数任的。古代的语文教育，基本上是文、史、哲不分，甚至人文科学、社会科学、自然科学也不分，古代的语文教育，跟经学、哲学、史学、

---

① 周庆元．语文教育研究概论．长沙：湖南人民出版社，2005：180.

② 传统蒙学丛书·序．长沙：岳麓书社，1986.

伦理学、文学、文字学是融合在一起的。学语文也就是学伦理、历史、哲学，学科学、技术。读《梦溪笔谈》既可以学习笔记文写作，又可以了解天文、历法、地质、数学、医药和考古等多种学科知识。总之，古代语文教育是多学科性和多功能性的，“是集经史子集为一体的大语文教育”,① 它的超强综合性决定了它的超高地位。

这种至尊，更重要的，是因内容的教化价值而尊。我们甚至可以说，一部中国古代语文教育史大体上是一部儒家教育史，一部儒家教育史大体上是一部德性培育史。儒家教育是我国古代语文教育的主线，德性教育又是儒家教育的核心。因而在庞杂浩繁的中国古代语文教育史中蕴涵着丰富而深刻的德性教育思想，构建了一个博大精深的德性教育内容体系。中国古代语文教育将德性注解为衡量一切事物或人的行为准则，并渗透于人生命、生活的一切领域。把人格价值理解为一种由低级向高级形态不断演化的、充满深刻内涵的动态结构；把遵从人伦之德作为人格价值的基本特征；把内圣外王之道当作人格价值的核心内容；把向内用功为主、内外修养相结合作为人格价值实现的根本途径和方法。强调心身的修养，突出实践理性和理想人格的作用，几乎成了几千年中国古代语文教育价值观的永恒主题：把一切知识学问纳入伦理德性教育的范畴之内，用德性的标准审定一切。古代社会，弘扬人的价值，确认人生的意义，探寻生命的意味是教育的终极目标，而实现目标的最佳选择就是特质独具的语文。从古代语文的综合容量，从古代语文的教化内涵，我们不难发现，千年不变的选择，不断的积累，奠定了语文至尊的地位。

语文高度的学科综合性，超强的学科地位，使人们不仅不可能去忽视语文教育对人的精神、思想形成的意义，对人的价值观念、情感态度形成的意义，而且是让人们更加重视这一学科的人文精神价值。作为主导社会意识形态的统治阶级，则更是将语文这一学科作为他们教化人伦、建立具有自己话语特征的社会意识形态、培育适应本阶级价值取向和人生态度的下一代的重要途径。同时，正是在古代各个社会时期中，统治阶级对语文学科教育的这种德性价值之倚重，给语文教育德性价值的弘扬插上了高飞的翅膀，在语文教育方针政策的制定、内容选择、教学要求乃至教育评价诸方面给予了更为明确的德性指向，为语文德性的张扬提供了更为广阔的空间。

---

① 周庆元. 语文教育研究概论. 长沙：湖南人民出版社，2005：180.

8.1.2　语文的实践理念：教化为本

我国古代语文教育十分重视识字读文，但同样重视德性教化，两者并驾齐驱。教化成为古代语文教育的核心价值取向。按照修身、齐家、治国、平天下的大德，通过以语文教育为核心的教育，培养“士”、“君子”、“儒”、“大儒”、“鸿儒”、“醇儒”等为统治阶级利益服务的人才，提高君、臣、士、庶人的素养。古代语文核心价值取向是教化，以“教”为导向，以“化”为目标。古代语文将“礼”等内容融于人伦日用之中，以德教民、化民，使民安、使民顺，使民照着师长所教的道理去做人、做事。语文成为走向德性人格的理想通道。古代语文教化人们讲求道德，遵守礼节，深明大义，学习知识，约束言行，获取他人与社会的信任，保持家庭和睦、社会安定，保证自身廉洁与个人名节，维护自己的人格尊严。因此，在语文教育策略上，注意三个统一：

一是做到人性内质与教化价值的统一。从先秦时代起，人性问题就受到中国学术普遍关注。古代语文教育中反复讨论人性问题是为了正确认识人类自身，而认识自身是为了更好地完善自身。可以说，古代语文教育的人性内质思想始终与教化价值理论联系在一起。孟子的“人无有不善”①、“人皆可以为尧舜”②，荀子的“人之性恶，其善者伪也”③，董仲舒为代表的性三品论，都为教化提供了理论依据，“教化不立则万民不正”④。

二是教化价值与教育要求的统一。教化价值与语文教育要求的统一，在很大程度上教化使德性生成的内容和方法与语文教育的内容和方法被看作同一个东西，在中国古代语文教育思想中，天、道、理、气、心、性等是一种人格化、社会化的概念。教化价值与语文教育要求都是以现实社会生活中的伦理德性内涵来规定与贯穿。强调人生与教化本原上的同一性，而语文教育就是教人通过认识人性，最后经过德性修养达到“天人合一”的境界，也就是以德性精神支配和调节人与人、人与社会之间的关系，使个体与社会同归于德性化。在价值观上，古代语文教育以伦理德性教化价值标准为价值体系的重要指标。因此，在选择、认可、利用语文知识和教育内容时，主要根据德性教化的目的与任务来确定。语文教育过程的不断深入亦即是在不断渗透

---

① 孟子·告子上.
② 孟子·告子下.
③ 荀子·性恶.
④ 春秋繁露·实性.

德性教化精神。

三是教育要求与生活实践的统一。中国古代语文教育史上关于语文与世界的关系最著名的是“名实”之论。语文与世界的关系是人与世界的最基本的关系，这是人类哲学的共同问题。出于政治伦理与社会实践的目的，中国古代语文教育在名实关系中，关注的是语文的教化功能，体现的是以人为本的德性思想、人文精神。语文在社会实践中的“通意”、“喻事”、“稽实”、“定教”的功能，为人们提供了一种观察世界的尺度，去理解世界，去“度量”世相。这种语文观肩负着社会实践使命，一种德性的实践精神，是教育要求与生活实践的统一。而中国古人的思考多在经验的阈限内，自觉意识到语文的德性责任，从强烈的社会德性出发关注和探索语文。正是这种实践性的语文观，吻合了教育与生活。

古代语文按照教育要求去教化民众，具有浓厚的实践色彩。传统语文教育一方面在文化修养上以性情为核心追求审美价值，一方面在经典教育中以生活为本位，追求德性价值，体现着对人的现实的关注，弘扬着作为德性主体的人的精神价值。重视情理结合，鼓励人们享受现实生活中的人生趣味。把理性引导和贯彻到日常现实生活、伦常感情和政治观念中。将人的情感、观念、仪式引导和消解在以亲子血缘为基础的世间关系和现实生活中，将其抒发和满足在日常伦理的社会人生中。

8.1.3 语文的教育理想：经世致用

“君子之为学，以明道也，以救世也。”① 这既是为学的准则，同时也是教学乃至整个教育的准则。经世致用的教育观强调“学”的内容要结合当时的学术政治见解，并用于改造社会。中国古代语文教育的为学和教学的主要理想就是经世致用，由“士”而“仕”；讲治道，传文献，注重经世致用。经世致用，既成为以语文为主体的古代教育的一种教育理想，又是一种实在的教育目的观，也由此引导出这样一种为实现经世致用理想的语文教育机制。也就是说，在我国古代语文教育中，始终贯穿着人生价值的教育。经世致用思想在中国源远流长。“经世”一词最早载之于《庄子》一书，“春秋经世，先王之志，圣人议而不辩”。经世致用是中国古代语文教育中一以贯之的思想传统，是中国知识分子实现其价值目标和人生理想的内在精神。经世致用是

① 顾炎武．亭林文集·与人书．

一种积极入世的人生观教育。古代教育首先要使人们“修身”，“修身”的目的是为了“齐家治国平天下”，是为了人与人、人与家庭、人与社会相互间的和谐协调。中国古代语文教育十分重视经世致用，即蒙养教育阶段的生活实用与高等教育阶段的政治实用。蒙养教育主要是掌握文字工具，培养社会美德，讲求名物，学习历史知识等等，并强调从洒扫应对之类的常规礼仪训练中培养生活与习惯美德。同时学习油盐柴米、叔伯姑嫂之类的常识等等以应对生活之所需，实用性很强。高等教育重视的是传授统治之术，儒家哲学的政治化与伦理化，导致了直截了当地为政治服务。“半部《论语》治天下”的说法明证之。

中国古代语文教育的理想就是教育学生有强烈的社会责任感、使命感，以拯救天下为己任，具有“知其不可而为之”的勇气和胆识。只要是为国之大德的行动就应不辞劳苦，不畏打击和冷落，就要坚定信念，执著追求，果敢行动，以“舍我其谁”的主人翁气度投身到事务中去。以德性为上的语文教育熏陶出的德性人格应该是入世的，直视人生，干预社会，以救世为己任。积极进取，修己治人，积极入世，忧国忧民。

中国人修身养性的目的并非单纯追求人格上的完善，即“内圣”，而是指向建功立业的“外王”。即通过扩展自身的德性帮助统治者推行“德政”，从而实现自我的价值。中国人追求的人生道路是一个从德性修养出发，经由德性的社会教化，最终实现“化成天下”的德性价值的过程。“德”是一以贯之的人生主线。实际上将内在德性、外在伦理、现实政治贯通一体，使内圣与外王相联通，伦理与政治相统一，是一个内外一体、伦理与政治合一的语文经世致用教育模式。我国很早便出现了“选贤任能”的思想。使内圣外王的贤才得到任用的“学而优则仕”的选士制度，对语文教育经世致用思想有着激励和操纵两个方面的作用，使经世致用成为一种语文教育机制。选士制度极大地促进了语文教育经世致用思想的发展。

8.1.4　语文的教学内容：德性充盈

教学内容的德性充盈，在前文已经阐述清楚。在儒家思想的主导下，中国古代语文教育教学内容的突出特点就是把德性价值摆在内容选择的第一位。在教学情境中培养其德性，在学习经典中“好是懿德”①。

① 诗经·大雅·烝民.

其一，注重用德性目标指引学科内容。“学所以为道”是确定古代语文学科内容的宗旨。中国古代语文教育中几乎没有脱离政治、脱离社会、脱离德性教育而单纯讲授知识的。韩愈认为教师的职责是传道、授业、解惑，强调要“文以载道”，就明确了教学应达到的目的和应完成的任务。颜元是一位十分强调实学实用的中国古代语文教育家，他提出，“学所以明伦”，内容则是“小学教以洒扫应对进退之节，大学教以格致诚正之功，修齐治平之务”。由此可见，中国古代语文教育强调德教的地位，强调知识教育从属于德教的特点是多么鲜明。

其二，注重用文教制度规约德性内容。在中国古代语文教育史上，从来都是把德性教育放在首位。在这里，政府通过政策导向、鼓励措施，保证德性内容在语文教育中的首要地位。先秦百家在指导思想上，将伦理德性观念贯串到语文知识的传授上，做到修德讲学的统一。秦朝采取强硬的政策保证语文教学内容的统一。随着强大的秦朝的建立，在文教工作上采取了一系列措施，“书同文”、“行同伦”、“颁挟书令”、“设三老以掌教化”、“禁游宦”和“禁私学，以吏为师”，古代语文教育为政权服务的职能得到强化。汉代以来儒家思想政治化，儒学已成为魏晋南北朝各王朝的统治思想。两汉时期，统治者为提倡儒学，两次召集群儒讲论五经异同，皇帝称制临决。此举振奋一时教风，“尊孔和读经成为传统官学教育的灵魂和支柱。”① 促进了语文教育内容德性观念的深入。魏晋以降，面对玄风高炽、儒道式微的局面，统治者屡行讲学之仪，倡导儒学，以收振衰起颓之效。为切实推行“尊儒贵学”，讲学仪式逐渐由太子亲授，并与释奠结合。这种形式逐渐时行于朝，成为古代语文教育的一种制度。曹丕任太子时，他便经常群集诸儒讲论大义：“论撰所著《典论》、诗赋，盖百余篇，集诸儒于肃城门内，讲论大义，侃侃无倦。”② 因而语文教学中强调“尊儒贵学”、“贡士以经学为先”。③ 在中国语文教育史上，唐朝首次将德性教育制度化，以《孝经》和《论语》作为古代语文教育的基本教材，并作为科举取士的必考内容，无论是在校就读的学生，还是参加科举考试的士子，皆须修习。此外，唐高宗、开元末及德宗时，《老子》亦曾被列为语文教育教材。《孝经》和《论语》是儒家思想的伦理规范，

① 王建军．中国教育史新编．广州：广东高等教育出版社，2003：80.

② 三国志（卷二）·文帝纪.

③ 三国志（卷三）·明帝纪.

是汉代以来中国封建社会的精神支柱，以此两经为语文教育教材，表明唐代统治者始终坚持着语文教育德性为上的合乎崇圣尊儒的文教政策。官学教材的编写、印制和发行，是宋代中央政府对各级各类学校进行宏观调控和指导的重要手段之一，也是构成宋代语文教育及其特色的一个重要因素。宋代的官学教学与科举考试以经学为主，故官学语文教材也以经学教材为主。

尊孔崇儒，以文治国是元代奉行的基本国策之一。明朝君主意图通过限定语文教学为儒家经典内容，实现改造思想的目的，服务于国家的政治稳定。国子学语文教材有《大学》、《中庸》、《论语》、《孟子》、“本经”、《诗》、《书》、《易》、《礼》、《春秋》，兼及刘向《说苑》，及律令、书、御制大诰等。清朝在其作为学规的卧碑中，明确其教育目标：“学为忠臣清官。”语文教育则要求：一、尊孔。二、提倡程朱理学。三、确立共同的行为规范。清代的国学和地方学基本上承袭明代旧制，学生所习语文有五经、四书、性理、习字等。语文教材主要为经、史、性理书及时文等。五经、《性理大全》、《四子书》、《大学衍义》、《朱子全书》、《钦写孝经衍义》、《御制性精义》、《御制诗、书春秋三经传说类纂》是经籍方面的语文“教科书”。此外还有《文章正宗》、《古文渊鉴》、《御制律学渊源》、《资治通鉴纲目》、《历代名臣奏议》及《钦定四书义》等都是应行修习之书。

由此观之，几乎每个朝代都要集中力量审核和颁定教材，以保证思想的一致。统治者从自身利益出发，把自己得以长治久安的基础，即伦理纲常作为最重要的内容注入语文教材之中，尤其是把蕴涵德性内容的材料作为语文教材。

其三，注重用课程教材展现德性内容。《五经》作为最重要、使用年代最长的教材，正说明这一点。把《诗》当作重要教材，也是因为“诗，可以兴，可以观，可以群，可以怨”①、“《诗》三百，一言以蔽之，曰：‘思无邪。’”②《尚书》是中国上古历史文献和部分追述古代史迹著作的汇编，孔子只关注其德性价值：“《书》云：‘孝乎唯孝，友于兄弟’；施于有政，是亦为政，奚其为政？”③ 认为实行这种孝友大德教育本身就是政治工作。作为孔子最重视的《礼记》是战国后期到秦汉之际儒家著作集，其中不少篇章专门论述语文德性

① 论语·阳货.
② 论语·为政.
③ 论语·为政.

教育问题，最为有名的篇目有《学记》、《大学》、《乐记》、《中庸》。《学记》是先秦时期儒家教育经验和教育思想的总结，是中国教育史上比较系统地论述教学理论的专著。《学记》提出了“离经辨志”、“敬业乐群”、“博习亲师”、“论学取友”的知识学业和德性观念两个方面的教育，而对后者尤为重视。《大学》是先秦时期儒家德性教育思想的总结。《大学》概括了儒家一贯把德性教育放在首位的思想，认为只有培养出符合社会规范的新人，才能完成治国平天下的历史任务。它规定大学的目的任务：“大学之道，在明明德，在亲民，在止于至善。”把大学教育的程序概括为“八条目”，即“格物、致知、正心、诚意、修身、齐家、治国、平天下”。“古之欲明明德于天下者，先治其国；欲治其国者，先齐其家；欲齐其家者，先修其身；欲修其身者，先正其心；欲正其心者，先诚其意；欲诚其意者，先致其知；致知在格物。”“格物”是研究社会德性观念方面的知识，“致知”是使德性观念的认识得到充实与提高，要求德性教育应以德性观念的认识为起点，以德性信念的建立为中心，以德之自觉性的培养为根本要求，以齐家治国平天下为实践目标。《中庸》也是《礼记》中的一篇。宋代理学家把《中庸》、《大学》从《礼记》中抽出来，与《论语》、《孟子》合在一起，作为“四书”，成为宋以后寓含丰富德性精神的基本语文教科书。《中庸》是古代儒家阐扬“中庸”之道的专著，是儒家认识事物和处理问题的一种基本观点和方法。《中庸》说：“故君子尊德性而道问学，致广大而尽精微，极高明而道中庸，温故而知新，敦厚以崇礼。”即是说，君子既要尊重德性，又要讲求学问；既要充实广大，又要穷尽精微；既要有高明的理想，又要有合于中庸的行为；既要熟悉旧的知识，又要不断认识新的事物；既要笃实厚道，又要娴习礼仪。“尊德性”是古代语文教育内容的重要方面。以教授识字和基本知识的蒙学语文教材和课程，也包含有大量的德性教育内容。读书识字传授知识的同时，都注意培养符合伦常之德的品质、习惯。《三字经》是之。

其四，注重用选拔考试强化德性内容。科举制度是隋唐以后取士的重要手段，科举所考的内容就必然成为语文的教学内容。从历史上看，历代科举考试的内容，主要是儒家的经典，在唐代为《五经正义》，从唐到北宋400多年间，它一直是语文教育的基本内容和科举考试的依据，强调教以明道、崇圣尊儒、文以载道。北宋前期，语文教育和科举考试都重视本经，官方指定的语文教材为9本经书，即：《周易》、《尚书》、《毛诗》、《礼记》、《周礼》、

《仪礼》和《春秋》三传（即《左传》、《谷梁传》、《公羊传》）。这9部经书。南宋嘉定以后，随着程朱理学官方哲学地位的逐步确定，朱熹的《四书章句集注》被指定为科举考试的基本依据，进而也成为官方认定的经学教材。这种情况一直保持到元、明、清诸朝。

元朝对科举考试的内容作了详尽的规定。“举人宜以德行为首，试艺则以经术为先，词章次之。浮华过实，朕所不取。”① 翰林院、集贤院、礼部先拟德行明经为本，不用词赋来选人，注重实务、注重德行。清朝从最初的童试开始，每次考试都须先默写《广训》一两百字，默不出者就算不及格。《广训》成为科举考试的内容之一，必然受到广大士子的重视，该书中提出的各项行为规范也会广为传播，而《广训》即德教之资。

中国古代语文教育强调德性为上，把德性教育放在突出重要的地位，突出内在德性自觉、心性的内在功能。追求价值之源的努力是向内、向自身，重视其内在的力量，启发人的内心自觉，教育人如何“做人”，如何在现实生活中实现其“治国平天下”理想的入世精神，强调的是对自身的肯定。人不仅与天地相参而且顶天立地，追求“同天下”、“合内外”、“做人”的道理、“做人”的要求、“做人”的方法、“做人”的乐趣，表现出以群体为本位，刚健有力、自强不息的崇高精神境界。在语文教育之中积累德性意识，加强自我修养，由此岸到彼岸，自我求取在人伦秩序与宇宙秩序中的和谐。中国古代语文教育对人类心灵德性的关怀，是最根本的关怀；终极目的是培育民族精神，淳化代代人风，提高人的心灵素养；建设层面是人性的培育、德性境界的提升，帮助人们修养身心，从实然的人向应然的人超越，达到一种真善美统一的人格境界。

8.1.5　语文的社会效度：礼仪之邦

作为文明古国的中国，不仅以四大发明著称于世，也以“礼仪之邦”享誉全球。尽管我们不能将这样一种社会特征的形成完全归功于古代语文教育，但是，中国古代语文教育为中国这一社会特征的形成不可不谓功居其上。诚然，中国古代语文德性教育不仅传递了知识形态的文化，如德性知识、政治知识和哲学知识等，而且还传递了规范形态的文化，如世界观、人生观以及价值观，除了传递浅层次规范文化如为人规范等外，还传递了深层规范文化，

① 元史（卷八一）·选举志一.

即价值观；除了传递理性形态的文化以外，还传递了各种非理性形态的文化，如情感、态度、信仰等；除了传递意识层面的文化以外，还传递了潜意识层面的文化，如各种文化心态、社会风尚等。随着我国古代语文德性教育传统的形成和发展，传统的世界观、人生观、价值观，传统的社会为人规范，传统的情感方式、行为方式，传统的社会风尚都得以被继承和传递，继承和传递的综合效度就是礼仪之邦的形成。也就是说，中国“礼仪之邦”的社会特征的形成，在很大程度上正是基于语文教育的价值实现，以语文教育为主要形态的中国古代教育成为了“礼仪之邦”的中国城邦形象的根本缔造路径。

一个社会形态特征的形成，一种社会公义的建立，需要一代又一代人的精神文化传承，教育就是这种传承中的主体环节。中国古代教育始终以语文为主要教育内容，语文教育即成为这个传承链中的中枢。中国古代语文教育历史悠久，博大精深，通过她的养育，社会为人规范熏陶着一代又一代人的精神品质。中华民族的贵和尚中、克己为人、忠诚为怀等美德也就深深根植于民族的心灵而薪火承传。人们按照“仁、义、礼、智、信、忠孝”原则与行为规范要求自己，塑造自己，突出整体秩序对个体的意义，服从并服务于整体。古代语文德性教育传承美德主要表现在三个层面：第一，在社会政治生活方面，也就是个人与国家、民族、社会整体利益之间的关系方面，古代语文教育强调为民族、为整体、为国家、为社会的整体主义精神。中国古代教育，始终抱着经世致用的教育理想，这一理想，不只是突出了教育目标的实践性，而且还极大地促进了个人为公的民族心性的形成。“修身齐家治国平天下”的读书理想，让每一个接受教育的人，都把修身仅仅当作齐家治国平天下的先决基础，而齐家治国平天下才是读书人的真正宏愿。这些理念的实现，往往经由语文教育。个人的理想与心性构筑成民族集体的理想与心性，成为集体意识，由此形成社会公义，形成城邦形象特征。第二，在日常的人际关系方面，古代语文教育推崇人际和谐，以“仁、义、礼、智、信、忠孝”作为日常人伦，把这样一些做人的准则贯穿于生活的各个层面，认为君子以“仁、义、礼、智、信、忠孝”为根本，得之则重，失之则轻，由之则荣，背之则辱，一切轻重荣辱都以符合“仁、义、礼、智、信、忠孝”与否作为标准，其余一切功名利禄都不值得一提，以这为人的根本特点和价值取向。作为教育主体方式的语文教育，其教育内容无不以此为标准来选择建构，长期以来形成传统，这一传统对我国国民心理塑造和精神建构产生了深刻影响，使得中国人的个性突出表现为重精神、重德性、重修养，最终形成以礼仪伦常为重的社会形态。第三，在个人生活方面，注重人格培育，突出克己修身。克己修身是儒家思想的重要内涵。在长期的“独尊儒术”的封建教育体系中，克己修身就自然成了读书人的最基本也是最核心的准则。在“修身齐家治国平天下”的教育理念和追求中，把个人的品德修养看成是实现社会理想的首要条件。克己复礼，克己，就意味着“礼”人，总是把他人放在更为重要的位置，大公超越己私，整体超越自我，在这样一种伦理价值观念的驯养下，“礼”的社会公义就形成了。以语文为核心的教育起到了至关重要的作用。由此看来，礼仪之邦的社会形态特征的形成，正说明我国古代教育的德性价值取向，说明了古代语文教育德性价值的所指与能指。礼仪之邦的社会特征成为中国古代语文教育德性价值的实践明证。

8.2 中国百年语文教育的德性审读

百年语文教育，显然，这段时期要指向 1904 年语文学科定名以来的这段历程，这段时期也可以说是语文教育的现当代时期。这个时期的共性在于，语文真正作为了一门独立课程，相对比较成型，在教育目标、教育理念、教学内容、教材编制、教学方法等方面基本上形成了一套独立的课程体系。

百年语文教育在中华民族的发展史上，自然立下了历史之功，在传递民族语言，推动汉语发展；传承民族文化，构建民族精神；教育民族子弟，促进人的发展等方面，作出了根本性贡献。当然，在这一历史过程中，语文教育也因由不同时期的世界哲学文化思潮、国内政治文化背景、学科理论发展进程、汉语自身发展状况等因素，不断地变化更新着其教育理念、教育目标、教育内容、教育方法，因而也产生相应的教育结果。诚然，不论在一种什么样的教育环境、政治背景之下，语文学科在对学生德性、心性、精神等的构建中始终表达了重要意义，发挥了重要的作用，哪怕在一些特殊历史时期，人们并没有把弘扬语文课程所具有的德性价值作为一种主观目标设定，但民族语言所具有的特殊价值，语文课程所固的内涵，也无时不在影响并形成着一代又一代学生的德性品质。在这里，主要想从语文教育对人的德性生成的角度，审视语文教育的结果及其原因。作为问题研究，作为对改进语文教育德性价值把握的理论研究与探寻，这里也更倾向于对现当代语文教育中的德性价值之失的审读，以求对未来语文教育在德性价值把握上的进步。

不难认识到，现代性是百年语文教育的基本特征。教育现代性和整个社会现代性背景引导了这一特征的产生。现代性是“语文教育的百年价值诉求”。① 正是因为现代性引领了这一时期语文教育的理论与实践，德性价值之失才如此显著，或者忽视，或者偏离，或者扭曲，成为现当代语文教育明显的病理特征。这些德性价值之失主要表现在失之于观念、失之于教师、失之于管理。

8.2.1 观念之失

我们都在被观念引领。教育也在被观念引领。语文教育随着教育观念也被引领着。从德性视角看，现当代语文教育之所以存在对语文课程中丰富德性内涵的丢弃，观念之失是根本原因。从教育的宏观角度看，主要是失之于对教学过程中谁是主体的认识。从语文学科教育看，则主要是失之于对语文学科性质的认识。

其一，教学主体的错位。谁是教学活动中的主体？这个理论问题一直受到争论。有儿童中心说，有教师中心说，有知识中心说。儿童中心论的代表就是美国教育家杜威。事实上，许多教育家在其思想底子里都有儿童主体意识乃至主张。可以说，维果茨基、蒙台梭利、皮亚杰，直至最近闻名世界的意大利瑞吉欧教育思想，无一例外是儿童中心主义的。前苏联著名教育家苏霍姆林斯基也是儿童中心论中的一员。正如苏霍姆林斯基的夫人理解苏霍姆林斯基教育思想的核心：“他思想的精髓是把学生当作人……他认为：教育活动是围绕着儿童开展的，人是其中心。应当人道地对待他的情感世界，人道地对待他的周围环境。教育和教学过程是自始至终充满真情实感的过程。教师应当主动接近孩子，而不是让孩子接近老师。走进每个孩子的心灵，这太重要了！没有这一点，这与面对机器工作有什么两样！”② 可见苏霍姆林斯基的教育思想也是儿童中心主义的。这种朴素的表达，实际上揭示了儿童中心论的基本思想：把学生当人，把教育教学过程当充满真情实感的过程，教师、教学要主动走向学生，把学生当作向心。教师中心论是人们相对儿童中心论提出的一种说法，并没有成形的理论阐说。这种说法是源自对教学实然的概

---

① 刘正伟．现代性：语文教育的百年价值诉求．教育研究，2008.

② 吴盘生．苏霍姆林斯基夫人安娜·伊凡诺夫娜访问札记．外国中小学教育，2001（4）：3.

括。知识中心论也就是学科中心论，就是主张教育教学过程中一系列活动主要是围绕学科知识来设置。尽管儿童中心论、教师中心论、知识中心论都还在不断地被争论，尽管儿童中心论也不绝对抛弃社会层面的因素，比如，杜威就认为，儿童教育的过程有两个方面，“一个是心理学的，一个是社会学的。它们是平列并重的，哪一个也不能偏废；否则，不良的后果将随之而至。”① 但是，我们可以肯定的是，学生的教学主体地位始终是第一位的，离开了这一点就是离开了教学的真谛，也就是离开了教学。

然而，现当代教育教学的实然是，我们经常被一些已经通识化的观念所左右，甚至可以说是误解着对教育的主体的认识。这些说法有“教师是人类灵魂的工程师”、“教师就像那辛勤的园丁”，还有“玉不琢不成器”的警句。苏霍姆林斯基也将包括学校、家庭、社会在内构成的网络式的整体施教体系中的众多施教主体比作“雕塑家”。我不否认这些比喻的美好与善意，甚至也可以理解到这些比喻中对教师之于学生学习成长中的主动性意义。但这些认识对教育而言不是根本的，这些曾经被普遍推崇的事理，事实上对教育的本质认识隐藏着很深的欺骗性。对于“工程师”论，我们可以说，灵魂是不可以设计的，教师手上拿着的不应该是“笔”，教师的职责和他所具有的作用，也不是用笔去绘制他心中的学生形象。学生是一个有个性的生命主体，生命的内在力量不会完全按照教师手中的画笔去成就自己的样子。“雕塑家”论也是一样，我们教师手中拿着的也不应该是雕刻刀，学生的成长不是按照哪一个或哪一群教师心中所创想的模子去成长。“园丁”论有一定的道理，这里至少把学生当成了有生命形态的“花木”，“园丁”以浇灌为其育花养木的基本工作方式，用水分和养料去供养着花木。但是园丁还要修剪花木，还是要按照自我意愿或形式需要用剪刀去对花木施以影响。当然，这里并不是说教育无为，教育不可控制，教育是盲目的，相反，正是因其可为、可控、可期，才使得教育变得如此重要。只是我们的所为、所控、所期都必须符合教育规律，都必须遵循教育科学。而学生作为教育主体则是我们所有教育观念中最为基础最为核心的一点，我们的教育理论和实践都必须立足于此。我们应该明确的认识到，学生既不是一张纸或一个已经存在于教师头脑中的固有图式，也不是一块可供教师按自己设想的形态进行雕琢的石头，我们在任何时候都

---

① 杜威．我的教育信条//学校与社会明日之学校．赵祥麟等，译．北京：人民教育出版社，1994：4.

不能把学生看作一个无机体，任何理论与实践都不能对他们作为一个生命体进行忽略。如果一定要一个比喻，那就把有待培养的学生当成一颗蕴藏着无限生机与活力的种子吧，作为教育，我们之于他们的任务，就是给以他们适当的生长土壤（学校、家庭与社会），给他们浇上一些生长所需的养料（科学知识与精神文化），把他们当作我们自身生命的一部分，呵护着他们的生长。说到底，教师就是一个朴素的“庄稼人”，学生之于教师，就是庄稼人这之魂牵梦绕、披星戴月的庄稼，庄稼人对庄稼的关心、崇敬、爱护，就是我们教师对学生应有的心理内存。理解到这一点，是对教育理论理解的一个逻辑起点。起点错了，理论和实践都将是错的。

谁是教育的主体？谁是教学的主体？以在欧洲近代工业革命背景下形成的、深受近代工业生产原理影响的现代教育观来看，从内容层面说，知识是主体，以知识为本位；从教学层面说，教师是主体，以教师为中心。长期以来，语文就是在这一观念下形成的教学体系主导着其的生命历程。这一体系在认识层面上，强调以知识为本位，以教师为中心，注重教学的知识传承价值，视教学为教师引导学生获取知识的特殊认识过程。在操作层面上，强调教学过程的标准化、程序化、规范化和精确化，视教学活动为可精确预设、程序化操作的标准流程。这种观念引导下的教学方法，往往可以将教学内容和教学过程进行有序地图示。对课堂教学过程进行设计、图解、规范，既是对教材内容认识机械化，也是对学生认识机械化。然而这样一些教学方法，多年来，在语文教学课堂来说是典型的，此种教学方法也一直是被稳定应用的。为什么会形成这样一种超强稳定？因为这一教学体系“立足于教学的需要，强调教师作用的发挥，重视教学过程、环节的操作化设计”，① 这一特点决定了这一体系“具有很强的可操作性和可接受性，为教师的教学提供了最大的便利，在实践中深受教师欢迎和认同，并在长期的应用过程中与教师的内在需要和行为习惯融为一体。”② 可以看出，这种教学的价值取向在于“可操作性”、“可接受性”，而完全地忽略了课文中的德性内涵，忽视了学生的主体性、生命性。

“学生主体、教师主导”可以说是一种对教学关系合理的观照。但是，这种主体性不只意味着学生是学习活动的主体，而是应当把处于学习生活中的

---

① 田慧生．时代呼唤教育智慧及智慧型教师．教育研究，2005（2）．

② 田慧生．时代呼唤教育智慧及智慧型教师．教育研究，2005（2）．

学习当作一个生命主体、人格主体、精神主体，教育教学过程中，必须把这种主体精神放在思想的基点。确立学生的主体地位，教师在教学活动过程中具有学生主体意识，对学生德性生成是至关重要的。现当代教育因受科学主义影响，把教学过程看作对学生知识的给予，这必然会损害学生在学习过程中的生命积累和精神建构。作为典型的人文学科，作为生命视角下的德性教育，语文教育教学过程更应充分体现学生主体。

其二，学科性质的错觉。百年语文中，工具论几乎统领了语文教育的整个过程。循着杜威以实验精神与科学理性态度为核心的教育哲学观，我国语文教育倡导以基本知识、基本技能为主的"双基"教学，力求"提高语文教学效率，用较少的时间取得较好的成绩"①，在此基础上，又依托布卢姆教育评价理论，追求教学目标化、科学化，陷入人文学科教学的技术主义。用科学主义思维方法来对待人文课程，以工具性来定位语文学科性质，这必然把语文教育带向语言化、言语化，也必将使语文教育走向知识化、片面化。工具观在指导思想、课程设置和教学实践等语文教育系统中都必然对语文学科的人文内涵进行忽略，对语文人文价值造成伤害。语文学科中的德性内涵就更是被工具理性、被知识技能、被科学主义所掩没，语文教育中学生德性生成、生命精神建构的价值受到遮蔽。

其三，教育观念的错失。教育离不开社会，离不开具体的社会意识形态，离不开社会实际需要，但归根到底还是要以人的发展需要为根本。"教育的一切价值都在促进人的发展。"② 社会越进步、越发展，为人的需要而教育就越明显、突出。然而，百年语文教育中，社本主义教育观更多地主宰了语文教育的生命历程。语文教育的现代性特征正是社本主义教育观下的产物。

学科课程的制定，既有学术的问题，也有一个体现国家意志的问题。特别是社会科学和人文科学类课程，在更大程度上受制于国家意志。国家意志的渗入与掌控，主要是通过权力对知识进行控制。知识是教育学的核心概念，也是课程的核心内容。权力对教育知识价值的影响——权力通过意识形态对教育知识选择施加影响，学校教育是意识形态的重要组成部分，受意识形态的制约，是社会控制的手段。尽管知识与权力之间价值取向的影响可能导致教育知识本身的局限。在这个选择、控制、影响过程中，社会政治意识形态

① 吕叔湘．当前语文教学中两个迫切问题．人民日报，1978-03-16.

② 刘正伟．现代性：语文教育的百年价值诉求．教育研究，2008（1）.

以及由此主导的教育观是什么样的色彩，就会生成什么样色彩的课程。回顾百年语文，尽管在某种层面，摆脱了封建道德教化束缚，然而，长时期来，去人文的教育理念，把语文教育又带向了另一个极端。特别是在一定的历史时期，政治意识形态以强势姿态介入语文课程，掌控语文教育，政治成为中心话语，那些关乎生命与精神的价值则处于边缘、甚至缺失状态，作为精神生命价值核心的德性深受漠视。

8.2.2 **教学之失**。如何充分发挥语文学科在学生德性生成方面的重要价值，在具体教学系统中，至关重要的，一个是教材，一个是教师。百年语文教育中，教师教学实践存在着对学生德性生成的忽视。这种忽视有几个方面的表现。

其一是在理论范式上的忽视，亦即工具论的语文教育观念的导向之失。前面所述的观念之失，是指整个语文教育的宏观偏差，是对整个语文界而言，其中还有着上层建筑的影响。而这里所说的是仅指教师作为个体，在参与语文教育教学实践过程中所体现的一些偏颇。具体说来，就是“狭隘、片面的教学理论束缚了教师的理论视野，影响了教师对于教育意义、价值及教学活动丰富内涵的全面认识和把握”①，就语文而言，就是在工具论的具体指导下，重视语文基础知识和基本技能的教学，没有充分利用和发挥语文教学内容中的德性内涵，更没有根据教学需要，主动选择安排一些具有双重意义的材料进行教学。在近几十年来，作为传统经典的主流语文教学体系，工具论语文教学成为了语文教师的集体无意识活动，自觉不自觉地总在沿着这样一种观念运转。这种观念指导下的语文教学，由于价值认识的简单化和实践操作的简单化，直接降低了语文的意义，在对学生情感的丰富和发展、对学生整个生命价值的提升、对学生精神品质的构建——总之，对学生德性的生成等方面均形成深重伤害。有什么样的教育理论的武装，就有什么样的实践水平的教师，也就有什么样的语文教育结果：工具的理论只能创造工具的人！

其二是在价值范式上的忽视，亦即应试教育的语文价值取向之失。诚然，语文教师的教学行为不完全决定于个人的认识，甚至还可以说是完全不取决于个人认识，同时也不决定于学科的应然价值，时下社会对教育的价值认可，却成了主导和左右教师教学行为指向的方针。在当前社会背景和文化传统下，

① 田慧生．时代呼唤教育智慧及智慧型教师．教育研究，2005（2）．

考试作为一种“正选”，不仅严重影响着人们当下及未来的生活，而且影响社会价值观念的判断。“应试”成为当下人们行为价值的标准，因而也成为教育选择的方向，语文由之，在课程表达中，也就摆脱不了应试的法则。应试教育本质上还是知识工具价值观的实践表达，这种观念下的教育，不注意人的生命品质，不注重学生精神建构，不注重学生心灵养育，教师只注重知识点教学，注重技能掌握与运用，语文学科的德性价值被弃之高阁。

其三是在教学范式上的忽视，亦即固化教学模式的语文教学方法之失。德性的教学方法，当然也不完全排斥宏观的教学设计，也需要一定的有目标的教学准备，尤其是教材准备，甚至对一些较深道理的由浅入深的精心安排。但是，在教学过程的具体实施中，应该没有一种固化的模式，而更多的应当是根据教学内容、教学情境、教学对象来决定即时的德性教育引导。然而事实正好相反，当前语文教学特别注重教学过程的程式化，有的是教材处理的程式化，有的是课堂流程的程式化，有的是教学思路的程式化。这些方式注重的是知识的精确微观和操作的具体细致，这是一种带着浓厚的工业化生产特征的、高度技术取向的传统教学操作体系。这种教学模式，主要是依据知识的逻辑关系来连接，讲究知识的上下沟通，注重前后承转，一环扣一环，出发点和落脚点都在知识层面，使得德性引导的空间被挤占，德性教化的时机被遗弃。在这样一种主导潮流的驱动下，一个优秀的语文教师的成就往往表现在或被认同于创造了一种定型的教学模式。为什么这些名教师的模式方法易于被认同和接受？有两方面的原因，一是从科学的角度看，这些教师所创造的模式，确实能使语文教学在引导知识掌握上，给以规范的、稳定的、有效的方法。这些有着高度技术取向和工业化生产特征的教学模式，非常强调教学的高度规范化、统一化、精确化和程序化设计，这种经过精心设计的模式具有高度的可接受性和可操作性，教师一旦掌握了基本要求，就可以顺利实施。特别是在应试教育模式下，这些办法更能取得知识巩固的效果，直接带来的显性效益就是考试上的成功。二是从教师教学心理角度看，教学是一个艰苦的过程，创造性教学更是一种高难的要求。在这种实际工作方法创生的困难和学校、社会对学生知识掌握的高标准要求，会使得教师们乐于就用他人经验，从而生搬硬套。更有甚者，在有的学校，还统一推出某种固化教学模式，使课堂失去个性，失去生命光泽，也失去德性教育的价值。

其四是在责任范式上的忽视，亦即教学功利影响下的语文教学责任之失。

教育肯定是一种功利性行为，这毋庸置疑，但这种“功利”应当是“整体育人”的功利，是大功利，把握了大功利，就会“功在当代，利在千秋”。然而，当前语文教学实践中，并没有将这种大功利放在一个应有的位置，而是教育的整体功利被个人功利所取代，这就是教学取向上的急功近利。这种急功近利，既表现在教学的具体过程，又表现在教学改革和教学科研上。对一个教师乃至一个学校而言，教学、教学改革和教学科研的功利性之强，成为了一种追求地位、声誉、利益的手段，乃至关系荣辱、命运的事情。我们不难看到的一个事实是地区与地区、学校与学校、班级与班级、教师与教师的教学成果排名，这种排名的全部依据就是学生的各类考试成绩，而这种成绩基本上是对学生知识认知情况的测验结果。考试结果、以考试分数为唯一决定因素的升学率的排名，成为学校和教师的生命线，而德性内涵，在决定这一生命线当中处于“靠边站”的尴尬地位。还有一种为学校和教师个人博取荣誉的功利途径，就是教学改革与教学竞赛。在不少的学校，出现了一些快餐式的教学改革，这些教学改革不是从教学的客观规律出发，不是真正从培养全面发展的人出发，而是一种赶时髦，什么观念流行，就套什么观念，什么做法时兴，就推行什么方法，没有一贯。而一些老师特别是青年教师，热衷于通过快速引进、移植、模仿一些新的方法、模式，然后通过参加各种教学比赛获奖而快速成名。这样的功利改革、功利教学，不可能让学校和教师有心潜入对学生德性培育的关注，这样的课堂，往往是用知识构成的“万花筒”，绚丽多彩，但内容单一，没有浸润德性的厚重。这种功利性教学，严重阻碍了教育价值的充分发挥，影响了教育品质的完整达成。直接影响到的是学生德性培育的遗弃。德性作为教育的一个隐性因素、一个软因素、一个无定量因素，由于其在教育评价上的方法性缺失、教育效果上的内在性特点，很难在一时显现出它的功利形象和功利意义，对于学校、对于教师，很难在短期内受益于对学生的德性培育，其结果必然是受到冷落。功利促使学校和教师放松或放弃对德性的关注，放松或放弃对学生德性培育的责任。这种情形，学校和教师有其主观的原因，同时也有社会之于学校和教师的外在压力。

8.2.3 管理之失

影响语文学科德性价值发挥的因素，除了观念的、教学的，也有管理实践方面的。而教育教学体系的形成，又是紧随教育观念而来。工具价值的课程观、社本主义的教育观带来的教育管理，也将是失去“人”的一种教育管理。

核心学科走向边缘。语文学科在基础教育中，无疑是核心学科。然而，在学校生活实际中，语文学科早已让位给了数、理、化、英语等学科，走向边缘了。尽管在学校课程设置上，始终是作为核心课程甚至是最为重要的课程来看待，但是，在学生心目中和学习安排中，早已经失去其应有的学科地位。尤其明显地体现在与英语的比较之中，可以说完全本末倒置了。2005 年度在沈阳举行的语言文字工作会议显示，中国外语教育研究中心曾对 4000 多名非英语专业的在校大学生做过一个调查，题是：您在大学期间，花在英语上的时间有多少？调查结果是：回答“几乎全部”的占 19%，回答“大部分”的占 56%。关于对汉语的掌握水平，也曾经有一个调查结果，回答自己汉语听说读写水平“非常好”的占 8%，比较好的占 34%，一般的占 52%，比较差的占 6%。教育专家认为，一些学校用在外语上的学分比较多，但母语教育在必修课里基本上是没有学分要求的。大学如此，其实基础教育中也相差无几，对语文学科，学生的主动性学习已经非常少了。有人为之呼出了“母语，我们对你倾注了多少激情”① 的悲叹之声，语文留给学生的就是考试的压力，而没有留下学科的魅力，语文不只被淡化，而且走出了学生的心灵。

教学体系指向“社本”。受工具观和“社本”主义教育观的影响，我国语文教育目标的指向往往是一种工具价值的、社会价值，特别是在 21 世纪之前的语文教育目标，注重了应用目标和社会目标，对于人的情感、态度、价值观关注甚少，到新课标实施后，语文教育目标才开始向人有一定的转向，把情感、态度、价值观明确到教育目标之中。教学内容更是体现了社会本位。一直以来，教材选文主要从意识形态需要出发，适应时事政治，忽视精神生命。建国以来的教材都有这个弊病，在“文化大革命”时期的语文教材更是成为一种政治读本，不只是丢弃了滋养学生生命、心灵、精神的内涵，而且作为语言工具意义的内涵也顾及甚少，具有生命意义的德性内涵不只是弃置，还将其视为“温情主义”、资产阶级意识而遭遇否定。教学过程之中，社会政治导向，教师自身德性素养的缺陷，教学把握中重言教轻意教的缺陷，都极大地损害了德性的教育、传扬。对学生的精神培养也只是政治化的思想灌输。柏拉图在其《理想国》中说道，往一个人的灵魂中灌输真理，就像给一个天

① 母语，我们对你倾注了多少激情．株洲日报，2005－03－03.

生的瞎子以视力一样是不可能的。离开生命需要的灌输，实践证明是没有什么价值的。教学评价更是没能关注德性之维。考试作为教学评价的主体方式，没有将学生在语文学习中生成的德性水平纳入课程范围，课程的内容主要在字、词、句、章等工具意义的内容。当然，德性生成水平如何在语文教育教学中进行评价，在操作上是一个难题，但它是语文教育教学中不可丢弃的一个重要因素。对此，本书将在下文阐述。这是个始终困惑我们的课题。寻找到一种比较恰当的德性评价方式非常不容易，而我们最为可怕的是，在我们许多教育教学的理论研究和具体实践中，对德性评价根本就是集体无意义地忽略。试看这样的憧憬："可以预见，课改后的一段时间内，升学考试的形式仍要保留，但要在可能范围内改革内容。考试内容更贴近现实生活，更注重学生全面能力的测试，要注重与生产劳动实践相结合，更注重检测学生分析、解决现实问题的能力，尽可能让学生去思考，使考试内容与新课程理念更加相对应。"① 不难看出，这个对考试的预见就根本没有考虑到学生德性的评价。而本文同时提出"课改要培养全面发展的人"，一边提出"全面发展"，一边把人的精神层面培养在教学评价这一环节中进行忽略。

教学资源趋向贫乏。20 世纪前期"五四"新文学干将如叶圣陶、夏丏尊、朱自清、刘大白等所致力的，重视语文教育的美学价值，在创作中不断反映普通民众生活及审美趣味的主题及内容，一大批作品成为学生生命精神的粮食之源。然而，在当代学生需要当代精神滋养的时候，当代文学发展的弊病却带给了语文教学资源的缺失。正如学者王晓明撰文所指出，当代文学创伤存在着人文精神的危机，文学在商业主义风潮中丢弃了崇高与终极关怀的价值理想，文学的神圣殿堂被力大无比的金钱所撼动。消费时代的消费文学养料缺乏，反映当代伦理、社会状况、紧贴时代的德性内涵丰厚的作品缺失，文学市场化导致的文质兼美、适于作为教材作品的不足。"当今不少作家没有真正崇高的艺术创作目标，他们就是想凭借艺术才情获得一种心理的宣泄、一种即时性的引人注目或某种商业的动机。这种现象的大量存在使我们时代文学创作的整体精神层次受到了损伤。""时代文学缺乏精神高度"②，确实是对当代文学的一种实存观照。

---

① 邬向明．课程改革：问题与对策．课程·教材·教法，2005（2）．

② 刘起林．时代文学缺乏精神高度的原因．文艺报，2004－04－07．

8.3　世界本国语文教育的德性浏览[①]

没有哪个国家、哪个地区、哪个民族不注重用自己的母语教育来形成下一代，来传承自己的文化和精神。有一项研究对中国与德国、法国、英国、苏联、美国、日本等六国中小学本国语文课程教材进行比较，研究表明，七国中小学语文学科教学目的要求的共同点之一就是，都注重“在训练中培养学生的思想感情和道德情操、丰富学生的精神生活”，都“重视语文学科的教育功能”。[②] 只要对世界一些国家和地区的语文教育稍作考察，我们就能发现，语文教育中，对学生生命精神的建构、对学生真善美的德性生成，都是高度关注的，教学大纲明确要求：教材编选充分体现，课文内容生动呈现。

英国——注重生命情愫的陶冶。英语，由于它与民族全体成员的生活和历史的血肉联系，在对学生进行思想道德、情感态度和爱国方面的教育中，负有义不容辞的责任，对青少年学生具有其他课程无法替代的知识的和精神的教育作用。因此，英国历来有重视文学教育和崇尚古典文学的传统。英语课程作为国家统一的核心课程，注重对学生生命情感的培养，重视养成学生基础德性。

英语教育的初期是依托教堂形式，课程形式是“初级从字母表开始，直到主祷文、教义、‘十诫’和礼拜原则”[③]，这就可以看出，英语教育与汉语教育一样，也是从一些文化最深厚而又是最基本的一些经义开始，去开启学生的心智与精神，其中对德性的倾向是十分明显的。在英语走向学校课程的起初，作为“现代本族语”，“它被用作教学用语，作为教学中解释和说明的传播思想感情的工具”，后来把文学作品作为教材，因为人们逐渐认识到“推行本族语有利于增进本国人民之间思想感情的交流和相互了解，也利于民族国家的巩固”[④]，由此看来，英语作为学校课程的意义与价值也已然超出了其

---

① 本节资料主要基于全国教育科学规划重点课题“国际中小学课程教材比较研究”成果中由朱绍禹、庄文中主编的《本国语文卷》，人民教育出版社，1999 年。

② 朱绍禹，庄文中主编．国际中小学课程教材比较研究丛书·本国语文卷．北京：人民教育出版社，1999：546，548.

③ 朱绍禹，庄文中主编．国际中小学课程教材比较研究丛书·本国语文卷．北京：人民教育出版社，1999：90.

④ 朱绍禹，庄文中主编．国际中小学课程教材比较研究丛书·本国语文卷．北京：人民教育出版社，1999：92.

本身的语言范畴，而是民族的思想感情和精神文化。英语教育的基本走向与中国语文教育总体上是一致的，即：从经典而综合的经义走向语言，再走向语、文的融合。

英语教材也就在此意义上注意充分把握德性内涵。在《GCSE 国家标准·英语》的总目的第四款中明确写道："理解自我和他人。"我们可以从《牛津英语教程》的 A 部三册的选文①感知到他们在语文教育中的生命价值取向。

家庭内外：《家庭》、《罗宾逊先生家事》、《家庭内外》

亲　　属：《我的家母》、《姨妈》、《姐妹》、《我的英雄》

学校内外：《算术》、《处罚》、《你多么"绿"》、《查尔斯》

社区问题：《令人陶醉的小巷》、《月亮街》

社会问题：《拦路抢劫的强盗》、《法庭辩护》

传播媒介：《连锁信》、《广告小、出售快》

人与动物：《谷仓猫头鹰》、《十个绿色瓶子》、《不应那样对待狗》

探索自然：《大海与陆地》、《巴尼日记》、《火鸡为什么不会飞》

生命与死亡：《感觉》、《另一种勇气》、《一个关于死亡的故事》

从这些选文我们可以看出，他们的课程教材内容体现了充分的生命意蕴和德性内涵，选文内容贴近学生的现实生活，贴近生命，既可以极大地调动学生学习英语的积极性，养成他们学习运用当代英语的能力，又可以在贴近生活的言语实践中，养成他们良好的"理解自己和理解他人"的内在素质，生成美好的德性品质。

美国——公民培养的最重要方法。美国对语文教育的认识，在看重其工具价值的同时，也高度注重其德育、美育价值对培养他们所需要的公民和形成有效的民主制度的意义。他们意识到语文课程基于人的智慧与精神的重大影响，"能读会写，在这个意义上当然远远不止于指把印刷的字母翻译成口头词语的能力；它指导观念的发展扩大；它指聪慧理解的基础，以及成为各种民主制度精髓的集体思想和判断基础。这些需要，对于有效的民主制度是非常根本的。"② 在有的语文大纲中还明确指出语文教学要担负"交流情感、思想、观点、价值取向、经验信息"的任务，认为语文教育是"实现培养有见

---

① 朱绍禹，庄文中主编. 国际中小学课程教材比较研究丛书·本国语文卷. 北京：人民教育出版社，1999：153.

② Bagley，W. C. An Essentialist's Platform for the Advancement of American Education.

识、能思考的公民这一教育中心目的的最重要的一种方法”。[①]

由此，美国的语文教材“无不贯穿着美国社会的价值取向、价值观念”[②]。在美国许多语文课本的选文中，注意选取一些彰扬美国光荣历史和英雄事迹的文章。在课文后的提示中，总会有的一个条目是“对人生有哪些好经验”。在实际教学过程中，教师也善于利用教材挖掘课文内容，充分发挥课文的精神教育价值，注意人类德性的培育。比如纽约州布法罗市一所中学的一节语文课，内容是历史和传说中的英雄，教师点出的讨论题是：

（1）什么是英雄？什么是英雄行为？

（2）古代英雄和英雄行为是什么？

（3）现代英雄和英雄行为是什么？

（4）假如这个英雄生活在你中间，你能否与他相处？

这样充分彰显教育内容中的德性价值，在使学生树立正确的人生标准方面起到良好的指引作用。

美育作为人的精神成长的重要之维，在美国语文教育中也是受到充分关注的。这种美育功能，主要通过文学来表达。美国的语文课本选有大量文学体裁的课文。比如纽约市的语文综合课程纲要是这样理解文学的意义的：“文学是力量和美两者的结合。它是人类经验的一面镜子。它可以反映人类的动机、冲突、价值取向和传统。”[③] 因此，注重从小培养学生美的感受性，重视通过故事、诗歌等文学作品来渲染、生成学生美的德性内质。

苏、俄——让文学养育美好下一代。前苏联教育界认为，语文课是普通学校重要的基础课程，它在完成学校培养目标方面具有巨大的教育和教养意义。苏俄语文教育与我国当代语文教育所不同的是，他们坚持把俄语和文学分科教育，这样，德性培育的价值基本上在文学课程上。因此，他们非常注重文学对个人的教养价值和社会教化功能。教育家凯洛夫在谈到俄语和文学课时说：“文学……具有改造社会的重大意义。”“文艺能给学生以最深刻的、

---

① 朱绍禹，庄文中主编．国际中小学课程教材比较研究丛书·本国语文卷．北京：人民教育出版社，1999：286．

② 朱绍禹，庄文中主编．国际中小学课程教材比较研究丛书·本国语文卷．北京：人民教育出版社，1999：286．

③ 朱绍禹，庄文中主编．国际中小学课程教材比较研究丛书·本国语文卷．北京：人民教育出版社，1999：288．

美的欣赏，培养学生的艺术兴趣和创作的能力。”① 前苏联在1954年颁布的教学大纲中指出：“文艺作品是认识生活的源泉，是对学生进行思想和道德教育、形成学生世界观和性格的强大手段。”② 在1984年公布的中等教育改革的基本方针中，一再强调文学课在培养学生马克思列宁主义世界观和进行共产主义教育中的作用，同时还认为，文学是“具有很大认识作用和教育作用的科目”，应把它“更好地用于”“大力改进学生的艺术教育和审美教育”。③ 由上可以清楚地看到，前苏联的语文课十分注意对学生进行思想道德教育和审美教育，强调通过文学课培养在美感上有修养的学生。苏联解体后出台的《俄罗斯联邦教育法》第14条规定，俄罗斯教育的总目标是人的发展，是人在同自己、同其他人、同世界和本身精神、思想形成的各种关系的和谐。要求在文学课上达到：了解俄罗斯文学的人道主义思想和培养俄罗斯人的民族性和全人类性；了解人对社会、自然、理想等问题的态度。这些要求充分体现了俄罗斯语文课中关于真善美的教育要求。

日本——崇尚国语与人的意义。日本近现代国语教育的发展轨迹与中国语文教育有着相似性：一是学科定型过程中的分分合合；二是对学科特质认识的反反复复；三是对伦理道德教育的始终一贯。日本的国语课程形态在明治维新以前，是一种综合性课程，近百年来，课程名称历经了多次更改，这种更改也基于对一些国语教育要素的处理。在国语课程性质上，存在着集中的分歧，即是内容科还是形式科和是道德科还是工具科的分歧。战前日本国语教育主要是工具观主导，但仍旧“将本民族的语言予以规范化、并将其运用于教学中的努力，看作与形成并完善该民族的民族精神密切相关”④，至明治后期，在“国定教科书”中增强了以民族主义色彩为特征的思想内容。大正时期国语科教育在人道主义、理想主义方面获得了弘扬，儿童中心、尊重个性和自由、追求创造性、主张学生表达个人生活等获得张扬，这种符合学

---

① 凯洛夫. 教育学. 北京：人民教育出版社，1954：108－109.

② 1954—1955学年8～10年级俄语、文学教学大纲. 俄罗斯联邦教育部教育书籍出版社［俄文版］，1954：18.

③ 苏联普通教育和职业教育法令汇编. 北师大外国语研究所编译. 北京：北京师范大学出版社，1985：439－442.

④ 朱绍禹，庄文中主编. 国际中小学课程教材比较研究丛书·本国语文卷. 北京：人民教育出版社，1999：294.

生德性发展的教育产生了积极的意义。在战争的形势下的昭和前期，国语科的工具论受到根本否定，成为“关系国家民族命运的政治性和道德性学科”①，甚至毫不含糊地提出“以国语为国心”② 的观念，日本国语教育“朝向军国主义、国粹主义方向发展，强调国民精神涵养，特别是国民道德的养成”③，甚至在课程设置上，把国语科纳入国民科，称“国民科国语”。这个时期的国语教育，在内容上以军国主义为基调，向学生灌输皇国国民思想和大和民族精神，课程内容与我国“文革”时期服务政治相类，以歌颂皇国主义和宣扬战争为基调，使国语学科变成了为战争服务的工具。到昭和后期，受美国经验主义教育思潮影响，日本国语科教育本着“国语科的现代的性格”，走向几乎是纯工具观的言语教育方向，这种偏于一面的观念受到一些权威语文教育学者的普遍否定，为母语教育区别于以技能教育为目标的外语教育而具有的技能教育和价值教育双重意义进行伸张。

日本教育界认为，在思考本国语文课的使命、意义和目标时，如果不把握住“言语和人”、“言语和社会”、“言语和文化”、“言语和精神”等相互间的深刻关联，视野就是狭窄的。④ 人是借助言语认识、感受事物和进行思索、想象的。没有这种言语活动，就没有精神活动。人们借助言语同他人沟通思想，加深交往，这是一种以他人为对象的伦理行为。“文如其人”，话也如其人；言语能力的育成，亦即人的育成。他们认为国语是形成人的活动的中枢性东西，是为人的自我形成和充实、社会的组成和向上、文化的创造和发展所不可或缺的。因而日本语文的课程目标要求“加深对国语的认识”，“培养尊重国语的态度”。在国语教育中必须加强德性的教育，这种思想在日本国语教育界得到普遍的认可。他们认为国语科中的德性教育和语言教育既应是自然地结合在一起的，也应该是有意识的。对此，时枝诚记博士有一段话说得很明白。他说，言语技术的根源，是基于作为言语实践的主体的说者和读者

---

① 朱绍禹，庄文中主编．国际中小学课程教材比较研究丛书·本国语文卷．北京：人民教育出版社，1999：306．

② 朱绍禹，庄文中主编，国际中小学课程教材比较研究丛书·本国语文卷．北京：人民教育出版社，1999：359．

③ 朱绍禹，庄文中主编．国际中小学课程教材比较研究丛书·本国语文卷．北京：人民教育出版社，1999：300．

④ 朱绍禹，庄文中主编．国际中小学课程教材比较研究丛书·本国语文卷．北京：人民教育出版社，1999：307．

的人格。比如即使是最为表面化的发音技术，为了使对方听明白而调整声音，就不单是嘴角上的问题，还基于如何对待对方的个人伦理观念。这样，国语教育就必须把人的精神和态度当作问题看待。时枝博士认为，国语教育对人的培养，并不单是依据教材的内容去感化学生、去培育人性，就是写只有一点点内容的报告，诚实记述和恳切解说的态度，也是国语教育第一位的事；写东西，即使是对待和自己主张相反的意见，也能养成不曲解对方意思的公正态度，这对国语科来说就是人的教育，而书写内容的优劣与否，则是国语教育第二位的事。这样看问题，就消除了技术教育和人格教育二元论的对立，而表明了在文字和语言的训练中就包含着人的教育。① 基于这样一些认识，日本国语教育进一步走向作为生命存在意义的德性教育，这个德性在他们的表达中，即是以人性为核心。因此，日本 90 年代末的《学习指导要领》在总则中的第一句话即明确规定"学校……以学生的人性和谐发展为目标"，许多国语教育指导书中也把"丰富学生的人性"作为国语教育的目标提出来。

日本国语教育的发展方向总是存在争论的，但国语科的德性价值总是受到人们重视的。"至于伦理道德教育，则一直受到重视——这反映了政府的政策——甚至国语教学也通常被视为伦理教学的一个组成部分。一旦有所偏离，则将立即遭到批评。"②

韩国——国语生活的文化价值。韩国《国语科教育课程》中规定的教学目的，特别是着重于将来在社会、文化范围里谋求国语生活的时候，从知识、技能和态度方面主动地成为实践主体。人类用语言来思考和传达意义，并享受自己的生活。人类将有意识地体会这一过程，通过语言生活，使知识和实践更加巩固。因为语言生活是人类奠定生活和文化基础的重要因素，所以在"国语生活"课的学习里，最重视国语的个人和社会、文化生活的实践。

目前韩国初中语文教材是文教部所认可的全国统一教材，由韩国教育开发院编写。课文《一次性的时代》选自韩国初中语文一年级第一学期第六单元《主题和素材》，首先从当前某些产品盛行一次性的事例，说明有其可取之

① 朱绍禹，庄文中主编. 国际中小学课程教材比较研究丛书·本国语文卷. 北京：人民教育出版社，1999：362.

② 朱绍禹，庄文中主编. 国际中小学课程教材比较研究丛书·本国语文卷. 北京：人民教育出版社，1999：310.

处，然后笔锋一转，若用“一次性”现象套用在人际关系上，则是对人间爱的莫大玷辱，从而歌颂了“人与人之间真挚的友谊是永恒的”这一重大主题，对学生德性生成显然有着积极意义。

新加坡——面向传统文化的华文教育。新加坡的华文教学包括两大目标：一是通过听、说、读、写等语文技能的教学，培养学生的语文能力；二是通过华文教学传授华族文化传统价值观。新加坡华文课程标准（2002 年）在“教学内容”中指出：中学华文教材的内容，应以《标准》所列的主题与副题、传统文化内涵、核心技能与价值观，以及国家所定的理想的教育成果为依据，以确保华文教学能同时兼顾语文技能及文化性和思想性的目标。《标准》以全国一系列的共同价值观为基础，以中小学的理想教育成果为目标，从中综合归纳出以人为本、家庭为根、社会为先、胸怀祖国及放眼天下五大主题。五大主题及其所包含的核心价值观（副题）如下：

主题一：以人为本

①了解自己、认识他人

②爱护自己、尊敬他人

③注重个性的发展，也重视纪律精神

④能独立思考

⑤具有良好的品德

⑥重视每个人的价值

⑦相信人人都有机会

主题二：家庭为根

①亲爱关怀

②孝顺尊长

③忠诚承诺

④和谐沟通

⑤关怀扶持

⑥以家庭为重

主题三：社会为先

①热爱社会，主动关怀

②注重纪律，遵守规范

③求同存异，协调共识

④积极参与，当仁不让

⑤社会利益，先于个人

主题四：胸怀祖国

①新加坡是我们的祖国，我们生活的地方

②我们必须促进种族和宗教的和谐

③我们必须任人唯贤，避免营私舞弊

④我们必须自力更生

⑤我们必须靠自己的力量捍卫新加坡

⑥我们对未来充满信心

主题五：放眼天下

①认识外国，了解世界

②和平共处，互相依存

③爱护地球，重视环保

④心系祖国，志在四方

《标准》指出所谓的“传统文化内涵”，首先就是传统的伦理道德，而其“核心技能与价值观”所着重的内容则包括良好的品德修养。显而易见，这些都是德性生成之基。

印度——政治与德性的并重。印度是文明古国，丰富的文学遗产是一座文化宝库，文以载道，在语文教学中尤其突出德育性，因此有语文德育之称。全印教学计划规定，语文教学是树立学生的生活理想和生活目标以及珍惜与热爱印度的多元文化宝库的重要手段。据此，语文教学大纲对教学中的品德教育作了如下具体规定：（1）能用民主的观点观察社会及其政治现象；（2）尊重印度各族人民的语言文化及风俗习惯；（3）培养能促进民族团结的个性品质；（4）反对歧视宗教及少数民族语言；（5）培养爱国思想，使学生立志投身于全印社会及经济发展纲要的实践。

一年级主要是通过看图识字、看图说话、儿歌和生动的故事进行有关守时、尊老爱幼、热爱读书、爱校、爱家等方面的品德教育。

二至五年级开始把道德观念寓于课文之中，选编如教育儿童忠于友谊的《朋友》的诗歌，启迪儿童忠诚无私的良知的《大伙都来帮忙》的小故事和

《做好事》等小诗，还编有《大水》等引导儿童对社会尽心尽职的作品，使课文内容尽可能贴近他们的生活，教育他们爱校爱乡爱家爱一切人，养成爱惜物品的习惯，鼓励他们从小立志当英雄。

六至八年级语文教材选入了相当部分有史诗般的古典文学作品和为争取印度民族独立做出贡献的志士仁人的传记文学，以及一些最负盛名的印地语作家的力作。如古典神话史诗《摩诃婆罗多》和《罗摩诃那》，前者谴责非正义战争，号召团结御敌，可启发学生认识到仇视和封闭只会带来灾难，团结才有力量；后者歌颂了英明公正的罗摩，为捍卫贫苦大众的利益同魔王罗波那战斗，启发学生为正义敢于战胜邪恶的坚强信念，激发忠于民族、正义善良的个性品质，培养青少年高尚情操和英勇果断的牺牲精神；而阅读了那些志士仁人的传记也会激发强烈的爱国心和民族意识的觉醒；同时，学习了格比尔达斯等中世纪诗人的名著和现代作家普列姆昌德等人作品，都会为所描绘的美好河山所激动，升华学生精神境界，并通过社会矛盾的描述，用以培养学生对人尊重、与人为善的良好品德。

九至十年级以及高中语文教材除了选编有关文学名著外，还编入了相当多政治家的政论文，如穆·甘地的《我的信仰》、印度诗坛巨擘苏尔那冈德的《乞丐》等，这些作品都用火一样的语言，激发学生的政治觉悟和崇高的历史责任感，对学生有很好的教育作用。

中国台湾——弘扬传统伦理道德。德性价值在我国台湾地区的语文教育中尤为凸显，中国传统伦理道德观念一直得到充分的张扬。台湾人文及社会学科教育委员会，就台湾现行的语文教学目的进行了字斟句酌的修改，其中初中国文（语文）教学目的对精神培育之目标要求是：“（1）指导学生继续由国文学习，体认中华民族文化，以培养伦理观念、民主风度、科学精神，激发爱国思想。（2）指导学生由国文学习，培养积极创造之思考能力及民胞物与之开阔胸襟。”高中国文（语文）教学目的对精神培育之目标要求是：“（1）指导学生由国文学习，加强伦理道德之观念，民主科学之修养，明辨是非之能力以及爱国济世之精神。（2）指导学生由国文学习，培养其坚毅恢宏之意志，积极进取之态度及高瞻远瞩之胸襟。”

台湾的国文教科书为国立编译馆主编。范文不多，但选文标准很严。一般来说，选文应同时具备语文训练、精神陶冶、文艺欣赏三种价值，“思想纯正，足以启导人生意义，培养国民道德；旨趣明确，足以唤起民族意识；理论纯粹，足以启发思路；情真意切，足以激励志气”是选文的重要标准。

台湾国民中学《国文》教材一个最突出的特点是注重传统伦理道德对青年一代的熏陶，把培养青少年学生爱祖国、爱家乡、立高远志向、孝敬父母、学会感恩、勤学好问放在重要的地位，让孩子从小在飘扬的中华传统道德的旗帜下成长，长大成为一个堂堂正正的中国人。其教材所蕴涵的思想内涵主要集中在以下这些方面：（一）弘扬以孔孟为宗的中华传统儒家文化；（二）进行爱祖国、爱家乡的教育；（三）立高远之志；（四）孝敬父母；（五）学会感恩；（六）劝学惜时；（七）做品行修养高洁之人。

考察语文教育德性实践，既要具有历史的眼光，又要具有现实的眼光；既要具有民族的眼光，又要具有世界的眼光。这是德性内涵的丰富性和民族的差异性所决定的。在考察语文德性培育实践中，我们依然要有所体悟的是：

其一，古代语文教育的德性局限。中国古代语文教育尽管凸显其德性价值，但是，由于时代性与阶级性的局限，这种德性教育还存在两个方面的缺失：一是中国古代语文教育中的德性教育主要立足于社会本位，从社会出发而不是从人的自身发展与自身需要出发，在存在形态上属于社会范式，而不是生命范式；从政治出发而不是从生命出发，统治阶级的政治需要成为语文教育中德性教育的最大需要，对德性价值的取向总是朝向维护阶级统治。二是中国古代语文教育中的德性教育往往立足于伦理本位德性。尽管非常重视人的内在修养，但这种修养的出发点不是个体生命的充盈，而是放在“齐家治国平天下”的宏大社会理想之下，远离了生命精神。由此可见，社会与伦理成为古代语文教育的真正目标。

其二，汉字形态下汉语的独特价值。由本章前述我们知道，不论哪个国家、地区、民族，其本国语文教育都把德性培育看得很高很重。但是，由于语言特点差异，使得各自语言的德性教育力也有相当的差异。从这一点来说，表意文字形态的汉语独具优越性。表音文字，如英语，在单词以下形态来看，几乎不存在实际的语言意义，词缀具有非常有限的意义表达，如 un－有表否定的意义，而字母却根本没有实义。甚至完整的单词在语言符号视角上，也是没有意义表达的。汉语不同，汉语在字的形态中就已经饱含了深邃的意义，所有的象形字就明显地以符号形态表达了事物的意义，如“人”、“山”、

“日”等，会意和指事文字也能够比较直观地体现文字所表达的意义，如“旦”、“刃”、“休”等。肖启宏先生的汉字信息学说正是对汉字这一功能的充分揭示。因此，汉语在德性培育上具有了比其他语言更强的力量、更高的价值。

其三，外国德性教化中的宗教引领。从课程视角看，与我国传统文化教育背景不同的是，不少国家还倚重于宗教去影响学生德性生成。西方各国的宗教在德性教化中一直占有很重要的位置。

德国的学校德性教育以宗教为主体，在各个方面都突出宗教信仰和教会的作用。在德国学校中一般有两种宗教教育形式，一种是参加宗教仪式，另一种则是课堂宗教教学。时至今日，全德统一后宗教课仍然是中小学的必修科目。其基本目的是以宗教为根本，陶冶精神与人格，除培植学生的宗教信仰外，还注重培养人的尊严、克己、责任感、乐于助人、对真善美的感受性、民主精神和爱国爱民以及德意志精神。为实现这个目标，德国学校设置了多种多样的思想行为教育内容，宗教内容是其中最为重要的一部分。

美国1947年禁止在公立学校进行宗教教育，事实上，宗教仍然是美国学校德性教育的基础，许多价值观和道德规范仍出于宗教教义，许多美国人仍把德育与宗教相等同，占学校总数相当数量的私立学校中宗教仍占主导地位，公立学校也处处为校外宗教教育提供条件，允许学生每周在特定时间到校外各种场所接受宗教教育。50年代出生的父母不信教，但今天却把子女送进教堂，希望能培养像他们长辈那样的美德，如基督教的同情心、诚实和自尊等。

法国1881年第三共和国颁布《费里法案》，废除了宗教课，但宗教在德性教化方面仍有影响。法国允许学生自己到教堂和在家中做礼拜，还规定星期三为宗教放假日。此外，还有许多神学是主要的教学内容。天主教在法国仍有强大势力，法国学校的德育的宗教色彩还是明显的。

英国在初级学校中，宗教是第一课程，在中学里，宗教也是仅次于语文之后的重要必修课。瑞士把宗教教育作为公民教育的基础，这使得公民教育无不渗透着宗教的精神。瑞典学校在中小学都开设宗教课，而宗教知识也是其德性方面的重要内容。新西兰在国家课程方案之外允许在小学开设宗教课和中学进行宗教教育。斯里兰卡不设道德课或价值观教育课，但从小学一年级到高中毕业均设宗教课，并规定为必修课程。

这就在一定程度上弱化了学校其他课程包括本国语文课程的教化价值。尽管如此，各国还是把本国语文作为培育学生德性、构建学生精神的重要途径。当然，中国古代的乡规民约和家教也是教育后代、生成德性的重要手段，但人们仍然看重“读书识理”，把学校教育当作培育后代的最重要依赖。

语文是一个德性的宝库，包蕴了丰富的德性内涵，具有内在的德性品质，充满了德性培育价值。在人类社会曾经的语文教育中，人们始终坚持把语文教育作为形成人的精神品质的重要途径，这一切，正是语文德性论的基本立足点。

下编　德性之行：语文的课程理念

> 祖国语言这一手段的教育作用非常大，因为正是祖国语言的美好、伟大、力量和表现促使学生的感情、精神、思想和体验变得高尚。
>
> ——苏霍姆林斯基：《把整个心灵献给孩子》

本篇必然地进入理念建构。前面通过对德性、语文之于人生意义的阐发，我们看到了语文德性研究的重要性；通过对德性之于语文的本体论分析，看到了语文德性研究的可靠性；我们还将面向未来的语文教育实践，进行一种语文德性论的应然的观念性和操作性的建构：即是否有可能甚至如何将我们关于语文课程德性意义的新的领悟体现到语文教育的具体实践中去？亦即我们如何形成语文教育的整体的德性理念？理念引领事件整体。语文课程要走向人，就必须树立以人为本的课程理念，就必须从人的全面发展出发，从人的和谐发展出发，从人作为一个生命主体、精神主体出发，既非常重视人的基础性发展，又高度关注人的高层次发展。我们知道，语文课程并不是万能课程，但事实上，语文课程内涵的丰富性和对人生宏大影响的客观性，不能不让人们对它肃然起敬。因此，语文课程作为一个课程主体，要使其自身走得更远，作为一种教育资源，要更充分地发挥其固有价值，也必须更全面、更深入、更客观地认识自身、发展自身、超越被现实局限了的自身。从这个意义出发，德性观是语文课程的应有理念，树立和坚持德性观，是语文课程发展的应然道路和当然方向。

第9章 坚定不移的德性理念
——从“工具观”到“德性观”

事物总是在发展中存在。课程的发展也经由着一些观念的变更与维新。近世以来，我们就已经明显地感受到了课程观念发展的一种转折——从科学与技术的观念到精神与生活的观念转折，这就是：20世纪70年代以前是立足于“泰勒原理”的课程研究范式，“这种研究倾向于运用自然科学的研究范式来探究课程的规律与程序，属‘工艺学模式’”。① 在此之后，课程研究从科学与技术性的局限中走出来，开阔了研究视野，拓宽了研究路径，“将课程置于广泛的社会政治、经济背景来理解，联系个人深层的精神世界和生活体验来寻找课程意义”②，运用现象学、解释学等哲学社会学理论对课程进行研究，可以说是一种“过程论模式”，强调生活与知识的共建，强调主体性的体验参与。与此相应，语文课程观也必将被深深地引动。语文作为一门精神价值更为突出、人文意蕴更为浓郁的课程，其研究取向更应该是倾注于语文课程的精神与生活维度。我们知道，“工具观”在知识理性时代，在科学主义时代，已经为我们起着了非常重要的作用，其意义和价值已经为我们所广泛承领。然而，其局限性、片面性及其带来的弊端也已然为人们所洞察。语文要促进人的发展和实现自身的成长，必须从单一的“工具观”走向与“德性观”的复合，使语文教育实现生命教育的目的，即从预成性目的向生成性目的的转变，从外在目的向内在目的转变，从精确目的向弹性目的的转变，从单一目的向多元目的的转变，从行动之前的目的向行动之中的目的转变，从结果性目的向过程性目的的转变，从认知性目的向体验性目的的转变。③

① 石鸥．教育困惑中的理性追求．长沙：湖南师范大学出版社，2005：224.

② 石鸥．教育困惑中的理性追求．长沙：湖南师范大学出版社，2005：224.

③ 燕良轼．教学的生命视野研究［博士学位论文］．湖南师范大学图书馆，2005：65－72.

9.1　走向何处：语文课程观的流变

综观语文课程发展的历史，我们可以明晰地看到语文课程观的流变。从其流变过程，我们可以看到，人们对语文课程的认识是如此可喜地一步一步走向深入，这个可喜就在于语文总是在朝着从“工具”走向“人文”、从“语言”走向“精神”的进步！这些课程观的流变，学者们已经从课程建设、教育模式和课程范式等多方面去加以认识。

阎立钦先生从语文教育与社会变迁的关系的角度，对我国20世纪的语文教育概括出了四次大的变革。① 他认为，第一次变革发生在19世纪末20世纪初，表现在1903年《学务纲要》强调“学堂不得废弃中国文辞”，确立了“中国文学”一科；1904年清政府颁布的《奏定学堂章程》使“语文”取得了独立学科地位；废八股、停科举，“中体西用”，深刻改革了语文教育的内容和方法。第二次变革发生在“五四”新文化运动后到20世纪20年代，表现在反对文言文、提倡白话文，反对旧文学、提倡新文学，对国语学科在思想论和方法论上都进行了大的改革。第三次变革发生在20世纪50年代，表现在统一“国文”、“国语”两科为“语文”，确立现代语文课程。第四次变革发生在1978年以后，表现在语文教育走向素质教育。这些变革，不只是社会变迁带来的课程建设本身革命性的突破，在课程观上也是一步步变化的，从这个历史线索看，这些变革，从仅仅体现清政府对现代教育意义的初步认识，关注语文教育对当时社会发展进步的意义，到在世界科学观念影响下使语文学科走向科学主义，再到从知识获得走向能力培养的实用主义，最后到对语文教育之于人的素质影响的关注，这表明，社会变迁下语文教育的每一次变革，其本质上都是一次语文课程观的变革，但这些变革仍然是工具论范畴之内的变革。

饶杰腾先生在其《语文学科教育学》中提出了语文教育三次历史性转变的观点。② 他认为，我国古代的语文教育实际上就是一种“文字型教育”，即文字形式的书面语教育，语文教育完全脱离实际生活和口头语言。在此基础上，经过清末民初的国语运动，特别是“五四”新文化运动，倡导白话文，改国文课为国语课，从而使语文教育从“文字型教育”转变到“文字－语言

① 阎立钦．我国语文教育与近代以来社会变迁的关系及启示．教育研究，1998（3）：29－34．
② 饶杰腾．语文学科教育学．北京：首都师范大学出版社，2000：236－239．

型”教育；到20世纪70年代末80年代初，智力竞争的世界态势，促进了学科教育的转型，语文教育从“文字－语言型”转到了“语言－思维型”教育；随着后现代潮流的涌入，教育逐步走向深切地关注人的发展本身，认识到语言不只是人赖以使用的一种工具，而且是人发展的本身，语文教育从“语言－思维型”又转到“语言－人的发展型”教育。① 显然，第三次转变的意义是重大的，但这仍是一种“期待”，一种未然。这一认识，比较准确、客观地描述了语文发展的历史轨迹包括其应然方向，反映出了人们对语文学科认识的不断深入与进步。但是，这一认识，也只是从语文的工具性质角度出发来进行描述的，基本上是一种语言层面的描述，只看到了语文教育的一个方面，还不是对语文教育的整体认识，在语文观念上还处于在工具观上的不断自我更进，没有注意到语文学科中的人文意义，更没有树立语文学科的人文观。事实上，作为“语文”学科，从一开始就非常注意思想、伦理、道德教化，即使在古代启蒙教育的识字教学中，也饱含了深刻的德性内涵。并且这种德性教化，与语言教学从来就是形影相随，不曾分割也分割不了。显然，这一点是被忽略了的。语文教育面向“人的发展”的转变话题的提出是有意义的，事实上，语文作工具式的语言发展也是人的发展之一，那么我们的转变是转向哪一个视角呢?

于源溟博士在其博士学位论文《预成性语文课程基点批判》中，对语文课程观概括出了四种范式，即古代的“工具－综合范式”、现代的“工具－实用范式”、当代的“工具－思想范式”、新时期的“工具－人文范式”。② 这一认识是对语文教育发展的一种整体认识，比较客观地描述了语文教育中整体观念的变化。也就是说，语文教育实际上一直有着两条不可割裂的发展线索，一条是作为工具意义的语言教学，一条是作为人文意义的德性教学，两条线索的紧密并合，构成了完整的语文教育。

周庆元教授对语文教育观念有着高瞻远瞩的品质。他在20世纪末展望21世纪中国语文教育发展时，就预知了中国语文教育即将在教育观念、教材建设、教学手段、教育方式上出现一次新的全方位的突破。他认为，观念的突

---

① 这里所概括的语文教育三次历史性转变的思想，源自卫灿金先生《中国语文教育的两次重大转变》（《语文教学通讯》1995年第1期）和陈钟梁先生《期待：语文教育的第三次转变》（《语文学习》1996年第9期）。

② 于源溟．预成性语文课程基点批判（博士学位论文）．湖南师范大学图书馆，湖南师范大学研究生处，2005.

破是首要的突破。未来的中国语文教育，在观念上必然出现这样一些明显进步：一是明确语文自身内涵的丰富性，二是把握语文学科性质的多元性，三是确立语文教育目标的全面性，四是认识汉语使用价值的国际性。① 这一理论，在21世纪初即为我国颁布的新语文课程标准所实证，新的语文课程标准体现了对语文自身内涵的丰富性、学科性质的多元性、教育目标的全面性和汉语使用价值的国际性的充分解读。内涵的丰富性和性质的多元性，决定了语文价值的多重性，语文价值的多重性又决定了我们语文教育目标的全面性。本书讨论语文的德性价值，主张在语文教学中充分挖掘课程内涵，充分发挥课程价值，全面实现课程目标，正是基于对这一理论的深思。

其实，从德性观看，语文教育中的德性教化也存在几次大的转型，表现在封建时期的德性教化以封建伦理道德为内容，民主主义革命时期以自由和民主为内容，改革开放以前的社会主义建设时期以社会主义政治思想为内容，新时期以人的政治思想和人的生命精神的初步关注为内容，到新世纪着眼于人的内在精神和生命本质——一种普适的德性为内容。当然，在语文教育整个历史过程中，道德教化总体上来说都没有脱离中国传统的儒学和道学统领的德性内涵框架，除了在“文化大革命”的旗帜下，把中国传统文化，尤其是儒家伦理，当成“封建思想”加以拒斥，把德性文化之“命”进行了严厉“革”除外。我国当前社会意识形态中的德性张扬，在弘扬新时代社会主义道德价值的同时，也是与历史文化紧密相承的，在较大程度上存在儒家德性伦理的回归意义，正如西方当代精神伦理向亚里士多德时代的回归。

由此可以看到，语文课程观，总体上是呈层递发展的，其中不同历史时期有不同侧重，形成波折。语文教育实践上总存在两条线索的齐头并进，然而在课程观理论上，语文的德性教化意义始终没能让其充分显露出来，在宏观上总被单一的工具观所覆盖。尤其在现当代的语文教育实践和理论上，都把语文教育的德性价值作为语文的一个附件，以“德育渗透”的理念待之，而没能把语文的德性价值当成语文的固有价值，没有认识到语文德性价值也正是语文本身固有的主体价值，而不是一种附加值。

9.2 德性观：一种语文课程的新理念

“理念”这一概念，通过广泛运用，形成了一种约定俗成。对其内涵的理

① 周庆元. 21世纪中国语文教育的全方位突破. 湖南师范大学社会科学学报，1996（3）.

解也由抽象空泛渐渐地具体明晰了。韩延明教授认为理念就是“人们长期的理性思考及实践所形成的思想观念、精神向往、理想追求和哲学信仰的抽象概括”。[①] 眭依凡先生认为理念“是一个具有能反映一类事物每个个体或一类现象每种个别现象共性之能力的普遍概念”，“具体说是诸理性认识及其成果的集大成。它既包含了认识、思想、价值观、信念、意识、理论、理性、理智，又涵盖了上述思维产品的表现物，如目的、目标、宗旨、原则、规范、追求等，后者使理念这一抽象的概念更具有直观的形象。”[②] 台湾中原大学校长张光正先生认为理念“乃是共同分享的价值观”、“乃愿景及方向之指引原则”、“乃组织之最高原则”，他还描述说：“有理念即有方向感，即有目标性；有理念方有准绳、方有标杆。”[③] 这些论说对理念概念的把握都是准确的，尽管他们的表述不一，但从这些表述中，我们可以得到如下一些基本理解：一是理念具有对象性，理念抽象于事物（现象或活动）范畴；二是理念具有观念性，在内涵上既有理论意义的理性认识、理想追求、思想观念、哲学观点，又有实践意义上的目的、目标、宗旨、原则；三是具有现实性，存在着现实指导意义，具有当下的实践要求特点，为现实存在。但是，对理念的理解还应纠正一些误解：一是“理念”充满着理性认识，但不是“理论”，它具有实践过程的个体思想性，即理论武装下的实践主体具有的观念；二是“理念”充满着信念色彩，但不是“理想”，它具有现实的实践意义，即它不只存在于理想之中，而是存在于实践之中；三是“理念”充满着价值意味，但不是“价值”，它具有对现象或活动本体的理解，即对现象或活动的精神观照。综而观之，理念就是作为实践主体的人对现象或活动所持有的，融合了本体认识、价值理想和实践要求的一种指导思想及其根本方法。理念是认识论统领下的认识论和方法论的统一，理念主导现象或活动的整体系统。

这里值得作些辨析的是，理念是一个中性概念，而不是一个褒性概念。任何一种理念都只部分人认为具有“应然”意义，也就是说，理念具有正误意义，一种理念可能是正确的、科学的，可能是不完全正确、不完全科学的，也可能是错误的。因为理念的基本核心是对现象或活动的理性认识、价值取向和实践要求，而这三者都受控于主体的认识，理性认识有正有误，价值取

---

① 眭依凡．简论教育理念．江西教育科研，2000（8）：7.

② 眭依凡．简论教育理念．江西教育科研，2000（8）：7.

③ 眭依凡．简论教育理念．江西教育科研，2000（8）：7.

向有对有错，由此形成的实践要求也有合理与不合理。这就决定着理念也将存在着正确与非正确、完善与不完善之别。比如对人的本质的认识不同，就会导致社会管理理念的完全不同，性善论引导以人为本的理念，进而引导人治、德治理念；性恶论引导社会本位理念，进而引导法治理念。在有的学者认为，理念即是一个正向的、积极的概念，反映在对教育理念的认识上，认为教育理念是关于“教育的应然状态”的判断，是渗透了我们对教育的价值或价值倾向的“好教育”观念。① “应然”就是不应该被替代的、终极正确的、理所当然的。事实上，在整个教育史上，我们不断地看到新理念的产生和替旧，从来也没有哪种理念是终极应然的，只不过是在某一历史阶段在一部分人中认为是“应然”的“好教育”。也有的学者认为“教育理念反映教育的本质特点，从根本上回答为什么要办教育”。② “素质教育”是一种教育理念，而“应试教育”也是一种教育理念，是两种完全不同甚至对立的理念。事实上，“一种”教育理念，只是反映对教育本质特点的“一种”认识，并从这种认识角度回答为什么要办教育或如何去办教育。一种理念的正确与否，首先决定于对现象或活动的理性认识正确与否，同时也深受价值取向的正确与否的影响。在教育实践中，随着人们对教育认识的不断深入，常常会看到新的理念不断取代旧的理念。比如在教学理念上，对教学过程的认识，从“认知论”认为“教学过程是一个认知过程”到“体验论”认为“教学过程是一个体验过程”，这两种教学理念先后占据着世界教学的理论和实践的前台，引导着两种完全不同的教学目标、原则和方法，引导着不同的课程观，引导着不同的课程编制方法和编制结果。如果说理念就是“应然”，就是“好教育”，就是“本质”，就是“根本上”，那么，一种现象或活动（诸如教育、课程、语文课程）会有多少种“应然”、多少种“好”、多少个“本质”、多少个“根本上”？

显然，课程理念就是作为实践主体的人对课程（这样一种现象或活动）所持有的，融合了课程本体认识、课程价值理想和课程实践要求的一种指导思想及根本方法。进而推之，语文课程理念就是作为实践主体的人对语文课程（这样一种现象或活动）所持有的，融合了语文课程本体认识、语文课程价值理想和语文课程实践要求的一种指导思想及根本方法。语文课程理念也

---

① 李萍，钟明华．教育的迷茫在哪里——教育理念的反省．上海高教研究，1998（5）．

② 陈桂生．“教育学视界”辨析．上海：华东师范大学出版社，1997：3－12．

经历着多种变更，前述的阎立钦先生分析的语文教育的四次变革、饶杰腾先生观察的语文教育的三次转型、于源溟博士概括的语文课程的四种范式和周庆元教授瞻望的新世纪语文教育的新突破，实际上谈的就是理念的更替过程，每一次变革与转型又集中表现在语文课程的理念更替。

德性观作为语文课程的一种理念，是对语文课程价值多元观照的结果，它是指从德性生命的高度来认识和理解语文教育的目的、过程、对象、内容、方法等，其内涵大致是：语文学科作为一个复合文化体，具有工具性和人文性等多样的学科特点，言育、智育、德育是语文课程价值的三个维度，三者共同组成语文课程的整体价值；德性是人文的核心，也是语文课程之于人的内在精神建构价值的核心，语文是一个重要的德性宝库，德性价值是语文课程价值的重要组成部分，语文课程必须走向工具价值与德性价值的复合，才能充分发挥其价值功能；语文教育应以学生语言掌握为最低目标，以学生德性生成为最高目标；语文课程在教学目标、教学原则、教学内容、教学方法、教学过程、教学评价及教师素养等整个系统中都应该融入德性要求，深切关注德性价值的发挥，以关注德性来关注人的生命存在，形成人的生命情愫，构筑人的生命精神，从而充分挖掘和发挥语文课程资源的整体价值；语文课程要以培养德性的人生、建构人的德性精神为重要目标，用德性的观念来指导语文课程的理论与实践，实现语文课程固有的内在的意义，促进语文的自身发展。

9.3 走向心灵：树立语文课程德性观

“当培根认为辩证法使人聪慧、历史使人明鉴、计算使人精确……时，我们看到，知识的教育是与人的生命的完美联系在一起的。”① 实然，辩证法不只是逻辑关系的讲述，历史不只是给予事实，计算不只是具体的应用，课程总在给予人们“超知识”的价值——一种直抵生命生长的价值。雅斯贝尔斯也认为，“教育活动关注的，是人的潜力如何最大限度地调动起来并加以实现，以及人的内部灵性与可能性如何充分生成。质言之，教育是人的灵魂的而非理性知识和认识的堆积。”② 教育永远不会在知识的层面停下自己的追求，而是将勇敢地飞向人的生命与精神的远空。“教育的真谛与要义在于它是

① 张楚廷. 高等教育哲学. 长沙：湖南教育出版社，2004：28.

② ［德］雅斯贝尔斯. 什么是教育. 邹进译. 北京：三联书店，1991（4）.

获得属于人的生命。"① 语文课程必须也一定会走向学生生命与精神的领地，展现自身在人的生命与精神领域的无穷魅力。

树立语文课程德性观，正是引领语文课程朝向学生生命与精神飞翔的翅膀。树立语文课程的德性观就必须从传统走向新高（正如前文论述，这种"新高"实际上也是一种久远的传统，只是相对现当代理性主义统领之下的纯粹工具主义而言，是一种新高），就必须从"工具观"走向与"德性观"的复合。这就要求我们真正地继承传统，走出传统，而又高于传统。继承传统，就是要较好地做到对传统"工具观"进行扬弃，就是要充分关注语文课程的工具功能，充分发挥其以语言为基础的形而下意义，做到对语文作为语言知识的基本把握，对语文以语言的身份实现交流工具的意义作出基本的把握。走向新高，就是要使语文课程从"工具观"的单一思维的束缚中解放出来，走出"工具观"制造的封闭胡同，走向"德性观"开拓出来的开阔原野。要在语文课程的理论与实践中，把实现语文课程的德性意义、德性价值作为基本的指向标，把培养生成学生真、善、美的德性情操作为一种最高追求境界，为构建学生高贵的精神世界和铺就美好幸福人生作出应有的服务。要切实尊重语文课程内涵丰富性的客观存在，充分挖掘语文课程资源，发挥其在学校道德教育中应有的作用。要超越语言之于人的外在意义，深入人的生命世界和心灵营地，把语文教育推向对学生的完整的主体性建设层面，推向美好德性、健全人格、高尚精神的生成场，推向形而上的高地。

树立语文课程德性观必须在理性认识上要有新突破。"德性观"作为语文课程的一种理念，其构建的基础就在于对语文课程的理性认识。这种理性认识，包括了两个方面：一方面在于对语文课程的本体认识，另一方面在于对语文课程的价值认识。在本体认识上，其基点就在于从"语文就是语言"的片面理解中脱身出来，要本着语文内涵的丰富性和语文价值的多维性的实际存在，对语文课程有一个客观的、正确的、全面的认识，要深刻认识到"语言"是"人们交际的工具"，而"语文"不只是"人们交际的工具"，要深刻认识到语文"是一门以学生语言掌握和德性生成、精神建构为己任的人文课程"，通过语文课程学习，能够使学生掌握语言，提高语言运用能力，甚至形成语言运用艺术，也就是说是一门能够赖以掌握"工具"的课程，而其本身

① 鲁洁．南京师范大学：一本用生命打开的教育学．南京师范大学学报（社会科学版），2002（2）：10－11.

不是“工具”一职可以概括。要持守“语文就是语文自己”的思想，深刻认识到语文课程除了为人的交际、学习、工作、生活等提供基础工具（语言基础）之外，它不完全是其他学科课程的附庸和服务员，它还有自身的值得深深骄傲的重要功能（不论这种功能能不能为人们所认可与关心，但它已然存在着，客观地、不以人的意志为转移地存在着），可以为学生直接提供百科知识（而不只是语言知识）积累、思维能力（而不只是语言能力）提高、精神世界（而不只是交际世界）催生的厚重土壤。对于当下我们眼中的“语文”，这些更为伟大而有意义的功能是隐性的、被忽视的，然而永远是不可被否定的！“语文”为自己而活，为自己而成为“语文”。因此，从本体论视角出发，深入认识“语文是什么”、“语文有什么”，是树立语文德性观的重要理性准备。在价值论上，重新认识语文教育的意义与价值，对树立语文课程德性观有着重要意义。我们不难体会到，前人对语文作为“学科”的性质之争，实质上往往是陷入一种价值之争，即人们在论争“语文是什么”的时候，往往纠缠于“语文为什么”。由于人们对语文的认识基于“语文就是语言”，那么，对语文价值的认识也就有了偏颇，认为语文之职就是为了掌握工具（交际的工具），就是为了人的外在应用，他们遗弃了语文因为众多的“文”而形成的一个宏大的以“德性”为核心的“人文场”、“精神场”，而这种“人文场”和“精神场”对人的主体性建设和内心化育起到了多么重要的作用！因此，要树立语文课程德性观，必须准确把握其价值维度，真正认识到德性观的价值和意义。

树立语文课程德性观必须在实践活动中具有自觉性。一种理念就是一种在一定理性认识（理论学说、价值理想）之下形成的对具体实践的指导思想、方法准则。树立语文课程德性观，用德性论思想贯穿语文的教育教学，把德性观念落实到具体的语文教育教学目标、语文课程编制和语文教学实践中去，这就是树立德性观的一些具体要求。具体说来，就是要在语文教材内容上，坚持以人为本，从人的生存、生活和生命意义出发，在课程编制中，淡化“社会范式”，突出“心灵范式”，使我们的语文教材更利于学生生成德性心灵，蕴藉精神世界；要在语文教师上，努力建设具有较高德性素质的教师队伍，使语文教师不仅具有较高的科学文化知识，而且要注重教师的主体性建设，使之具有较高的德性修养、美好情操、高贵心灵和健康人格，从过去的“知识型”转向“德性型”；在语文教学上，要既依托文本，又走出文本，超越文本，注意倚重学生个体体验，深入学生生命世界和生活世界，实现教学过程的宏大对话，将过去“文本式”教学转向“图景式”教学，使学生在具体生动的生活图景之中体验德性、生成德性、发展德性；在教学评价上，要在评价内容上既有知识性评价，又有精神性评价，要在评价方式上既有终结式评价，又有发展性评价，使语文的德性意义通过评价的权重分配得到有效落实。当然，除了这些具体教学环节外，树立语文课程德性观，把德性意义真正落实到语文教育的整体之中，是非常重要和必要的。这就要在提出教育方针、编制课程计划、确立课程目标、制定课程标准等上位活动中，充分显示德性话语，注意营造语文德性观的上位背景，站在高处对语文课程的德性价值加以充分的把握。这一点，新的语文课程标准是做出了卓有成效的努力的，是非常值得语文工作者认真把握的。总之，树立语文课程德性观，就是要让所有语文工作者在一切语文活动中，将德性作为一个统领性概念，使语文教育教学成为一个面向德性的活动，活动在德性的意识之中，利用语文的德性内涵，催生学生德性品质，以此提升语文课程的境界。

第10章 品质卓越的德性教师
——从“知识型”到“德性型”

显然，这里要讨论语文教师的一个重要素养——道德素养，它不止于教师作为教师的职业道德，在此我们更为瞩目的是作为人的最朴素的德知、德行、德性，尤其是作为教师内在品质的德性修养。我们说“学高为师，身正为范”，“身正”的内在基础就是“心正”，就是具有着一颗德性之心。我们把孔子尊称为教育家，他实际上就是一名教师，他不仅是以自己的教育理论和方法著称于世，还更因其高格之德性令人尊崇，他的德知、德行、德性为教师树立了一个真正的典范。“温故而知新”、“学而不厌，诲人不倦”、“有教无类”、“教学相长”等光辉思想与其说是教育方法的体现，不如说更是他崇高师德的体现，他被尊为“万世师表”正是由他在教育教学中展示出来的为师的高尚品格所确立。近代的陶行知也师德彰著，对教育事业“捧着一颗心来，不带半根草去”，对学生主张“爱满天下”、“爱生如爱弟子”，也被宋庆龄称誉为“万世师表”。唐代韩愈曾在其《师说》中慨叹“师道之不传也久矣”。就现当代而言，尽管我们教师主体上仍然秉承了优良的传统精神，能恪守为师之道，但是，一方面由于现代科学主义、知识至上思潮的深刻影响，在教育理论层面造成的偏见，教师在教育过程中对学生精神引领和道德追求方面有着明显的萎靡；另一方面，教育功利主义也浓厚地遮蔽着教师们的眼睛，“师道”之失不可谓不沉重。前面我们说语文是对人生影响最深广的一门课程，在这里，在普遍意义上，我们也同样可以说，语文教师是对学生各方面成长影响最大的教师群体，这种“最大影响”与其说是他们教给了学生关于语言的知识技能，还不如说他们自身的人格精神对学生的深刻影响，以及他们通过语文课程这个德性载体所转达给学生的凝重的德性心理文化的影响，是对学生作为“人”的影响——语文教师完全可以说是学生人生精神的“无冕之王”，是学生文化与精神的带路人！在德性论视野下讨论语文，当然就要为语文呼唤德性的教师。这种德性，不只是指教师的作为职业道德的师德，而是作为“人”的基本德性，是人的朴素的内在的真、善、美的品质，是引领学生生命发展的德性品质。

这里应该有个对教师的“型”的简单讨论。对教师之“型”，人们有“知识型”、“道德型”和“智慧型”之说，并且在当前的教育理论中，似乎存在一个对“知识型”教师的贬抑和对“道德型”、“智慧型”教师的崇尚的倾向。当然也还有“学者型”、“研究型”、“专家型”等说法，并成为不少教师的一种价值取向。实际上，任何成了“型”的教师都不见得是一个完美甚至完整的教师。“一个人可以是一名杰出的学者，同时却是个糟糕透顶的老师。”杰出的科学家赫尔姆霍兹、著名历史学家兰克便是这样的先例。① 知识永远是教育的本体性内涵，脱离知识不成其为教育，没有知识的人不成其为教师；道德是人之为人的精神内涵，没有精神培育的教育是不完整的好的教育，没有高尚道德情操的教师不是好教师；智慧是有效教育实践的重要倚赖，是实现知识和道德向学生有效迁移与内化的理论与方法的机制，没有智慧不可能做一个称职的教师。在古代，由于教育主要以宗教的或世俗的价值文化为教学内容，教师特征更体现为“道德型”；在近现代，由于实证－实验科学的形成，教育主要注重于具体知识的传授，教师更体现为“知识型”；“智慧型”教师仅是当前教育理论的一种呼唤。实际上，一个优秀甚至就是合格的教师，都应当具备知识、道德和智慧。这里强调语文教师从“知识型”走向“德性型”，只是在对高度重视知识、极端忽略人文精神的现代教育进行纠偏，这个“走向”也是一种融合式走向，而不是从一个极端走向另一个极端。倡导建设德性型教师是实现语文德性观，使语文教育从“工具论”走向“复合文化性”、促进学生精神构建的关键所在。

10.1 德性语文教师的期许

对德性语文教师的呼唤，来自学生内在发展的需要和语文内在价值的需要，是语文教育教学自在的固有的需要，并不只是为了我主张的德性观的实现。什么是德性教师？简言之，一方面是具有深厚德性修养的教师，一方面是善于用德性论的观点、方法去参与教学活动的教师。德性的语文教师坚持

---

① ［德］马克斯·韦伯. 学术与政治. 冯克利译. 上海：三联书店，1998：21.

把人的德性发展作为最根本发展，尊重和发挥语文的德性价值，主张语文教育的根本目的就是在掌握语言的基础上促进学生德性生命和谐、自主、可持续性地发展，以实现德性生命的自主建构和创生，在语文教学实践活动中坚持以德养德、以德育德。在这个意义下的语文教师即是一个“德性型”语文教师。德性的语文教师有其新的时代性的价值取向：一是他们以对学生德性生命的成长与发展的关怀为语文教育教学的价值追求和终极意义，关心所有学生的全部精神生活，在对学生进行认知、理智、精神能力的关怀的同时，更加关注学生的情感、道德、精神等的发展，把语文课程看作学生德性体验、德性生成的重要场地，一个心灵成长的绿色基地；二是不仅关心学生的现实人生的幸福，而且关心学生的未来人生的幸福，关怀学生教育的、当下的发展的同时，更关怀学生自主的、终身的发展；三是在教学过程中既把学生当作教育发展的主体，当作学生实现学习价值的活动过程，又把具体教学活动当作自身不断完善、超越、自由创造的主体，作为自身不断追求生活的意义和价值的精神活动过程。德性的语文教师相对于过去工具主义统领下的语文教师，其观念的转变在于，在具体教学实践中，以德性论为指导，实现从对学生的知性教育转向对学生德性精神生命的创生，从语文知识的教授转向德性智慧的生成，从占有式的师生关系转向交融式的师生关系，从物性化的教学方式转向人性化的教学方式，总之，就是从“知识型”转向“德性型”。

对教师的研究是我们对教育的研究中不可不看重的一个方面。尽管在当前教育理论方面，由于受后现代理论的影响，都将学生视作教育主体，强调教育的“生本”，把学生当作教学三大硬要素的最重，然而教师的重要依然不能也不会被任何人所否定。“生本”观念并不是要消解教师在教学活动中的作用，也不是消解教师的主体性，这并不是意味着教师在教学活动中的无为，而是强调教师“眼中有学生”，强调学生是“学习的主人”，对知识和经验的接收有一个“自组织”。在人们的教育理论中，对教师本身的研究可能也是最少的一个对象，长期以来，可能被“师者，所以传道授业解惑也”这么一个共识规定着教师的本质、作用、地位、形象等方方面面。现在有的教育哲学学者已经对此有了密切的关注，他们在着手于对教师本质的认识与探讨。甚至有人提出教育哲学的核心问题是研究教师是谁，也就是研究人之所以为人师表的本质问题，并从哲学、伦理学、社会学和法学的视角进行综合研究，可以肯定地说，这是一件极有意义的事。我国的教师深受“知识论”哲学思想的影响，长期以来，在教师中盛行着一种对学生进行知识、技能的教育，主张发展学生的认知能力，这一思想深刻地影响了教师的教育教学行为，尽管这一思想在促进学生对知识技能的掌握和认知性素质发展上起了积极作用，然而，这一思想，使得我们的教育教学在忽视了学生作为生命价值意义的德性发展的同时，也使教师形成“知识型”的思维和行为定势，成为“知识”加“技能”型的教书匠和训练者，并深受其桎梏，难以解脱，在教育观念和教学方法上难以超越。更重要的是，当教师极力去追求教育的知识价值目标时，教师工作的生命意义和伦理价值就被遮蔽、丢失了，教育的永恒功利被当下功利所取代，教育的本真意义离我们越来越远。这正是我们呼唤德性教师的现实意义。教师是学生知识的导师，更应该是学生德性的导师。从前面章节的论述看，语文教师更是如此，语文教师在担负引导学生德性生成方面所具有的功能和责任更是显著而重要。这并不是一个新的观点，这是我国语文教育教学历史的实然性情形。我们平常说“教书育人”就是这一原则的最朴素的表达。

倡导德性语文教师理想，并不是说主张将语文教师建设要从工具主义走向德性主义，而是要像关注语文课程本身价值双重性、在工具基础上追求德性，实现语文的整体价值一样，关注语文教师的整体价值，实现语文的整体性教育，即语文的“逻辑理智与道德情感的和谐统一的教育”①，既在语文知识层面上关注学生的听说读写、字词句篇、语修逻文的学习和运用，又高度重视学生道德情操、德性修养、精神品质的建构，摆脱过去为“语言”而“语文”的束缚。德性教师并不是一种全新的理想，事实上，追求德性是我国古代教育的一个显著特点。在我国从先秦到宋明，教育的目标就是追求塑造圣洁的德性的理想人格，教育的内容主要是道德情感教育的内容。与之相应，古代教师（当然基本上都可以视为“语文”教师）既有着高深的德行，又非常关注学生的道德养成，在深厚的儒学和道学文化背景下，具有很强的道德创生意义和能力，在教育教学中非常关注人的德性生命，重视发展人的道德情感。到了宋明时期以后，教育的根本目的变成了教人“存天理，灭人欲”，到近代“西学东渐”，教师被追求知识传授和逻辑理智的理性主义思想所左右，夺去了他们工作的德性价值和生命意义。到后现代社会，“逻辑理智和道

① 吴安春．德性教师论．北京：人民教育出版社，2003：11．

德情感的融合已成为时代发展的客观要求。"① 教师从"知识型"回复到"德性型"，当然，这种"回复"也不是完全的倒退式的"回复"，而是在充分肯定和吸纳理性主义的合理成分基础上朝向德性的转型。这种转型对语文教师提出了新的要求，一是知德并举，树立德性观念，把语文的工具目标和德性目标很好地结合起来，在传授语文知识和技能的同时，加强道德人格的引导和培育，做到既"授业"，又"传道"。二是生命为本。重视教育的生活意义和伦理价值，着眼于学生的整体发展，关注学生精神世界，为学生终身发展提供生成性的发展基础。三是师生偕行。教师以教育爱参与教学活动，在创生学生德性人生的同时提升自身的道德境界，实现生命价值和生存意义。

10.2 德性语文教师的品性

事实上，在我们心灵中，总是假设了这么一个教师形象，这个形象有三个要素：①中老年纪，②戴一副眼镜，③和蔼慈祥。这是教师普遍现实与社会宣传相结合给予的一个形象定格。其实这一形象比较完整科学地概括了教师特征：①描述威望，以年纪表示阅历丰厚；②描述知识，表示学识渊博；③描述品格，表示富于爱心。尽管新的时代，教师状况有了新的变化（比如大量年轻人进入教师队伍），对教师的要求有了新的内涵（比如知识储备与生命关怀），对教师角色地位有了新的认识（比如师生间的平等关系），然而知识与德性总将是教师特征中不变的因素。郭声健教授在《艺术教育》一书中，对艺术教师进行"四维定位"：第一，不是专业工作者，而是教育工作者；第二，不是冷面裁判员，而是热情欣赏者；第三，不是单项专攻型，而是全能博学者；第四，不是低俗轻浮型，而是高雅庄重型。这个"定位"具有艺术教师特征，然而也是其他学科教师的应有品质。② 教师要力求做"美丽天使的塑造者"③，诚然，所有的教师都应当是德性的教师，亦即语文教师所应具的德性要求也全部是其他学科教师的应有之义，然而，由于语文特有的德性

① 吴安春．德性教师论．北京：人民教育出版社，2003：9．朱小蔓教授在其《情感教育论纲》中认为，逻辑理智教育是指以传授知识、发展认知能力为目的的，借助具有固定意义的语言、概念、逻辑、科学等理性化的手段和工具来实现的教育。其特点是重视知识的传授，轻情感体验；重语言、概念、逻辑、推理能力的训练和提高，轻情绪感受能力、情绪表达、表现能力的培养和发展。道德情感教育是指关注人的道德情感层面在教育的影响下不断产生新质、走向新的高度。

② 郭声健．艺术教育．北京：教育科学出版社，2001：109－120．

③ 郭声健．艺术教育的审美品格．长沙：湖南师范大学出版社，2005：120．

培育价值，它之于学生人生的独特而重大的意义，我们对语文教师之德性就有了特别的关注和要求，有了特别的期许和向往。饶杰腾先生把语文教师的德育素养有别于其他学科教师的特殊内涵表达为“对祖国语言文字的挚爱，对崇高思想境界追求的激情，以及对教学内容中人生真谛的切身体验”①，德性语文教师或许也可以说，对人的精神引领的“无冕之王”的语文教师之德性要求可能比其他学科的来得更高更深刻。德性教师的本质精神就是新时代的教育人文精神，它不仅体现在教师在教育过程中所秉持的德性理念，注重以鼓励人的自主发展为旨趣，以生命观正确地去认识人、理解人、尊重人和信任人，以提升人的德性人格为价值追求，而且自身拥有着崇高的道德价值追求和深厚的德性内养。从德性教师自身德性内涵要求即教师本体意义出发，这种德性内养“以教育爱为核心或基石”②，这个“教育爱”可以分解为四个内涵相近的德性要素。

——人格善。“德性是以人格为寓所的，人格的善是人的心灵之善，是人的整体善。”③ 这种人格的善是“从内心深处出现，逐渐包含整个心灵的一种内在要求的声音”。④ 由于教师的特殊角色要求，教师的人格要具有两个层次，其一是普通人格，即教师内在的本质的身份首先是作为一个普通的“人”，德性教师首先应当具有普通“人”的朴素德性；其二是高尚人格，就是要超越普通人的人格，形成比较高品位的美好德性。用这种朴素德性和高尚德性去面对学生，去走向自己的教育期待，这个德性的核心就是人性的“善”。道德教育“要透析人性本身”，其核心主题就是“讨论人性向善，是引导社会向善，引导个体人凝聚成一个有秩序、有效率、有整体精神风貌的社会群体”。⑤ 那么教育者必须在教育实践中心怀人性善，并把生成学生人性善作为德性培育的基本目标。荀子说：“以善先人者谓之教。”⑥ 德性教师首先要有自身善的修养。要做到“与人为善，善以与人”，这个“人”即是学

---

① 饶杰腾．语文学科教育学．北京：首都师范大学出版社，2000：206.

② 吴安春．德性教师论．北京：人民教育出版社，2003：8.

③ 陈根法．德性论．上海：上海人民出版社，2004：17.

④ ［日］西田几多郎．善的研究．何倩译．北京：商务印书馆，1965：115.

⑤ 朱小蔓．当代德育新理论丛书总序//转引自吴安春．德性教师论．北京：人民教育出版社，2003：1.

⑥ 荀子·修身.

生，要对学生处以善心善意，表现出崇高的师德。① 德性教师也要有发现学生善的眼光，并要具有引导学生善的责任意识，要善于发现学生生命内在的德性潜质。学生愈是在年龄小的时候，其心灵愈处于一种本真状态，其纯朴之心愈是体现出一些高贵的善的品质的萌芽，也是愈容易引导其向善的心性方向。德性教师要以人性善的内在品格，以一种崇高的人类情怀去注意、发现学生善的心性，在教育教学中随时发现学生生命中的德性"生长点"，呵护、引导、培育其德性之芽，促其成长为德性之树。

——人类爱。昆体良对做一个高明的教师提出的基本要求是："最要紧的是，教师要以慈父的态度对待学生，他应当想到，父亲把孩子托付给他，他就是处于代行父亲职责的地位。"② 香港的生命教育主要就体现在坚持以生命为主线，以爱为核心。③ "爱是一种共鸣的喜悦，是一种幸福的人生体验。"④ "爱"是语文教师也是一切教师德性的集中体现。"爱"既是德性的内容，同时也是德性的表现。教师具有了德性，才能有爱的表现。教师有了爱，也就有了德性的基础。"全面的和谐发展"作为苏霍姆林斯基教育思想的精髓，其核心要素也就是"爱"。爱是责任，爱是信念，爱是尊重，爱体现了人文平等，爱表现为热情，爱是提高自身德性水平并在具体教学实践中发挥德性作用的基础。这个"爱"，是人类学意义上的"爱"，而不只是教育学意义上的"爱"，要求教师既热爱学生，同时热爱自己，热爱整个的生活。像某些教师的口头禅，比如"你给我……"、"你总是……"、"你反正……"、"你怎么搞的"、"你父母送你来是干什么的"、"我搞不懂……"、"算了吧"，等等⑤，所表现出来的就不只是教育中的耐心缺乏、方法缺乏，也不只是一种情绪的流露，而是一种根植于教师内在人格中的爱的缺失。这些"口头禅"久而久之对学生形成一种"隐性负课程"，对学生德性生成及学习效率产生极大的伤害。语文教师在学校生活中，是与学生接触最多、交往最多的教师群体，他们之于学生的心灵价值和精神意义比其他各学科的教师都显得突出，对语文教师强调教育中的人类爱的德性，意义尤显。说到底，德性教师就要怀着教

---

① 张楚廷．课程与教学哲学．北京：人民教育出版社，2003：145.

② ［古罗马］昆体良．雄辩术原理//参见单中惠，朱镜人．外国教育经典解读．上海：上海教育出版社，2004：36.

③ 燕良轼．教学的生命视野研究［博士学位论文］．湖南师范大学图书馆，2005：35.

④ 郭声健．艺术教育的审美品格．长沙：湖南师范大学出版社，2005：133.

⑤ 陶波．剖析教师的"口头禅"．http：//www. njxljy. com.

育爱去进行爱的教育。

——**教育智**。洛克在谈及智慧时说，“这是一种善良的天性、心灵的努力和经验结合的产物。”① 这让我们理解到，智慧的要义，不只是“正当地处理事务”② 中体现的精明，它还一直被人们看成一种美德，“‘智慧’作为一个规范词，又是在正当地处理事务中所显示的善意。”③ 这正是我们把“教育智”视为“教育爱”中一个内在方面的依据。教育本身是一种“正当”的事务，本着“善良的天性”和“心灵的努力”的“智慧”显然具有德性本质意义。没有教育中的“爱”与“善”，就不可能产生“教育智”，“教育智”体现“教育爱”，“教育爱”孕育“教育智”。这里的“教育智”要从“教育智慧”和“教学机智”两个不同层面来理解其内涵。“教育智慧”更多地倾向于理论、理念和观念引领，是对“教学机智”的一种抽象，是“教学机智”的高格。马克斯·范梅南就把教学机智看成是“教育智慧的意蕴”，他努力地在“教学机智”上下工夫，以便更近地走向“智慧教育学”。④ 教育智慧它首先来源于对教育的深刻理解和体悟、对一些教育观念的认同和内化，并用理性的眼光去观照教育实践和教育现象，由此得到教师所需要的教育智慧，这种智慧具有宏观指导性和持久性特征。“教学机智”是经验和灵感的产物，是教学实践中技术层面的因素，具有操作性和瞬间性特征。燕良轼教授的说法可以让我们更直接地认识教学机智的实践状态：

> 教师的创造才能、主导作用，正是在处理这些活的情境中得到发挥。这些求知的情境向教师的智慧与能力提出了一系列的挑战：当学生精神不振时，教师是否有能力使他们振作；当学生过度兴奋时，教师是否有能力使他们归于平静；当学生缺乏信心时，教师是否有能力唤起他们的力量。教师要能够从学生的眼中读出愿望；要能够在学生的问题回答中聆听出创造，要能够从细枝末节中觉察出学生的变化，要有能力使学生自己明白错误，要善于用不同的语言方式让学生感受到和谐的欢愉、发现的惊喜。⑤

---

① ［英］约翰·洛克．教育漫话．傅任敏译．北京：教育科学出版社，1999：117.

② ［英］约翰·洛克．教育漫话．傅任敏译．北京：教育科学出版社，1999：117.

③ 陈桂生．师道实话．上海：华东师范大学出版社，2004：22.

④ 张楚廷．课程与教学哲学．北京：人民教育出版社，2003：142.

⑤ 燕良轼．教学的生命视野研究［博士学位论文］．湖南师范大学图书馆，2005：35.

——职业情。职业情是一种教育爱的外现。德性教师不仅爱人、爱己，他还爱事业。德国著名教育家第斯多惠曾说过，真理向那些心灵纯洁、高尚的人表明，只有他们才会热衷于教育事业。这么一些对教师职业情感体验的描述正是这里所要倡导的德性教师的价值取向，它们比任何理论阐述都来得生动和深刻。苏霍姆林斯基在总结自己与一个班级 31 个学生朝夕相处的 5 年生活的《把整个心灵献给孩子》一书的末尾深情地写道："5 年来，我拉着你们的手一步一步向前走，我把整个心都给了你们。"① 美国著名教育家帕克·帕尔默在《教学勇气——漫步教师心灵》中一开篇就热情地写道："我是用心的教师。有时在教室里我忍不住欢喜。真的，当我和我的学生发现可探索的未知领域，当我们面前展现曲径通幽、柳暗花明的一幕，当我们的体验被源自心灵的生命启迪所照亮，那时，教学真是我所知的天下最美好的工作。"② 孔子曾经也对自己从事的教育不无自豪地说："得天下英才而教之，不亦乐乎?"③《感性教学论》的作者林有祥在讲到"爱课堂"时写道："走进课堂有一种兴奋。教室窗明几净，悠蓝的云在偷窥我的心情，生活很美好，课堂很美好，讲台很高大，黑板很深邃幽长，像等待光明和知识的路。"④ 正是他们所感到的"心灵"、"欢喜"、"乐"与"美好"，正是他们对教育深沉的爱铸就了他们作为一名教师的成功。

人格善、人类爱、教育智和职业情是德性教师的重要品性，也是德性教师的基本要素。语文课程作为学校道德教育的重要课程资源，作为德性培育的主阵地，必然对语文教师德性品质有着超乎其他学科的德性吁求。品质卓越的德性的语文教师是德性观下语文教育的关键所在。德性的语文教师应当努力回应这一吁求，加强自身德性修养，使语文德性品质在德性教师的组织、推动和实践下，在学生的精神之中获得充分的张扬，为形成有德性的人，促进学生德性人生的开启导航。

10.3 德性语文教师的生成

一个教师在网上深有感触地总结自己的教育经历说，"教师首先是一个教

---

① 单中惠，朱镜人. 外国教育经典解读. 上海：上海教育出版社，2004：322.

② ［美］帕克·帕尔默. 教学勇气——漫步教师心灵. 吴国珍，余巍译. 上海：华东师范大学出版社，2005：1－2.

③ 孔子·论语.

④ 林有祥. 感性教学论. 兰州：甘肃文化出版社，2004（2）.

育者，其次才是一个学科教师。”① 教师专业化并非教师知识化，还包含教育德性（包括职业道德）的培养、教学组织能力和人际沟通能力的培养等，德性观下的语文教育教学，必须加强德性语文教师建设。这显然是国家教师教育应当重视的一个重要课题，也就是说在国家的教师教育中，应当对教师德性提出更新更高的要求。这一点在许多国家都得到了高度的重视。在现代化催生下的发达的日本、韩国、新加坡及中国台湾等国家和地区，尽管其物质发展高度先进，但难能可贵的是在这些地方，德性得到了一贯的坚持与弘扬，传统的精神文化生生不息，永放异彩，比如，东方之孝、尊老爱幼之德、谦逊有礼之行、勤奋敬业精神等等，体现着一种精神的和谐。他们在教育上长期不懈的用功，是构建走向和谐的社会的基石。他们在教师教育中，对教师的德性要求是高尚而明确的。如在日本，关于教师教育目标，1988 年提出了如下要求：“具有教育者的使命感，对人的成长及发展的深刻理解，对幼儿、儿童、学生的教育之爱，有关教学科目的专业知识，广泛、丰富的教养，以及以这些素质为基础的实践指导能力。”② 1997 年日本教师培养审议会提交了题为《新时期教师培养的改善方案》的答询报告，其中提出了这么一些德性方面的素质要求：“生活在 21 世纪的孩子们既是日本国民，也是‘地球市民’，教师应具备在这方面进行指导的能力”，“教师要对尊重人权等人类共同面临的课题以及人口出生率降低、老龄化及福利等等社会问题有所理解，并能将这些概念或理念传授给学生”，“教师应具备同情心和志愿服务的精神，培养教师的大学应为学生提供这方面的课程及进行各种体验活动的机会”，等等。这说明在日本非常重视教师的精神建设。如何从自身出发建设德性的语文教师？

10.3.1　构建教师主体性观念

教育充分关注学生主体，是一种有益的进步。然而，在“学习者中心”观念下，我们仍然不能忽视教师的主体性。雅斯贝尔斯说：“所谓教育，就是人与人的主体间灵肉交流活动。”③ 从相对视野看，德性观下的语文教学存在三个主体，即教材以生活的形态作为展现德性的主体，教师作为叙述德性的主体，学生作为感受和生成德性的主体。作为叙述德性的主体，教师首先要

---

① 王晓春. 今天怎样做教师——点评 100 个教育案例（中学）. 上海：华东师范大学出版社，2005：14.

② 李协东. 关于日本的教师教育及评价. 教育情报参考，2004：1.

③ ［德］卡尔·雅斯贝尔斯. 什么是教育. 邹进译. 北京：三联书店，1991：32.

有自我主体意识，“认识自我与认识学生和学科同等重要”。① 帕克·帕尔默讨论教师的心灵意义基于一个这样简单的逻辑前提：“真正好的教学不能降低到技术层面，真正好的教学来自于教师的自身认同与自身完整。”② 第斯多惠也说：“教师只有诚心诚意地自我教育，才能诚心诚意地去教育学生。”③ 教师主体性观念也是一种教师“人格本位”意识，一方面，正如中国古代“教学相长”理念一样，在发展学生的同时发展自己，在教学的过程中生长自己，与学生共历生命的成长；另一方面，通过发展自己来发展学生。库姆斯（Coombs）认为，一个教师要善于利用自我、发展自我，教师本人的心智与人格成为教学的内容和手段。④ 德性教师不只是语文教育教学的需要，不只是引导学生德性生成的需要，也是教师自我发展的主体性需要。“教师职业具有教人求真、向善、臻美的属性，这是人类赋予教师职业的神圣职责，也是教师职业社会存在的依据。”⑤ 给学生以德性培育是语文教师的重要职责，而教师的德性也将在对学生德性化育的过程中新生、巩固、深化和完善。“如果说人的终极关怀是真、善、美的完全体现，那么教师在唤醒学生对真、善、美追求的同时，也在叙事中展示了自我、呈现了自我，满足了自己求真、向善、创美的需要。”⑥ 这也就是说，教育的过程，其实也是一个自我受教育的过程。传统观念下的教师行为是一种客体性行为，它以教师用自己的生命去满足学生、满足教育需要为原则。这样的教师行为的立足点是为学生做点什么，而忽视了对自我本体的发展需要。说到这里，让我联想到，当前我们教育中，存在一个片面认识，过去说教师是中心，把教师看作教育活动的主体，从而忽略学生的主体性。后来，说学生是教学活动的主体，主张教学的一切活动从学生出发又归结到学生，就忽视了教师的主体性因素。或者就说教师是主导，学生是主体。其实，主体与客体是相对的，教学活动中的每一个因素都有其主体性意义。教师、学生、教材分别都是自己本身的主体，从三者关系

---

① ［美］帕克·帕尔默．教学勇气——漫步教师心灵．吴国珍，余巍译．上海：华东师范大学出版社，2005：3.

② ［美］帕克·帕尔默．教学勇气——漫步教师心灵．吴国珍，余巍译．上海：华东师范大学出版社，2005：10.

③ ［德］第斯多惠．德国教师培养指南//转引自单中惠，朱镜人主编．外国教育经典解读．上海：上海教育出版社，2004：173.

④ 吴安春．德性教师论．北京：人民教育出版社，2003：209.

⑤ 王枬，王彦．教师叙事：在实践中体悟生命．教育研究，2005（2）：58.

⑥ 王枬，王彦．教师叙事：在实践中体悟生命．教育研究，2005（2）：58.

看，它们都是构成教学活动的不可缺少的必要因素，缺了谁都形成不了教学关系，教师是信息传导主体，是教育教学实施过程的控制主体，也是在教育教学过程中自我发展的主体；学生是教育教学活动的目标主体，是教育教学信息的体验、感知、接受主体，是学生自我发展的主体；而教材是信息主体，也是教材作为一个本体完善的主体。就德性教化而言，也可以说，语文教学存在三个主体：语文教材是展现德性的主体，语文教师是叙述德性的主体，学生则是感知与生成德性的主体。当然，在具体的教学活动中，教师主体性发展不是我们关注的重点，但它仍将是我们教学活动中不能忽略的重要内容。教师必须不断取得自我发展，才能较好地履行教育教学的职责，教师的具体教育教学实践自然促进教师的自身发展，由实践促进的自我发展，又能更好地为教育教学服务，这就是我们所说的“教学相长”，教师因其“教”而获得自身的发展。德性教师发展的中心，就是教师自身的德性涵养，这是一个既倚赖于教学之外的学习、生活过程，又倚赖于具体教育教学过程，也就是说，一个教师在对学生进行德性指引的同时，也在引导自身的德性发展，教育教学过程是教师德性新生、巩固、深化、完善的过程，而且我们还必须不把这个过程看成是一个被动过程，而是要把它看作当然的教师的一种主体要求。因此，作为德性语文教师，必须充分认识到自身的主体性，增强主体性意识，用积极主动的态度参与教学活动，促进自身德性发展，重构语文教师的自我意识。教师成功的教学，不仅取决于教师的学生观，也还取决于教师的自我意识。过去教师角色意识的自我认识有“作为神启的教师”、“作为官吏的教师”和“作为专业的教师”等三种①，这些意识都把“我”丢弃了，而没有把教师作为“人”的意识置于核心认识。“教育要关注人的存在问题，教师本人必须要撕破‘教师’这个‘面具’，回到他本来的和丰富的人性状态，树立‘作为人类的教师’的新意识。”② 德性的教师要求深刻地认识自己作为人的存在，要在充分认识自身主体性的基础上构建一种存在性关系的师生关系，从那种“为了满足某种外在的个体或社会的功能性目的而建立起来的社会关系”的“功能性关系”③ 中剥离出来。语文教师肩负了学生精神与德性的形成的重任，语文教学中师生间即人与人之间的精神交流与对话的显

① 石中英．教育哲学导论．北京：北京师范大学出版社，2004：92－93．

② 石中英．教育哲学导论．北京：北京师范大学出版社，2004：92－93．

③ 石中英．教育哲学导论．北京：北京师范大学出版社，2004：92－93．

著性，更要求教师富于主体意识和自我意识，把教学过程也看成自己的生命生长过程。

10.3.2　形成教师教育哲学观

德性教师的素养是一种高要求的素养。德性教师必须注重在正确的价值观和人生观基础上构建自己个人的教育哲学，形成自己的教育哲学观。形成教师教育哲学观是教师的一种“解放思想，更新观念”。教师个人教育哲学“是教师个人所信奉的理念，是一种实践哲学，核心因素是教师的目的观、学生观和教学观”。① 要把教师教育哲学观的形成作为教师专业发展的重要内容，通过广泛学习，学习有关的哲学、生命哲学、伦理学、人学和人类学，认识人及其发展，把握人的内在特点，从而把握人生的走向，把握人生之于教育的诉求；学习历史上以及当今一些主要的有影响的教育哲学及其他教育理论，认识教育的规律，把握教育的真谛，构建自己科学正确的目的观、学生观和教学观。教师不去从哲学的角度认识生命，就不会有在具体教学实践中对生命的尊重与服从；不去从哲学的角度认识人生，就不会对学生真正的人生保持责任与感情，不去从哲学的角度了解人，就不会有对学生生命主体的看重与关怀。语文教师应当深入学习当前语文教育理论，通过对理论的学习和掌握，反思当前的教育观和教育实践现状，反思自己的教育教学思想与实践，通过反思形成自己对教育的新的理解，生成自己教育的新的理念。通过学习与反思，深入认识语文学科的性质和价值，充分认识语文学科的德性培育价值和人生精神价值，从而树立德性观，在教育教学实践中发挥语文的宝贵价值。

10.3.3　丰富教师的德性智慧

《学记》说：“善歌者，使人继其声；善教者，使人继其志。”要“善教”，从而使人“继其志”，就必须具有丰富的教育智慧。教师德性智慧实质上就是教育德性智慧，教师德性智慧状态关系着学生德性生成的质量。德性智慧有三个层面的意思，一是知识层面上的德知，即丰富的德性知识。掌握德性知识是生成德性品质的基本前提，教师必须充分掌握德性知识，通过对德性知识的掌握内化为德性品质。二是观念层面上的德观，即生成正确的德性观念，就是要高度重视德性意义，在教育的具体实践中，积极运用德性理

---

① 于伟，胡娇．教育哲学专业委员会第十二届学术年会暨教育哲学国际研讨会综述．教育研究，2005（2）：93.

念，看重人的德性培育。三是行为层面的德能，即有效的德性实践能力。除了自身在生活与教育教学中实践德性的能力外，教师的德能还要体现在对学生德性的引导能力和促进学生德性生成的能力。要成为一名德性的教师，必须在这三个方面得到深刻的涵养和修炼，注重提高自身的德性水平，这样才能丰富和提高自身的德性智慧。《易乾·文言》曰："君子进德修业。""进德"就是涵养德性，是教师素质必备的要素。人类最可贵、最神奇、最具魔力而又不可描述的是其生命智慧。"教育是人类生命生长的摇篮，也是人类智慧孕育的母体。"① "人类的教育史就是智慧发展史。"② 教师是教育的组织者、推动者和实践者，教师智慧决定教育对人类智慧的发展，也深刻地影响着学生的德性生成。"教育是人完整性的工具，能造出超越动物的智慧。"③ 这种"超越动物的智慧"建立在教师智慧基础之上。德性教师一定具有深厚的教育德性智慧，教育德性智慧可以唤醒学生灵魂和生命的觉悟。语文作为一个德性体，作为生成学生灵魂和生命觉悟的平台，更应当受到教育的尊敬。

10.3.4　积累教师的德性经验

积累德性教学经验就是为了提高教师的德性教学水平，增强语文德性培育的效能。教师作为德性教学中的德性叙述主体，要想获得有效的德性教学，就离不开对德性教学经验的积累。首先，要善于对人生德性经验进行内化和凝聚。人生德性经验蕴涵于自己的日常实存生活，也蕴涵于人类生活的经验总结，教师应当通过对自身直接生活经验和人类间接生活经验的感知、分析、体验、审视和判断，生成自身德性经验，为德性教学提供活的资源和素材。其次，要不断挖掘教育生活的德性经验，对自己德性教学经验不断内化和扩张。教育生活经验来源于对自身教育生活的体验和总结，来源于对教材所展现的生活经验的体认。其三，要切实进行德性教学的实践积累和实践反思。要让反思成为教师的一种生活习惯，注重反思自己教学过程中德性把握的得失，努力形成教师的个体德性教学经验，养成教师具有个性特点的德性教学风格。其四，语文教师要成为德性引导的研究者。现象学教育学的学者们从现象学角度出发，强调教师成为研究者。认为教师成为研究者体现着教育自身意义的丰富，教师的使命就是研究教育的意义得以实现的过程以及自身的

---

① 曹明海．语文教育智慧论．青岛：青岛海洋大学出版社，2001：1.

② 曹明海．语文教育智慧论．青岛：青岛海洋大学出版社，2001：1.

③ 冯增俊．教育人类学．南京：江苏教育出版社，1991：14.

生活世界。作为研究者的教师，就是要研究我们如何使教育的意义在学生身上得到实现。德性教学无疑就要研究德性教学的心理、机制和具体方法。德性观下的语文教学，要求语文教师根据语文自身的特点——德性内涵的特点，开展探究，形成语文德性教学的理论和方法。

10.3.5 树立教师的德性形象

随着时代的变迁，世界经济一体化的不断深入，地球村的逐步形成，人类文化的相互激荡与交融，人类价值观念不断走向多元化，同时，随着我国社会主义市场经济体系的建立和完善，市场价值、经济价值的观念不断深入人心，人们原有的整体价值观念也在发生着突变。这种突变对教师的价值观产生强烈的冲击，使教师德性形象的构建受到了严峻挑战。特别是在近二十多年来，由于教育的社会生态不良，一些不是从人的全面、和谐发展出发的教育理论的影响，加之高考至尊的教育实务的引领，基础教育以升学为重的教育价值取向引导着教师价值取向，基础教育教师价值取向从传统的“学高”、“德高”、“身正”转变为一种完全的知识和技能崇拜，勤于编印复习资料、善于猜题应考、赛课获奖、长于科研、强于竞赛培训，甚至严厉苛刻的班级管理，都很能赢得崇高的学校地位和社会尊重。一个语文教师，假使他在高考训练中碰中一段考试文段，他就是最出色的老师了，若能猜中作文，那简直成为师中圣人。这些都是树立德性教师形象之敌，因为这种价值取向必将蒙蔽教师之眼，直到蒙蔽教师德性之心，使教育精神遭致沦落。为此，有学者从道德哲学角度出发，对教师道德形象开展了积极的研究和探讨。教师，不论是作为学校角色，还是作为社会角色，都拥有一个为社会价值所认定的形象，这个形象已然成为一种社会公共形象，学生、学校和整个社会对教师有着一个很高的角色期待。“教师不仅是平凡人，更是公共形象的代表；教师不仅仅是专业化的工作者，更是文化的捍卫者。”①

德性教师形象当然地需要每一位教师的德性基础来支撑，但“教师的成长不是个人的事，而是有赖于教师群体形成的‘教师文化’”②，要通过每一位教师的德性修养，形成德性教师形象，形成一个教师群体的德性生态，一个德性的教师就是这一美好德性生态中的“好大一棵树”。

---

① 于伟，胡娇．教育哲学专业委员会第十二届学术年会暨教育哲学国际研讨会综述．教育研究，2005（2）：93．

② 吴安春．德性教师论．北京：人民教育出版社，2003：212．

第 11 章　以人为本的德性内容

——从“社会范式”到“生命范式”

从语文学科的德性内涵出发，我们领略到了语文学科的德性品质，进而认识到了其对于人的德性生成的高品位价值，这就自然引导着我们语文课程编制中对内容选择所持有的品质观念和价值取向。也就是说，如果我们要面向人的全面发展，真正关注人的生命存在和精神构建，要建立一种德性观的语文课程，我们又必然地要回眸语文课程内容——根本的又是语文教材内容：加强语文课程教材的德性内涵建设，成为构建语文课程德性观的奠基性环节。

11.1　基于德性的语文课程本质的理解

对课程的认识也是一个复杂的认识过程，人们亦有着多样的截然不同的理解。对课程基于“属”的研究中，比较有影响和代表性的观点大致有三种。① 一是“知识论”，这种观点认为课程即知识，课程的主要内容是科学知识，学校开设的每门课程是从相应学科中精选的知识。斯宾塞“什么知识最有价值”的经典问题，表明了其知识论课程观的基本倾向。二是“经验论”，这种观点认为课程即经验，强调人在课程中的主体地位，认为“只有那些真正为学生经历、理解和接受了的东西，才称得上是课程”，“课程就是学习者本身获得的某种性质或形态的经验”。② 杜威正是经验论者。三是“活动论”，这一观点试图以“活动”融合“知识”和“经验”的二元对立，认为课程是“受教育者各种自主性活动的总和”，学生的发展是通过与活动对象的相互作用实现的。皮亚杰是活动的关注者。这三种观点各自的特点可从表 11－1 中得到展示：③

---

①　丛立新．课程论问题．北京：教育科学出版社，2000：76－80.

②　丛立新．课程论问题．北京：教育科学出版社，2000：76－80.

③　丛立新．课程论问题．北京：教育科学出版社，2000：76－80.

表 11－1 “知识论”、“经验论”和“活动论”特点比较

观点	特点
知识	课程体系是以科学逻辑组织的
	课程是社会选择和社会意志的体现
	课程是既定的、先验的、静态的
	课程是外在于学习者的，学习者于课程是接受者角色
经验	课程往往是从学习者角度出发和设计的
	课程是与学习者个人经验相联系、相结合的
	强调学习者作为学习主体的角色
活动	强调学习者是课程的主体，以及作为主体的能动性
	强调以学习者的兴趣、需要、能力、经验为中介实施课程
	强调活动的完整性，突出课程的综合性和整体性
	强调活动的心理基础，重视学习活动水平

由此可以看出，“知识论”正因其“见物不见人”而招致人们的质疑和扬弃。“经验论”在当前人文思潮和生命哲学的引领下，乘着对科学主义和知识理性的批判大潮，受到更多的接纳。“活动论”因其确定性的缺乏而缺乏可把握性，也使人们敬而远之。事实上，在没有对课程概念进行科学界定的时候，讨论课程的本质将是一种不获之劳。这三种课程本质观，都同样站在了对课程所具的内涵和外延并不准确的定位基础上而得来的片面认识。课程实际上至少包括了知识经验、知识经验的组织、被组织好的知识经验迁移的规划、规划的实施等几个呈层进关系的基本要素，这是知识、经验和活动高度融合的一个综合系统，对其“属”的判定十分困难，因为课程已经包含原始知识经验及对其组织、迁移规划、规划实施的一切过程和一切结果。在这四个层进关系的要素中，学生作为学习主体，在第二、三要素中开始纳入视野，但都尚处于被关注和考虑的因素，我不知道课程及其教材的编制过程中对教材内容的选择是否或者怎样去征求孩子们的意见，即算征求了孩子们的意见，也只可能把学生的兴趣在编制教材时考虑进去，也算是孩子们参与了课程，但仍说不上是一种学习主体意义上的参与。课程只有到了最后要素中学生才是一种参与意义上的教育活动主体。本文关注的根本不在课程的定义和本质

认识上，而是对课程内容（这里仅指教材）的讨论。然而仅从上述分析，我们也能够初步把握课程中“人”的意义和“经验”的意义——亦即学生主体性意义了，这于我们德性观引领下的语文课程的编制也有了可资指引的理论基础：不论我们如何去观照课程本质，我们始终要关注学生的体验，学生的生命存在是语文课程教材编制的基本立足点。

决定或制约课程的因素很多①，对课程内容（教材）形成的机理，我们还可以作如下分析，如图所示：

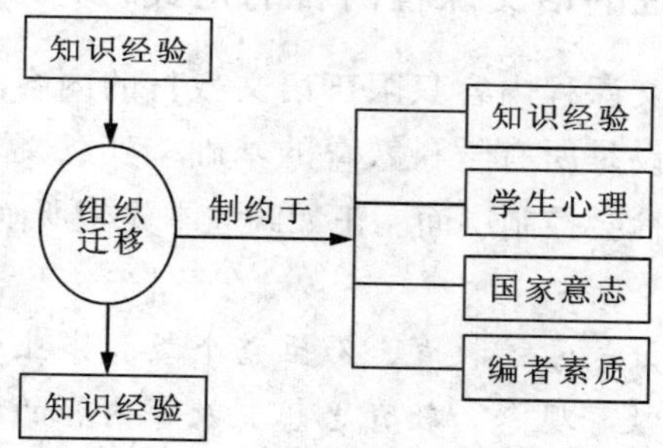

图 11－1　课程内容形式机理

知识经验是我们课程内容（教材）的出发点，学生是课程的目的地，尽管我们大量的工作存在于“组织迁移”之中，但这些工作都必须是基于知识和学生的。教材编制要充分考虑到知识经验及其规律，也要充分考虑到学生心理，同时还不可能摆脱国家意志和编者意志的影响。对于道德精神类知识经验来说，作为主观性影响的后两者还起着非常重要的作用。对课程本质观的理解有助于我们对语文课程本质观的认识。诚然，语文课程本质不等于语文学科本质，正如本文中篇中的论述，语文学科只是语文课程形成的基础，是课程中知识经验的层次，而语文课程是对语文学科的知识经验的组织、迁移的规划、规划的实施等一系列行为及结果。对语文课程的本质，我们不能简单地说它是知识，也不能简单看成经验，更不能只把它看成一种活动。德

① 陈侠《课程论》认为决定课程的有社会生产需要、科学技术的进步、教育宗旨的规定、培养目标的要求、哲学思想的影响、社会文化的传统、儿童身心的发展、学校类型和制度八个方面；台湾学者认为有历史传统、文化背景、政治力量、社会需求、世界潮流、教育制度、有关人员七个方面；美国课程论专家施瓦布认为除内容、学生、教师主体因素外，还有课堂、学校、家庭、社区、阶级、种族和宗教等因素。但从宏观课程看，不外乎四个方面，即知识的因素、学生的因素、社会的因素和编者的因素。参见丛立新. 课程论问题. 北京：教育科学出版社，2000：111.

性观下的语文课程本质理解，尽管它是一个复杂系统，不可能简单地以一种“属”的方式进行界定，但我们还是必须立足于经验的视角，德性本身也更体现为一种经验形态而不是知识形态或活动形态。不论是课程内容的选择还是课程组织实施的过程都把学生的生命存在放在突出重要的位置。在教材内容编制中，就必须以学生为本，以学生生命存在为重，注重学生精神建构，面向学生幸福人生，把学生德性生成作为重要目标取向。

11.2 基于德性的语文课程内容的范式

在这里我们把语文课程内容只限于语文教材的内容。教材是课程的核心和灵魂。课程教材建设是所有学科教育的基础，其意义不只在学科知识选择层面，而且在教育的社会控制层面。正如阎立本先生所阐述的：

> 课程教材建设是学校教育，乃至整个教育事业带有全局性、根本性的问题。它既是教育观念、教育思想、教育内容的集中体现，也是贯彻教育方针，落实培养目标的主要形式和途径，它很大程度上也决定着教育的质量，从而影响国民素质，对一个国家的综合国力产生影响。①

语文德性观的落实，首先要在语文课程教材内容的范式上实现转变，即从“社会范式”转向“生命范式”。范式概念的创立者美国当代著名科学家和科学史家库恩在科学意义上对范式的定义是：“指某一科学家集团围绕某一学科或专业所具有的共同信念。这种信念规定他们有共同的基本理论、观点和方法，为他们提供了共同的发展方向，限制共同的研究范围。”② 语文课程教材内容的范式说到底也是一种共同体“信念”，从阎立本先生对课程教材的认识来看，它是语文教育共同体在语文教材内容编制中所贯彻的教育观念、教育思想、教育内容以及教育方针和培养目标等的综合指向。语文教材内容的社会范式，就是从社会视角出发的教育观念、教育思想、教育内容以及教育方针和培养目标指引下的教材内容选择指向。相反，生命范式即是教材内容选择指向从生命视角出发。社会范式的语文德性体现出统一的社会道德要

---

① 阎立本．“基础教育课程教材改革理论丛书”总序//转引自丛立新．课程论问题．北京：教育科学出版社，2002：1.

② 刘放桐等编．新编现代西方哲学．北京：人民出版社，2000：530.

求，具有抽象、规训特征，而生命范式的语文德性体现出个体的生命德性的要求，具有生动、生成特征。

教学内容的选择深受课程原则观的影响。不同的课程原则观决定着不同的课程内容编制范式，引导着不同的内容选择取向。古代社会课程原则观不论是“目的性”的、“功能性”的还是“内容性”的①，其价值取向基本上可以统一在政治化、伦理化的核心上来，人们的认识之别可以说是在统一理论内核基础上的视角不同。近代社会课程原则观处于古代的统一与现代的多元之间的过渡状态，是知识理性、科学主义和实用主义开始兴起的时期，课程原则观受新科学理论的影响走向与古代传统的背离和分化。到现代社会课程原则观多元纷呈，并真正对课程价值取向和内容选择分别起着树旗领军的影响。郝德永博士把现代社会的课程原则观概括为经验本位的进步主义课程原则观、理智美德本位的永恒主义课程原则观、学术理性本位的要素主义课程原则观、文化修正本位的社会改造主义课程原则观、个人自我发展与完成本位的存在主义课程原则观五种观念流派。这些课程原则观自然地引导并产生着课程内容选择的五种范式，即进步主义范式、永恒主义范式、要素主义范式、社会改造主义范式和存在主义范式。进步主义范式建立在反对传统的“选择课程内容和学习经验的指导性原则是：教材应该是使学生厌烦的——不是饶有兴趣的，而是枯燥乏味”② 的基础上，走向了“儿童中心主义”，确立“生活问题”为课程内容选择方向；永恒主义范式以“复古”的形态确立“文雅”意义的“好教育”标准，严密关注永恒的真、善、美原则，强调学校课程的社会文化职责，走向人文化方向，确立“古典的人文知识”为最有价值的课程内容；要素主义范式把教育本质认为是社会文化传播，主张严格的学术教育和智慧训练，以“客观化知识的逻辑顺序”来组织课程内容；社会改造主义把教育的意义归为推动社会的变化，确立了“社会问题中心”的课程内容选择原则；存在主义范式立足于解放孩子，认为“名副其实的教育，本质上就是品格教育”③，注重个体人格的完善及课程内容的非理性、主观性和人文性。④ 郝德永博士把这些主义化、一点论的自缚的课程原则观的多元状

---

① 郝德永．课程研制方法论．北京：教育科学出版社，2000：99－106.

② ［美］拉尔夫．W．泰勒．20 世纪五大课程事件．课程·教材·教法，1991（6）：55.

③ ［奥地利］布贝尔．品格教育//现代西方资产阶级教育思想流派论著选．北京：人民教育出版社，1980：179.

④ 郝德永．课程研制方法论．北京：教育科学出版社，2000：106－135.

态概括为一种“茧式多元化”。现在看来，要素主义范式和社会改造主义范式都从社会本位出发，从教育的意义、主体、内容都丢弃了学生自我作为“人”的发展需要的观照，本质上都是一种“社会范式”，其中体现了对教育本质的误解。那么在进步主义、永恒主义和存在主义等课程内容范式中，存在着这样一些中心词：儿童中心，真、善、美原则，文雅，人文化，非理性，主观性，人格，个人自我发展与完成，等等，体现了课程内容选择中学生主体、生命关注、精神指归的价值取向，从整体上看，大致体现了一种“生命范式”的特征，这些正是我们为语文课程德性观找到依存的根据。德性观实质上也是一种课程内容原则观。语文课程是一门主要的人文课程，在人的精神建构和德性生成中有着独特重要的意义，语文课程内容选择可以由此获得指导性经验，但又必须突破这种“茧式”状态，整合他们合理的因素并获得超越，形成具有自身特点的课程内容原则观。教育的目标就是形成人、发展人，人是教育的出发点和归宿。自然生命和精神生命是人的完整生命构成，那么，在学校教育尤其是基础教育的课程中，谁来为学生的精神生命负责？谁给予学生精神生命喂养？谁来引导学生的幸福人生？只有在语文课程当中我们才能找到我们的走向。作为人文课程的核心，语文课程内容必须从生命中来，到生命中去，必须坚持以生命范式来组织构建语文课程内容。

生命范式也不可能完全摆脱社会制约，语文教材内容范式总是深受社会意识形态的掌控。教材内容亦即教学内容。教学内容是整个教学系统中的重要部分，也是教学系统中最容易受到社会意识形态制约的一部分，不同的社会形态，不同的社会历史时期，有不同的价值取向和目标追求，因而对学科知识的准入有不同的标准和尺度。这种制约主要有两个方面，一是客观上人们对知识本身认识的局限性。人们还没有充分认知我们身处的自然世界与社会世界，知识的选择仅限于已有的认识；人们也还没有充分认识我们处身的知识世界，对已有的知识也还存在价值理解问题，“什么知识最有价值”不只是我们面临的一个哲学命题，也是我们教育活动中面临的一个具体实际的问题。二是主观上存在权力对知识的控制性。一个国家、地区，一个阶级、政党，在一定行政区域形成的权力集团掌握了对教育知识的控制权，教育的内容在符合客观物质世界、符合人的认知规律的同时，又必须符合作为社会上层建筑的意识形态，知识教育必定要去符合现实意识形态的需要，必定要有利于当下社会主流意识形态的生存与生长，因此，知识准入深受其控。在这方面，人文学科尤其被动，比如哲学，比如美学，比如伦理学。语文作为一门人文学科课程，教学内容的选择也受到社会意识形态的严重制约，尤其是对其精神性、思想性意义选择的制约更为显著。语文的德性内涵作为一种主观性内涵，是深受着民族传统、社会意识形态、国家意志和教材编写者的观念与修养的制约的，过去说的“宁要社会主义的草，不要资本主义的苗”体现在课程编制上，就是对知识选择的权力控制。比如日本经常出现的历史教科书事件，在课程编制意义上就是体现为政府对知识的强制。近年“狼牙山五壮士”的幸存者葛振林逝世后，曾引发了课文《狼牙山五壮士》去留的假传与争论，这也正是一种知识准入的社会表达。意识形态对语文教材中的知识准入的控制，主要是对其中德性内涵的控制，它往往从当下社会形态需要出发，表达符合本阶级精神价值的内涵，这些内涵又往往忽视人的生命存在，多从社会视角选择德性内涵，也就是说在意识形态掌控下的语文教材，体现出一种“社会范式”，以社会价值和道德规训为德性的基本取向。即使一些非常富于德性意蕴的课文，其价值取向也没有从生命德性出发，而是从政治思想和社会道德着眼。比如《我的叔叔于勒》进入我们的课文，是以其揭露资本主义人与人之间赤裸裸的金钱关系为主旨，以社会批判为价值，而没有看到人性生命的弱点和“我”的内在德性萌生的积极意义。

语文的德性内涵是一种主观性内涵，是教材编写者融入多项意志的结果。语文德性内涵的知识准入，就是要在依据学生认知心理发展，有选择、分阶段地将语文知识（包括语言知识、文字知识、文章知识、文学知识等）充分合理地选入课本基础上，要尤其重视对课文德性内涵的选择。这种选择，必须改变过去语文课文体现出来的浓重的“社会范式”。这种范式，在教材编制中，从社会主体出发，一方面围绕社会当下主体意识形态选择教学材料，使语文课文成为一个时期、一个阶段的社会政治的晴雨表；另一方面，课文的思想道德内涵体现为一些社会规约，对“人”来说，是一些“超我”的远大的社会道德价值理想，这些价值理想崇高而不切近，重大而不人本，使其教育价值因其高大而难以实现。语文德性内涵的实现，需要我们的课程编制走向“生命范式”。这就是以人为本，把“人”的德性本质作为语文教材选编的一个基本向度。公民道德建设要求我们所有思想文化阵地、所有精神文化产品，都有要宣传科学理论、传播先进文化、塑造美好心灵、弘扬社会正气、倡导科学精神、大力宣传体现时代精神的道德行为和高尚品质，鼓励人们积极向上，追求高尚和美好，从这个意义看，作为社会概念的“公民”的培育，似乎就是培养其社会道德，但是，公民首先是作为一个一个活生生的“人”。基础教育阶段的学生作为一个个初步的“人”，我们必须从学生生命存在、从学生的心灵深处着眼，从培养其普遍意义的、基础意义的德性素质着眼，让教育的内容切近生活，切近心灵，符合学生的价值心理基础，以促进其形成人类基本的德性品质为主要任务，实现从“社会范式”到“生命范式”的转型。

11.3 基于德性的语文课程内容的表达

简明地说，就是德性观下需要什么样的语文教材？课文选择有些怎样的原则和要求？这里涉及课程设计的两个重要环节，即课程目标和课程内容。客观的学科内容决定着课程的客观目标，如数学学科的客观内容决定了数学课程目标是掌握数理、训练数理逻辑思维等；生物学科的客观内容决定生物课程目标在于认识生命形态，掌握生命规律。总不可能用数学学科来培养学生的生命知识与经验。而学科的（领域的）课程目标的确立，又反过来对学科的（领域的）课程内容的选择起着指导作用。语言和精神是语文两只美丽的眼睛。语文课程目标在于掌握本国通用语言、通过语言学习获得智慧增长和构建以德性为核心的人文精神，那么，语文课程内容就必须紧紧围绕这三个目标来选择。课程目标和课程内容有着相互依存关系，课程内容的表达不能离开课程目标的指向。德性观视野中的语文课程内容必须在语言把握的基础上把目标瞄准学生的精神，让内容贴近学生心灵，为学生精神建构与德性生成提供养料。

德性观下的语文课程内容编制的总体指向就是：熬制学生“心灵的鸡汤”。网易曾打出了“革旧语文教材的命”的口号，认为语文不仅仅是一种工具，它的目的是要塑造具有丰富情感和智慧的心灵，并认为陈旧的教材缺乏人的精神，显示不出人的精神的无限丰富性。教材的心灵意义受到更多的人的关注。“心灵”是苏格拉底哲学及教育理论的中心词之一。他以人为中心的哲学和教育研究所获得的理论，一直以来深刻地影响着教育者的思维与态度。他指出哲学研究的对象不是自然，而是心灵，主张“心灵至上”，认为心灵能领悟真正的“理想”，真正的自我不是肉体，而是灵魂和内心生活，而道德生活对人的灵魂与内心生活而言是最具根本性的内容。① 这些认识，经由近现代

① 肖峰．科学精神与人文精神．北京：中国人民大学出版社，1994：67－68．

科学主义和工具理性的反证，到如今看来，显得如此光彩夺目。语文学科要发挥其育人的精神意义，定当面向学生心灵，尊重学生心灵，走入学生心灵，培育学生心灵，引领着心灵走向真、走向善、走向美。那么，什么才是心灵之师呢？语文课程中让学生心灵通向真善美的阳光之桥在哪里呢？在课程内容，在德性的课文！宋代苏辙《种兰》诗云："知有清芬能解秽，更怜细叶巧凌霜。"德性观下的语文教材编制，就是要去寻找那些能够"解秽"的"清芳"和可以"凌霜"的"细叶"，就是要在语文教材的园地之中种植高洁之兰。德国著名教育家福禄培尔为了让儿童开展游戏和其他活动，设计出了一个从简单到复杂、从统一到多样循序渐进、合乎逻辑联系的游戏和作业体系以及与此相配合的一套活动玩具作为教具，他称这套活动玩具为"恩物"，意味着它们是上帝的恩赐。① 如果说我们去除了他的那些从唯心主义世界观出发的，带有宗教神秘主义色彩的一面，从积极的角度看，福禄培尔的"恩物"方法，正是我们教材编写的可资运用的一个原理或原则。我们要善于寻找语文教育的这样一种"恩物"。这也就是说，我们在教材编写中，要力求让每一篇文章、每一幅插图，每设置的一个思考题都成为学生学习中的"恩物"，让学生喜爱它，玩赏它，并最终深深地得益于它。对于幼儿来说，"游戏"和"恩物"就是满足其生命需求的凭借。对于语文课程来说，这样的"清芳"，这样的"细叶"，这样的"恩物"就是文质兼美的富于德性意蕴的课文。

语文教材中要一些怎样的文章才算是富有德性品质的课文呢？我始终尊重着一份期刊，它的名字叫《读者》，这是一份高格读物。它的生命来自它保持与时代同步，始终扎根于人情、人文、人道，坚持"真、善、美"的阳光主题，致力于发掘尘世浮生的真、善、美，以人性、人道、善良、美好为标尺，以强烈的人文关怀为主调，浓缩古今中外的智慧哲思，"延续和修订着一种魅力长久的道义原则和美学原则"，② 引领着读者德性的生长，引导着人们走向真诚、走向善良、走向美好、走向幸福人生。难怪人们美称之为"中国人的心灵读本"，它正是一份营养人们心灵的鸡汤。也难怪有的学校老师不论在哪门课上发现学生看《读者》都不会没收，因为他们领悟到："看《读者》的孩子不会变坏。"③ ——《读者》的德性，成就了德性的《读者》；德性的

① ［德］福禄培尔．人的教育．孙祖复译．北京：人民教育出版社，2001：31.

② 余秋雨．评《读者》．读者，2005（21）.

③ 读者，2005（21）.

《读者》，喂养了读者的德性，也成就着德性的读者。我想，我们的语文教材编制如果能够从《读者》汲取经验，走向《读者》品质——坚持语言的高品位与精神的高品位的结合、真善美的指引、传统性与时代性的结合、民族性与人类性的结合、社会性与主体性的结合和生活引领，语文就将成为应然意义的语文——我们理想的德性的语文了。这也正是建设具有深厚德性意蕴的语文课程教材即德性的语文课程内容选择的几条基本原则：

——坚持文道统一的原则。文道统一仍然应当成为课文选择的第一原则。课文内容必须坚持文质兼美，坚持语言的高品位与精神的高品位的结合。我国古代语文教材是非常重视教材的文道统一的，重视在语文教育中施以儒家的伦常教化。在漫长的封建时期，语文坚持以传扬儒家文化、儒家精神为教材内涵之核心，以《四书》、《五经》作为主要的教材，为培养封建德性的人、为传承民族文化起到了重要的作用。《读者》之所以品质超群，普受众爱，正是因为选文精到、文质兼美是它的第一特征。我们强调语文的德性品质，是在充分肯定语言品质的基础上来认识语文的。作为教材的课文，必须具有好的语言品质。语文的基本教育目标就是要使学生掌握语言，培养学生语文能力和语文素养。这就需要有高品位语言内涵的课文作为学生学习的资源。这一原则曾经在一些时候丢弃殆尽，比如在“文革”期间的语文，课文基本上成为了政治时文，充斥着政治气味，毫无语文意义，实际上也根本谈不上德性。我们从前文中所举的两册语文课文篇目可见一斑。课文在具有高品位的语言品质外，还应当具有高品位的精神品质，要注重文章深厚的德性意蕴。“文所以载道也”①，“文者以明道”②，在有的人看来，“道”才是文章的根本。“文便是道”③、“道者文之根本，文者道之枝叶”④，课文的精神品质和德性意蕴是学生生命存在的需要和精神建构之资，课文应当在语言之美、意境之美的同时，具有人情之美、人性之美，要让学生在享受文辞之美的同时体验到精神和德性之美。实际上，真正好的文章必然是文质兼备的，正是“志足而言文，情信而辞巧”。⑤ 像现行语文教材中的《背影》、《春》、《爱莲说》等都是文质兼美的好课文。总之，语文课文的选择要“提倡优秀，反对

① 宋·周敦颐．通书·文辞．
② 唐·柳宗元．答韦中立论师道书．
③ 宋·朱熹．朱子语类．
④ 宋·朱熹．朱子语类．
⑤ 南朝梁·刘勰．文心雕龙·辨骚．

平庸"①，真正为学生既提供好的语言学习资料，又提供可贵的精神食粮。

——坚持真善美的原则。在张楚廷教授建立的"五I"课程构想②中，当论及"智慧"时说："教育智慧（或称得上智慧的教育）给学生的不应当仅仅是智性智慧，还应当有理性智慧、道德智慧……"③ 注重课程中真、善、美的涵入，在作为智慧的"真"的涵入的同时，认为"课程需要引导善和美"。④ 作为培育学生真、善、美德性的具有重要价值的语文课程，更应当把握真、善、美的要求。语文教材内容选择必须坚持真、善、美的阳光主题，选择展现"尘世浮生的真、善、美"的课文，用课文中蕴涵的真、善、美去滋润学生心灵，引领学生精神，培育学生德性。真、善、美是德性的根本内涵所在，也是人类精神的根本所在，因而是学生德性培育的根本所在。我国最早的语文课程"六经"，即《诗》、《书》、《易》、《礼》、《乐》、《春秋》就充分体现了坚持真、善、美原则的要求。富有人文精神的科学家爱因斯坦也说，人必须对从属于道德性质的美和善有亲切的感觉，对于人类的各种动机、各种期望、各种痛苦的了解，才能和别的个人和社会有合适的关系。这种"合适关系"就是依靠内在德性的维系而存在的关系。语文课程就要通过课文的适当选取，为学生提供那种"对从属于道德性质的美和善有亲切的感觉"的机会和途径。语文活动中学生德性生成的基础机理是情感的陶冶，通过一些饱含人类情感的文章的学习，了解人，了解人的情感和精神，通过动之以情，达到通晓其理，情理相融进而内化为德性品质。因此课文选择要注重选用展现真、善、美的人间之情的文章，正如《南方周末》提出的"总有一种感情会让你泪流满面"的信念，这样的语文教材才会是德性的教材。《一件小事》、《小桔灯》、《一碗阳春面》等课文正是这样一种传扬真、善、美的文章。如果经常阅读《读者》人就会充分感知其感人的真、善、美品质。几乎每篇文章都具有深厚的德性意蕴，尤其是每期的前几篇故事性文章，读者可以借其进行思想的砥砺、感情的陶冶、精神的冲浪、德性的蕴藉，使自己成

① "提倡优秀，反对平庸"是外国母语教材建设所坚持的原则，也是他们所体现的特点，主要是强调教材的趣味性和生动性。参见教育部基础教育司组织语文课程标准研制组编写《全日制义务教育语文课程标准（实验稿）解读》. 武汉：湖北教育出版社，2002：16.

② 这是张楚廷教授在其《课程与教学哲学》中，用结构思想构建的一个课程内容体系。"五I"即信息（information）、兴趣（interest）、质疑（intelligence）、智慧（inquiry）、直觉（intuition）.

③ 张楚廷. 课程与教学哲学. 北京：人民教育出版社，2003：145.

④ 张楚廷. 课程与教学哲学. 北京：人民教育出版社，2003：145.

为真、善、美的人。语文教育要始终高举真、善、美的大旗，把促进学生真、善、美的心灵的生成作为基本目标，语文教材要始终紧扣真、善、美的主题，选择体现真、善、美的素材，让语文教材成为营养学生美好心灵的“鸡汤”。语文课文选择的真、善、美原则，也适用于一些揭露性文章，这些文章通过对恶的显示与批判，从反面印证真、善、美的可贵，让学生获得生活经验与智慧，认识并批判生活中的假、恶、丑，从而促进正面的德性生成。比如《制台见洋人》、《竞选州长》、《葫芦僧判断葫芦案》、《项链》等课文，都能使学生产生趋真去恶弃丑的内在品质要求。当前中学语文生活中，已有不少热爱学生心灵的学者、编辑、教育工作者，本着真、善、美的原则，编辑了一些适于中学生阅读的心灵读本，比如《青春读书课》①。

——坚持生活引领的原则。“生活世界”从现代哲学走向教育学，是当今教育学中高频使用的一个关键词，教育走向生活正是一种教育的归真，教育应当从生活中来，到生活中去。因为教育为着人的生命，而人的生命寓于生活之中。提及教育的生活、生命、精神话题，人文学科课程更有着重大的责任。语文的教材内容选择则更当坚持生活引领。坚持生活引领，就是要使课文贴近生活世界，紧跟时代步伐，符合不同层次学生生活体验特征和能力。“符合不同层次学生生活体验特征和能力”应当是课文选择的重要原则。当前教育理论和实践中有个认识误区，就是把教育教学要回归生活，理解为教学理念上的“活动论”，教学内容上的“活动性”、教学过程的“活动化”，把“生活”狭隘地理解为“活动”，把“活动”又狭隘地理解为学生自身的、当下的、具体的活动形式，这样必将把教育引向“自由化”的虚无状态。事实上，哲学家们对生活世界的理解是非常宽泛的。马克思认为生活世界是日常生活与非日常生活、物质生活与精神生活的统一；胡塞尔把生活世界看作科学世界的基础，认为生活世界有三种含义：狭义的生活世界即日常生活世界、特殊世界的生活世界概念即人们各自的实践活动领域所构成的特殊世界、广义的生活世界即与人有关的一切世界；哈贝马斯认为“生活世界”的知识是“背景知识”，它是交往行为的基础。② 综而观之，生活世界就是“与人相关

① 2004 年由商务印书馆出版的一套中学生人文读本，由深圳市育才中学的语文教师严凌君编辑。这套书中最引人注目的是收录了大量“民间作品”，如崔健的歌曲《一无所有》，《读者》的编辑手记《请国人温习常识》等。

② 瞿葆奎．中国教育研究新进展·2001．上海：华东师范大学出版社，2003：492－493．

或对人发生意义的世界”。① 教育回到生活，并非是完全进入学生自身的、当下的具体生活，而是回到学生的感知力和体验力所及的生活。这里强调的生活，应当是学生的生活、教师的生活和他人的生活的总和。所有人类生活都是学生的“体验场”。《全日制义务教育语文课程标准》（实验稿）“教材编写建议”提出要“注意为学生设计体验性活动和研究性专题”②，在他们看来，体验就是当下的身临其境，就是学生自身的具体“活动”，这是一种对体验的误解。如果语文的体验仅靠设计几次具体“活动”，那就可以不要体验了。实际上，只要教材课文选择坚持了生活引领这一原则，学生就有了丰富的体验机会，课堂本身就是一个学生广泛开展生活体验的场，满含生活韵味的语文课文中的人类生活，尽是学生体验的现场。学生是以学习的方式形成自己，学习过程是一个体验过程，提供学习的内容一定要适合学生体验层次，具有可感可教性的间接经验总是学习内容的主体，学生多半是通过学习他人的智慧获得智慧，通过学习他人的经验获得经验，通过学习他人的品德获得品德。这样理解，我们的课程视野就会是开阔的而不是局促的，我们的课文选择也就是广泛的而不是狭隘的。但这并不是说人类任何的生活世界都是适合学生的生活世界，我们还需要选择，就是要选择那些“符合不同层次学生生活体验特征和能力”的作品。

——坚持社会性与主体性结合的原则。“学生和社会构成课程对知识选择的两个规范性维度。”③ 但这里的主体性并非指人与社会关系中的主体性，而是深入到“德”的形态意义即社会道德规约与德性关系意义的主体性。德性观下的课文选择并不排斥社会外在形态的道德规约性内容，比如热爱人民、热爱劳动、热爱祖国，爱国主义、集体主义、国际主义精神等，表现在已有的课文中有如《为了六十一个阶级弟兄》、《一件珍贵的衬衫》、《谁是最可爱的人》等，这些课文往往主题宏大，是一种社会规约和训导式道德教育教材。国家作为教育开办者，必然把一种国家意志渗入其中，必须在教育中形成、维护当下社会形态的意识形态。在我国包括热爱党、热爱社会主义等政治化内容也是语文教育的必然之义。这种社会性道德要求与学生内在德性只是存

① 瞿葆奎．中国教育研究新进展·2001．上海：华东师范大学出版社，2003：492－493．

② 中华人民共和国教育部制订．全日制义务教育语文课程标准（实验稿）．北京：北京师范大学出版社，2001：14．

③ 郝德永．课程研制方法论．北京：教育科学出版社，2000：81．

在的形态不同，其内涵是具有一致性的，因此，也是学生德性生成重要依据和方式。德性品质的生成也离不开外在形态的社会道德的要求和影响。比如，作为社会规约性的道德要求“尊敬老人”、“热爱党”、“帮助弱小”、“敢于斗争”等，相应地就是学生“孝与敬”、“忠与诚”、“仁与爱”、“义与勇”等内在品质性的德性要求。这些道德规约于学生德性生成也是有益的。然而，如果要使语文教育更为深入有效，就应当更注重学生的主体性特征，把具有体验意义的展现内在德性品质的文章选作课文。已有课文中《背影》、《散步》、《这不是一颗流星》、《小麻雀》等所体现的主题和所描绘的生活都能够给人以生命感动，这种文章的立足点就是人的生命主体。这种主体性突出体现在文章的生活性。我们推崇《读者》品质，正因为它的选文注重了这一主体性。从学生主体性着眼的选文，其德性内涵往往是一些朴素的、普适的人类德性，也是一些人之为人的最基本德性。论及社会性和主体性原则，我们还有一点必须突破的就是教材内容的政治性。要努力改变德性培育的政治模式，形成德性培育的人生模式，政治模式塑造“臣民”型道德人格，人生模式成就“公民”型德性人格。要尽力摆脱过去形成的社会、政治本位语文教材形态，形成以人为本的人生、生命意义的教材形态。

——坚持传统性和时代性结合的原则。德性是经过人类生活长期积淀而形成的比较稳定的一种内在品质，它具有明显的传统性。语文课文选择要尊重、利用、弘扬这种传统性。中华民族数千年的文明传承，使传统的德性历久弥真，比如传统儒学的仁、爱、善、勇，孝、悌、信、忠，礼、义、廉、耻，都成为民族精神之珍。语文课文要对此有充分的展示和把握。一方面要从古代典籍当中选择充分的德性教学资源，把体现中华民族优秀传统文化的精华之作选为学生教材，具体体现在古文选择要有一定份额。另一方面是要注意选取充分展示传统德性的现代生活作品，注意引导学生把传统德性发挥到我们当下的现实生活之中。时代性就是课文选择要具有现代意识，要注意选择一些富于时代生活气息、关注当代文化精神生活、反映时代先进文化、反映时代进步和时代精神、反映具有时代特点的新观念的作品，课文选择要体现这种时代性。生活诞生德性又包容、承载德性，生活作为一种德性载体也是具有时代性的。时代性也就是贴近生活，因此，选文要体现生活的时代性。值得指出的是，强调时代性不能牺牲传统精神。《狼牙山五壮士》在语文课本中的去留就充分说明了这一点。新的时代弘扬和平发展主题，反战也在一定程度上表达了人类的进步，然而，抗日战争是我国不可忘记的艰难历程和屈辱历史，同仇敌忾、英勇无畏成为了抗日战争留给我们的伟大的民族精神，是一种高贵的民族气节和民族德性的集中体现，不论时代如何发展，历史是不可忘记的，精神是不可背叛的，这样的德性精神永远教育和激励后代子孙，因此，《狼牙山五壮士》之类的作品在有的人眼中已经不符合时代潮流而遭驱遣，是一种不明智之举。当然，对抗日战争精神的展示不一定就凭《狼牙山五壮士》一文，也可以选择其他有代表性的、文质兼备的作品，但抗日主题、抗日精神的作品是不可或缺的。这就是正确处理课文德性内涵的传统性与时代性的基本要求。

——坚持民族性和世界性结合的原则。教材内容的民族性是自不待说的，这始终会是我们教材内容选择的主体方向。母语教学立足于母语文本，课文必须是以展示民族心性和德性价值的作品，给学生以最基本的母语文化的喂养。德性的语文教材在德性内涵、道德价值取向上还应具有世界性和人类性，要努力突出人类的普世价值。知识全球化、经济全球化以及价值观的多元化，地球开始以“村”的视界提供给人的生活空间，这些都把一个具体的“人”引向了世界的视野。教育要面向世界、面向未来，其本意就是要为世界、为未来培养人，培养具有世界品性、未来价值的人。因此，我们所倡导的德性，在具有表达民族心性和民族精神的品质的同时，要努力开阔视野，强调世界眼光，突破和超越民族性的局限，把表现人类最美好德性品质的文章吸纳到教材中来，为人走向世界文明、造就地球公民奠定精神基础。比如海明威的《老人与海》、杰克·伦敦的《热爱生命》等以及其他诺贝尔文学奖获得作品都应作为我们课文选择的基本取向。作为德性的语文教材，要对那些表现诸如宽容、感恩、诚信、尊严等道德意蕴的，诸如自由、民主、平等、人权等有价值观意义的，诸如人性、人道、人文等朴素德性意义的及其他具有人类普适意义的道德观念的读品给予特别的青睐，让学生经由它们走向世界的、人类的德性家园。

总之，德性的语文教材要求立足人本、立足生活，面向生命、面向精神，遵循文道统一，注重真、善、美的引领，坚持传统性和民族性，超越社会性和政治性，体现时代性和世界性，坚持了这些原则，语文教材就能呈现出德性教材的特点，才成就为完整意义上的语文教材，才能区别于过去的知识工具性语文教材，也会区别于“文革”时期的政治读本式语文教材，更不会使语文课程走向政治思想品德课程化。

知识论者可能会疑问，德性观指导下的语文教材可能会让语文知识的学习走向末路。或者也会这样提出问题，德性观下的语文教材那不就限于文学作品吗？事实上并非如此。当前语文教育体现的少、慢、差、费虽然不能说完全是知识论、工具论之过（当然知识论、工具论也不止于几个人的观念，而是时代思想潮流的产物，也是时代局限的体现），但毕竟是在这样一种观念的主导下的实然结果。我们更能从教学过程与生活实际相结合角度来理解语文的这种不良状态：其一，语文工具观念引导下产生的教材内容知识化和教学过程训练化倾向，使语文教学变成没有生气、没有生活意蕴的枯燥活动，使学生对语文产生去兴趣倾向。由于语文教学没有“语文味”、没有“生活味”，学生学习主体意义不能获得比较充分的发挥，学生对语文知识、对语言技能的学习和掌握就缺乏主动性。其二，学生写作能力的低下，并不是因为教学当中没有对作文教学予以足够重视，而是过于重视文体的写作，学生并不是不会写，而是缺乏写的自由，一方面是写什么不能由学生去确定，去自由发挥，在写作自由上得不到教师的支持；另一方面是怎样写不自由，写作过于规范化和专业化，过于注重文体特征，固定学生写作思维程式，导致写的困难和畏惧。其三，工具观下的语文教材内容总体上缺乏生活气息，对其中富有生活气息的作品，在教学中又往往遭到因对语言价值的重视而对生活意义的丢弃，教学的一切注意力集中到课文学习的工具意义上了，使得学生没有生活积累，生活的苍白让学生内心苍白、思想与情感的苍白，内心中没有可表达的内容。在一定程度上可以说，缺乏生活是当前语文教育中带给学生最突出的问题，也是语文教育少、慢、差、费的根本原因所在。

第12章　体验统领的德性教学

——从“文本式”到“图景式”

“教学过程是一个体验过程”，这是当前教育理论的一个核心的而又时兴的命题之一。这一命题把“教学过程是一个认知过程”的观念扫入了历史的典籍之中。不论是从哲学、伦理学还是从教育学、心理学视角看，体验都不是一个新的概念、新的理论。体验作为人类生存的基本方式，一直以来就为人类的理论与实践所倚重，只是在近现代科技理性占据支配地位之后，体验的生存价值和道德教育价值遭到了遮蔽。而作为人类精神核心的德性，其生成机理将更多地凭借体验，“体验是道德教育的本体。”① 当前，体验作为生存价值和道德教育价值，在教育和道德教育的理论和实践中凸显出来，走到了人类精神研究领域的前台，这不是为了使道德教育在理论上迎合目前中西文化潮流和道德教育哲学发展的大趋势，而是使理论与实践更加符合生活的逻辑和人的德性发展逻辑，更加贴近客观实际，贴近德性培育的真谛，也是我们教育理论与实践的应然回归与正位。语文课程的教学内容在形式上表现为“文本语言”，而在内涵上体现为“生活图景”，因此，语文课程体验统领的德性教学，其基本原则就是要使语文教学从“文本式”的分析走向“图景式”的体验。

12.1　体验，作为一种教学的理念或方法

什么是体验？现代心理学认为，体验是“对经验带有感情色彩的回味、反刍、体味”②。生命哲学观认为，“体验是人意识到自己存在的基本方法，体验也是对他人的存在加以理解的基础。”③ “以经验为基础，立足于精神世

① 刘惊铎．道德体验论．北京：人民教育出版社，2003：84．

② 童庆炳．现代心理学．北京：中国社会科学出版社，1993：55．

③ 张楚廷．课程与教学哲学．北京：人民教育出版社，2003：183．

界，个体对事物的意义进行自我构建"①，"体验是对经验的升华和超越，它可以超越经验，达到理性，超越物质，达到精神，超越暂时，达到永恒。"②然而，在理性主义的主宰之下，体验作为一种教学的理念或方法，已经被人们遗弃太久！"在对一切知识的占有欲的驱使下，科学一往无前，结果对生命力的美好感受和体验就被知识的辩证法、思想的助产术破坏以致遗忘了。"③尽管在古代，孔子的教育思想中充满了体验的思想论和方法论，在近代，蔡元培主张学生"个性自由"的思想、陶行知的"生活教育"理论都有重视体验的思想，然而现代性的理性潮流如此宏大，以至于将人本的体验的理念完全淹没。尽管如此，体验还是一直在实践中默默地客观地发挥着作用，人们从来也没有停止过体验机理的探索脚步，西方许多人本思想家从各自的角度，在为体验作真理的探求，并在很大程度上使"西方文化从哲学、心理学和'经验'意义上，已经逐步领略到生存和体验对于人的生命意义和自我经验的重要性，基本上冲垮了近代理性主义哲学的堤坝，使'个人'、'存在'、'生存'、'体验'、'理解'、'意义'、'生成'等概念跃上文化哲学的前台，并开始从不同的角度尝试揭示体验对人的生存的价值和意义"。④ 认知主义者可能还会站在自己的理论阵地对体验论叫板，不管他们对认知有一种怎样崇高责任，在我看来，对于语文教育教学，对于德性培育，体验永远是一面招展的大旗，永远是我们必然的思想论和方法论。

与其说体验作为一种观念，弥漫在教育的精神空间，还不如说体验作为人的一种生存态式，弥漫在人类生活的每一个角落。作为生活，体验千姿百态，丰富多彩；作为概念，人们对体验也有着各种的理解。诸如，在哲学上，胡塞尔在《逻辑研究》中从目的论意义上把体验定义为一种以"意向性"为本质特征的各类意识的"意义统一体"；狄尔泰的生命哲学中把体验看成认识论概念，它是一种凭回忆联结起来的被意义范畴凝结起来的统一体，他把人带入生活世界去理解生活的本质，解释生活的意义，体验人的存在价值，他的"人的精神生活世界"是一个非理性的心灵体验。加达默尔的解释学也透射着体验思想的光芒，实现了从方法论向本体论的转变，由关注作品（文本）

① 石鸥．教育困惑中的理性追求．长沙：湖南师范大学出版社，2005：229.
② 石鸥．教育困惑中的理性追求．长沙：湖南师范大学出版社，2005：224.
③ 刘惊铎．道德体验论．北京：人民教育出版社，2003：12.
④ 刘惊铎．道德体验论．北京：人民教育出版社，2003：17.

转向关注人的存在，由关注人文科学知识到关注人生的意义，并通过提示人与历史、人与语言、人与世界、人与自身的关系的形式，真正参与、融入到人的生活世界和感性个体的体验之中。① 在现代心理学上，一般认为体验是指人对情绪或感情状况的自我感受。② 在美学上认为，体验是一种生活感受，读者设身处地推己及人的感受能力，或读者的一种内心感受。③ 体验不是一般的内心感受，而是丰富的、活跃的、深刻的瞬间性存在领悟，伴随着强烈的情绪高涨，达到主体与客体的高度统一。我国古代所说的“感兴”、“兴会”大致就是指这样一种内心体验。上述思想家的体验思想是宏大的，是在生命、存在、生活、人生价值上的宏观观照，然而——正如杜威所说的“教育即生活”——这些思想，对教育和道德教育价值的意义已经是非常重要了，为我们奠定了坚实的理论基础。在教育学上，朱小蔓教授认为体验具有综合性意义，强调情感教育是人的体验过程。刘惊铎教授在对体验概念进行多种引证后，有一段这样的表述对我们语文教学中对体验认识很有意义：

> 人们主要是以这样一些高频词来描述体验的内涵和特征：直觉、理智直觉、（情感）感受、体认（体证）、领悟（瞬间性领悟）、感悟、静观（缄默、默观）、活动、圆融、意向性、意义、生存方式、存在经验等。这些描述既可以理解为体验的不同表现形式，也可以看作体验的存在形态的不同表征形式，它们从不同的角度和侧面描述了体验的丰富内涵及多层次的存在形式。④

由此概括出他自己对体验的界定：体验是一种图景思维活动。不难体会到，他所归纳的直觉、理智直觉、（情感）感受、体认（体证）、领悟（瞬间性领悟）、感悟、静观（缄默、默观）、活动、圆融、意向性、意义、生存方式、存在经验等所有这些语汇所表达的内涵，都应当成为我们语文德性教学实践的理念或方法。

对于众多的对体验的理解，刘惊铎的这样一些阐释显然对我们语文的德

① 刘惊铎．道德体验论．北京：人民教育出版社，2003：22－23.

② 彭聃龄．普通心理学．北京：北京师范大学出版社，1988：436－437.

③ 王一川．审美体验论．天津：百花文艺出版社，1992：125.

④ 刘惊铎．道德体验论．北京：人民教育出版社，2003：64.

性教学富于重要的启迪。他认为，体验作为一种图景思维活动，不是以单纯语言文字符号的逻辑转换为主的逻辑思维，而是主要以图景转换为主的图景思维活动。这种思维活动不是知识累加性的，而是在体验者的大脑中发生着其生活阅历、生活场景和未来希冀的蓝图的关系与结构之自组织转换活动。体验不仅含有混沌的直觉领悟，也含有理性的反思，它是符号、文字、语言"串行信息"和行为、图像、情境"并行信息"综合作用的融通式思维，它源于生存实践而又超越生存实践，穿越和贯穿具体生活经历的场景，透视生存实践的意义。他进一步认为，体验是以个人化的、个性化的话语诉说，诉说自己最喜欢的、有感动的生命故事。表达是一种体验的发生和深化的途径，个体人是在表达中诱发和唤醒道德体验，发生自我认同感，领悟道德教育和个体生存的意义。① 这种理论见解，不只是对道德教育中体验的一种真切理解，不只是对语文的德性教学具有思想论的和方法论的意义，同时对语文的整体教学都是具有指导意义的。道德体验论超越了现行德育确定性观念与封闭式模式。体验既符合德性生成规律，又符合语文课程特点，是语文德性教学的一种正确理念，也是语文教学实践中应当遵循的一种必然的方法。

体验是对课程的一种基本理解。体验是一种过程，课程亦即一种过程。过程论课程观认为，课程不是静态的"跑道"，即不是预先设定的、由学生记诵的教学内容，而是"围绕'跑道'跑的动态过程、跑的经验"②，认为"课程就是构建自我、构建主体性生活经验的过程"③，"课程是师生共同参与的意义创造过程"。④ 这里的"主体性生活"和"创造"即是一种体验的过程。石鸥教授对课程的阐述于我们语文课程体验意义的理解有着深刻的价值，他认为：

> 课程不是作为客观的学习内容摆在学习者面前、由学生去"内化"的外在的东西，不是静态地等学生去掌握的书面文字，而是一个展开过程，是学生获得体验的历程。也即，课程是学生在教育情境中不断生成的活生生的体验，是学生的不断创造、释义，在这种创造与释义的过程

① 刘惊铎．道德体验论．北京：人民教育出版社，2003：64.
② 石鸥．教育困惑中的理性追求．长沙：湖南师范大学出版社，2005：225.
③ 石鸥．教育困惑中的理性追求．长沙：湖南师范大学出版社，2005：225.
④ 石鸥．教育困惑中的理性追求．长沙：湖南师范大学出版社，2005：225.

> 中，内容不断异变，意义不断生成，个性不断发展。课程意义的生成以学生真实感受为主要来源，只有当学生赋予其意义时，课程才具有意义，它好比“墨迹测验”，需要通过联想、发挥才能生成其意义，否则，它只是一堆毫无生命的符号。①

语文课程中的课文的德性内涵正是活生生的生活展现，需要学习者通过“活生生的体验”才能真正生成个体的德性品质，离开了体验，课文就仅仅成为了“书面文字”，成为“一堆毫无生命的符号”。

体验作为“人的存在的基本方式”，作为“道德教育的本体”，作为“一种图景思维活动”，要求我们语文德性教学必须以体验统领，用体验的理念和方法论来开展德性教学。这就要求我们在具体教学过程中，改变过去工具论指导下的“文本”分析方法，淡化对语言运用技巧的过分关注，走出语文教学徘徊于语言层次的状态，从“文本式”转向“图景式”，注视人的生活世界，走向人的生命视域，珍爱文本的精神价值，在对语言的整体把握的同时更为密切地关注对作品精神的整体领悟，实现教学的整体效益。

12.2　语文，作为一个德性体验场

从学生的德性品质生成过程看，语文课程作为学校道德教育的重要实现途径，是一个重要的德性体验场。所谓德性体验场，就是德性体验所发生的功能性关系的平台和载体、情境和氛围。我们平常说的营造良好的德育环境和氛围，就是指一种德育的“场”的建设。这个“场”应该存在着丰富的能有效诱发和唤起德性体验的因素。语文教材内容和语文课堂环境（包含教师和学生）构成语文德性体验场的整体。

语文教材内容是德性体验场中的重要因子。其中的德性内涵，是语文课堂作为德性诱发的触点。语文教材的主体形式即文章、作品，本身就是人的生活世界和精神世界的文本表达，是用文字符号压缩了的人类生活图景，文本本身具有极大的精神价值扩张力和德性价值扩张力。如朱自清的《背影》，作品短短数千字，其间浓缩了父亲一生的生活画卷及父亲的一生给予作者的深刻影响，尤其是父亲送行买橘时攀爬站台的背影，给作者心灵的极大的情

---

① 石鸥．教育困惑中的理性追求．长沙：湖南师范大学出版社，2005：226．

感冲击，使作者获得了从未有过的德性体验，理解与同情，敬重与悲悯，爱与愁，从文字里幻化出来的活生生的生活图景和那宏大的道德情感氛围，形成了一个巨大的德性体验场。读者正是从这样一种场中去获得一份深沉的德性体验，同时，通过联想、回忆，把自己生活经历经验带入这种情境之中，从而使这种德性体验不断生成、扩张、深入、稳定。教师在自身获得体验的同时，引导带动学生的体验。当文本内的情境、师生生活情境在课堂充分融合，文本的德性价值就获得实现，德性体验的“场”的效应就得到了发挥。

课堂教学是学生学习的主阵地，知识的学习如此，德性的培育亦如此。当前，不少学者在积极关注着课堂，研究着课堂，有的在努力地开展一些课堂教育哲学研究，从课堂本体意义上去构建属于课堂自己的理论，为我们认识课堂和把握课堂提供了理论支撑。课堂教育研究的成果认为课堂进行教育哲学探讨应构成教育哲学的视域，从哲学的高度去认识和把握课堂，提出“课堂人文思想观、课堂文化、课堂的特质、课堂的使命是教育哲学探讨的重要内容”。① 成果还指出，“课堂是个人人生必经的文化场、对话场、关系场、修养场”，这些无疑都展示了人们思想的进步，是教育学、教育哲学的进步。从课堂内涵看，作为文化场、对话场、关系场、修养场的课堂，也一定是一个德性场。从课程过程看，课堂又是一个体验场，从而，课堂一定是一个德性体验场。正如前面所论及的，语文是一个德性的宝库，是学校道德教育重要的实现途径，语文以其生命特征、生活特征及其独特的教育美学特征，决定了语文课堂是所有学科课堂中最典型的德性体验场。语文课堂作为德性体验场，其实现学生德性体验发生、促进学生德性内化生成的机理是，一方面通过打开语文教材的文本，使本来富含德性价值的“文本”中的生活世界充分“图景”化，向学生的心灵展现出来，来寻找、诱发并获得学生的德性体验，另一方面，通过教材的诱导，教师和学生将个人相关的生命历程和生活的现实图景带入课堂，这样，两种生活世界在课堂上交融，产生“虚场”（指文本呈现的生活世界）与“实场”（指师生现实经验的生活世界）共振共鸣，使学生获得强烈的心灵的情感的体验，从而使德性认知、德性体验内化为一种德性观念、德性意志、德性品质，深刻地形成于学生内心。

德性教学课堂的价值实现，必须倚赖于德性观指导下的德性内涵丰富的

---

① 于伟，胡娇．教育哲学专业委员会第十二届学术年会暨教育哲学国际研讨会综述．教育研究，2005（2）：93.

教材和德性品质卓越的教师。观念是先导，是行为价值的事前约定。工具观指导下的教材，注重以知识的逻辑顺序，按照知识要点由浅到深、由简到繁地编排，同时，注重应用的技术法则，从课程建构、课文选择到思考练习题的设置，都基于语言的技术性层面，忽视人的生命意义和生活特征，忽视人的精神建构和德性价值，这种教材是根本不利于培养全面发展的学生的。工具观指导下的教师，作为课堂的主导，把知识视作教学的第一生命，他们以知识运用为诱导，往往沉迷于对语言细致入微的分解而不能自拔，使得语文教学只见树木，不见森林，只见言辞，不见意义，这就必然导致语文德性品质的丧失，导致语文课程中德性资源的浪费和流失。语文教学课堂，作为一个德性体验场，是多个课堂因素交互作用而形成的，因而也是一个综合场，德性教学必须予以充分关注。

12.3 德性教学，作为语文教学的一种理念或方法

什么是德性教学？德性教学在这里即“德性的教学”，就是德性的教师根据教材中德性的内容用德性的方法开展的教学，是指以学生为本并注重学生生活与生命意义、倚赖德性教材、关注学生德性指引、尊重学生德性体验机理、注重课堂德性情境创设、达成学生德性生成的教学活动，是建立在情感心理基础上的一种实践活动。语文的德性教学即使在同一类型、同一文体的教学中都永远不可能制定一种或一些相同的教学模式，它是一种在整体观念引领和统一下的随机释放，它存在统一的原则、统一的理念、统一的整体宏观的教育目标，但不存在统一的方法和统一的过程，不存在具体规定的教学目标，它拒绝过去那种对文章以“字词句章—段落大意—中心思想—写作特色”的解牛式分析，也反对“读读—讲讲—练练”的技术控制程序，德性培育不只是分析“中心思想”时的刻意的、牵强的思想阐释和道德规训，而是贯穿课堂整体的，既是自如地源自教材，又是教师和学生生命与生活同课文内容相交互的、对话式的一种教学状态。德性教学对教师需要更多的责任、智慧、激情、诗意与艺术。如何理解德性教学，我们可以借用一份很有意思的资料。美国一份有关语文教学研究的文章中介绍了这样一段阅读教学实录：

师：泰瑞，“生活并不总是水晶阶梯”诗中这一行，作者指的是什么？

生：是指生活并不总是完美的，有时会有一些困难。

师：你为什么这么认为呢，泰瑞？

生：是这样的，诗歌中提到妈妈说她生活的阶梯上有些“假缝”。

师：分析得很好，泰瑞。在实际生活中“假缝”是指什么呢？乔依。

生2：那种使你伤心的事。

师：对的，乔依。你生活中曾经有过这种难过的事吗？

生2：（想了一下）去年秋天我不能成为足球队员。

师：那确实是令人难过的，乔依，但你不能屈服。我今天早晨还看见你在外面练球呢。①

显然，在这段教学实录中，我们突出感受到几点：一是在这样的教学课堂上能够看见学生，能够看见人，能够看见学生作为人的生活与生命，能够看到课堂中学生的诚真与生动；二是这里也体现出了教师教育的爱、善、智，体现了其艺术的和心灵的教学；三是体现了学生的主体性，展示了学生学习过程的体验性；四是这让我们感觉到了一种课堂的和谐。由这一段实录可以看出，什么是德性教学？就是教师把学生生命放在教育之重，怀以饱满的教育爱、教育善和教育智，在课堂教学过程中抓住每一份德性培育的时机，充分发挥教育资源的养料意义，引起学生生活体验，用生活教学，与生命对话，向心灵请安。

这篇研究文章还有一段实录也同样能给我们以深深的启迪：老师介绍休斯写的短故事《谢谢你，是我的》。这篇课文叙述的是一个老妇人的钱包被人抢去，又被好心人夺回送还给她的故事。对于生词，老师让学生通过上下文和学生自己生活经历来理解，然后引导说：“设想一下，你是那位老妇人，晚上很晚了下班往家里走，一个人从你身边跑过，抢走你的钱包。想一想，写下你的感受。”所有学生都在沉思，然后写道：“恐惧”、“愤怒”、“讨厌”、“孤独”、“疯狂”。老师让学生默读课文接下来的三页，了解故事的结果，体味善与恶。最后，让学生写作文，比较休斯写的《谢谢你，是我的》和前一星期所学的海明威短故事，谈出自己的体会。② 这正是体验统领的德性教学的

① 朱绍禹，庄文中主编. 国际中小学课程教材比较研究丛书·本国语文卷. 北京：人民教育出版社，2001：287－288.

② 朱绍禹，庄文中主编. 国际中小学课程教材比较研究丛书·本国语文卷. 北京：人民教育出版社，2001：287－288.

生动例子。德性教学善于利用教材诱因，由教材生活情景向学生生活实景迁移，让学生在体验中获得德性的认知与生成。

倡导语文的德性教学，并不是意味着抛却语文知识和技能的教授，而一味进行思想道德传授与灌输，而是注重利用和挖掘语文课程中的德性资源，发挥语文独特的德性价值意义，促进学生德性生成，与此同时，还要用德性的态度和方法开展语文教学，包括语文知识和技能的教学（当然所有学科教学都理当如此）。教学理论认为，教学活动中存在的基本矛盾是“教”与“学”的矛盾，它主要体现在认知和情感两个方面。从认知方面看，表现在教学要求与学生已有的认知发展水平之间的差距上；从情感方面看，表现在教学要求与学生当时的具体需要之间的差距上。前者涉及的是学生能不能、会不会学的问题，即可接受性；后者涉及的是学生要不要、愿不愿学的问题，即乐接受性问题，与学习的动力有关，属情感范畴，传统教学致力于解决第一方面的问题，而未把第二方面的问题放在同样重要的地位上来加以重视。现代教学则应同时重视这两方面问题的解决，使情知两方面的因素在“教”与“学”的总体矛盾框架中得到和谐统一。心理匹配策略试图从操作层面解决这一问题，并取得了较好的效果。所谓心理匹配策略，就是指老师处理教学活动，使教学要求被学生主观上感到是满足其需要的，从而达到教学要求与学生需要之间的统一。① 德性教学以作为工具的语言教学为基础，以德性指引为高度，反对过分的文本肢解，重视图景生成，着意于情感心理体悟，是一种立足于知情共谐、教学共谐、师生共谐的实践活动。语文作为具有深厚德性内涵、崇高德性价值的一门学校课程，作为人类德性精神宝库，作为学生德性生成与精神建构的重要平台，坚持德性教学的理念和方法意义深重而广远。

语文的德性教学最关键的环节有两个：一个是课堂教学，另一个是课外阅读。德性教学的语文课堂，在内涵上应该是生命性的、生存性的、生活性的，在形式上，应该是丰富的、生动的、优美的，在方法上应该是体验性的、开放性的、对话性的。如果说一堂数学课就像一篇议论文，那么，一堂语文课就应该像一篇形散而神不散的散文或者是有中心的记叙文。课堂作为学生德性生成的体验场，是培育学生德性的主阵地。阅读是语文生活的重要表现，

① 卢家楣．教学的基本矛盾新论．教育研究，2004（5）．

也是课堂学习的延伸，课堂的德性教学有利于学生在阅读中把握德性体验的机会与方法，广泛的阅读，能够使学生广泛接触具体生活，为学生提供广泛的德性体验机会，扩大接触德性内涵的覆盖面。事实也证明，阅读广泛的人，等于扩张了自身的阅历，其情感体验更丰富，将促使其感情更为细腻，德性更为深沉。

我们必须尊重教学，必须把教学当成任何教育的最关键环节。然而我们应当尊重的是艺术的教学而不是技术的教学。美国哲学家巴赞在其著作《美国教师》中说过一句意味深长的话："教学并非一项不复存在的艺术，但尊重它的传统已不复存在。"① 对语文教学来说，此语也许正中要的，长期以来现代理性主义引领下的语文教学，已然抹杀了教学的艺术性，因为以知识和技能主导的课堂仅成为信息转移的一个渠道，德性教学全然丢失。更显著的体现是，在形式上诸如远程教育、电视授课、网络教学、电子课堂等现代化教学手段的普遍运用。人们也许会逐渐接受这样的一种几近荒唐的观点："好的教学仅仅是信息的转移，且一台电脑可以做得和一个活生生、呼吸着的人一样好。"② 德性教学与教学现代化之间存在着一种不言而喻的沟壑，因为德性教学的最佳方式是人人教学，而教学现代化的一些主要形式是人机教学，人机教学的德性意义非常微弱。

12.4 美好课堂生活，语文德性教学的课堂生态

人们业已认识到，对于人的精神教育，外施性方式总是难以深入学生心灵深处的，也总使教育处于低质低效的不良状态。因为外施性方式总是基于"对世界进行思想与技术的控制"③ 式的、泰勒式的（目标的先验性与外在性、原理的线性与确定性的科学主义的）理论与方法。人们也认识到体验作为精神生成的积极意义。然而，我们看重学生德性生成的主动性和内在性，并不意味着外在形式的毫无意义。教育者对教材德性内容的把握、挖掘和引

① ［美］帕克·帕尔默．教学勇气——漫步老师心灵．吴国珍，余巍等译．上海：华东师范大学出版社，2005：1.

② ［美］帕克·帕尔默．教学勇气——漫步老师心灵．吴国珍，余巍等译．上海：华东师范大学出版社，2005：1.

③ T. T. Aoki (1983) Towards a Dialectic Between the Conceptual World and the Lived World: Transcending Instrumentalism in Curriculum Orientation, Journal of Curriculum Theorizing, 5 (4), pp. 11 - 12. 转引自张楚廷．课程与教学哲学．北京：人民教育出版社，2003：104.

导运用，教育者课堂教学过程中的教育处理与智慧发挥，教育者对课堂生态的建设与营造，于学生德性生成亦是至关重要。因为“课堂教学应当是师生以各自独特的经验与价值诉求在生命互动中创造生成过程”。① 因此课堂教育教学的最重要一个原则就是要找到一个外施与内生相契合的媒体，这个媒体就是课堂生态。我们要实施语文的德性教学，就必须努力去构建这样的德性生态。课堂生态不同于课堂氛围，它包含了更为广泛、更为深刻的内涵，比如对教育教学目标的把握、对教育对象作为人的把握、对教育教学内容的把握、对教师自身的把握、对师生关系的把握、对教学过程的把握、对课堂气氛的把握和对具体教学的把握等，课堂生态是一个整体生态。课堂生态的总体目标和原则就是在对课堂教学诸要素的共同把握下，构建美好的课堂生活。这种美好的课堂生态以生命为特征，因为，正如鲁洁先生所说，教育，究其实质是一种生命与生命的相互对接与交融，也是生命与生命的相互摄养。②

我们所幸的是，语文作为学生基础精神建构和基础德性生成的最具影响力的课程，因其教育教学内涵的丰富性、生活性和感性特征，以及语文课堂知、情、意高度相融的特征，使得语文也成为一种最重于建设美好课堂生态的课程。课堂生态，简言之就是从生命出发，通过对课堂诸要素的把握，形成和谐有效的教学机制与环境。那么，德性教学的课堂生态就是从生命出发，通过对课堂诸要素在德性的理念和方法把握下，形成德性培育和谐有效的教学机制与环境。对于语文课程来说，这样的教学生态突出体现在这样一些关键词：人本，生命、心灵、生活，感性、现象、叙事，和乐等，其中“人本”是内在形态的最核心词，“和乐”是外在形态的最核心词。也就是说，语文教学要建设课堂德性生态必须以人为本，必须尊重生命，着眼心灵，关注生活；必须重视感性的、现象的、叙事的方法，必须形成和谐快乐的教育场，总之就是从观念、内容、方法、过程等各方面去为学生营造美好的课堂学习生活。“学习生活作为儿童生活基本的核心部分，是儿童天性得以发展，形成美好德性的摇篮，很大程度上决定儿童自在的德性及其未来走向，并借此满足社会对儿童道德成长的进一步要求。”③ 美好学习生活是教育生命机制的最切实表

---

① 燕良轼．教学的生命视野研究［博士学位论文］．湖南师范大学图书馆，2005：36.

② 燕良轼．教学的生命视野研究［博士学位论文］．湖南师范大学图书馆，2005：37.

③ 郭思乐．德育的真正基础：学生的美好学习生活——论教学生态在德育中的地位．教育研究，2005（10）.

现，而课堂是教学-学习生活的核心，重视课堂生态建设就能更好地构造学生美好学习生活，使德性培育形成良好的教育场，在更高效度上服务于学生的德性生成。

在这里，我对语文德性教学提出一些概念，这些概念不一定是科学的，甚至不一定成其为一个独立的概念，但将它们综而观之，我们会发现它们的共同价值指向性，即以人的生命存在和生活世界为核心的教学生态——一种充满和谐与美的生态，它们共同表达一种教学的观念，这个观念就是以学生精神为本位的德性观念。这些概念正是德性教学赖以实现的表达方式。这些概念的提出，其出发点既有形而下的方法论意义上的指导，更重要的是立足于一种形而上的思想论意义上的指引。

生命教学——生命哲学观认为，生命主要不被视为一种实体，生命是一种活力。这种活力又来自精神面，人的生命是从精神面、文化面去考察的，生命的发生、演变是解释世界、文化、历史的根本依据，只有生命才是世界的内在本质和最终根源。因此，生命哲学观主张用生命理解生命。① 教学的对象是一个个生命主体，教育者也是一个个生命主体，作为语文教学主体内容的文章，也是生命主体的符号展示，生命是课文中的“隐喻”。因此，语文教学中，按照生命哲学观的要求，“用生命理解生命”就显得如此实在而重要。生命观指导的语文教学，就是要着眼生命，面向生命，尊重生命，服务生命，把每一个学生的生命发展放在首位，正像布莱克在《纯真的预示》一诗中所吟咏的：

要看到一粒沙中的世界
要看到一朵花中的天堂
将无限紧握于你的掌心
将永恒捉住在片刻之际

生命教学是对现代传统语文教学中知识化、对象化的反思，它在教学目标、教学观、学习观等方面都走近生命。“唯有从生命深处沉痛的议题出发，

① 张楚廷. 课程与教学哲学. 北京：人民教育出版社，2003：182-183.

才会有真诚的反省。”① “中国传统思想的主流是思考人如何通过觉解和践履来安顿我们的生命，来实现我们的生命意义，旨在追求内在精神的充实、圆融、永恒。”② 中国文化哲学一直追求的道德体验的最高境界就是“天人合一”，语文作为文化的一部分，作为文化的一种载体，作为文化传承的重要手段或途径，秉承了文化传统中生命的哲思，包容了文化的生命意蕴。“在一定意义上，教育是直面人的生命、通过人的生命、为了人的生命质量的提高而进行的社会活动，是以人为本的社会中最体现生命价值的一种事业。”③ 教育定当面向人的发展的最根本任务，为实现人的生命意义和精神圆融奠基。德国生命哲学家施本格勒曾说过：“只有精神能拥有真理，而生命只拥有事实。”实际上，我们如果不从对立的角度来观照生命与精神，我们会看到这样的事实：事实与生命都是人及人的生活的最基本存在，是人及人的生活的最基础层次的内涵，而真理与精神是人及人的生活的最高位存在，是人及人的生活的最高层的内涵，而真理来自事实，精神源于生命，它们都是统一的，是人与世界的从最基础到最高位融合。他的这一观点于我们的意义是，集中了教育必须关注的事实、生命、真理、精神四个基本概念，也就是说，我们的教育应当立足事实，尊重生命，走向真理，成就精神。在著名的德国哲学家狄泰尔（W. Dilthey）的生命解释学中有四大概念，即生命、体验、表现、理解，其中“体验－表现－理解”构成生命解释学公式，他认为生命是一切认识的起点和终点，它只能由生命本身去了解生命。语文课程恰恰是这样一种由生命理解生命的很好途径，对生命“体验、表现、理解”正是语文教育的责任所在，也是语文教学的方向所在，正是通过这样一些体验、表现和理解，使人得以构建自己的精神。语文课程内容及由其带来的课程价值的重要特征之一就是其生命性，它是最基于生命与生活事实的学科课程，也是于人的精神建构最具指引性的学科课程，因而，生命教学之于语文课程是极为重要的。生命教学要求把学生真正看作生命主体和精神主体，用平等尊重的态度、用原生生活的内容、用促使体验的方法、用生命温暖的情境来实施我们的教学。生命教学依托于教育心理学，讲求教学双方的情意沟通，这种教学，它谢绝

① 谢卧龙（民87）语. 转引自钟圣校. 生命教育的另类可能——谈情意沟通理论在大学之实践发现. http：//210. 60. 194. 100/lite2000/net-university/paper/net-uni-paper-dl. htm.

② 刘惊铎. 道德体验论. 北京：人民教育出版，2003：54.

③ 为“生命·实践教育学派”的创建而努力——叶澜教授访谈录. 教育研究，2004（2）.

规定程序和模式，基于一种常规对话方式，教育者随时关注学生的当下情绪情感，凭借自身人生经验与阅历、教育经验与智慧，不断调整对话内容和方式，保持教学双方自始至终的生命律动。就这一点而言，当前低级的现代教学手段比如远程教育、电化教学，往往是德性教学的作践方式，因为那里全然没有生命关注，更没有教学双方的精神交互，教学环境的“人－机”化，使教育应有的精神场缺失，从而导致教育效能的缺失。这种方式只便于对纯粹知识的传授，是一种功利式的知识传输方式，是不利于人的精神与德性的生成的。这正是现代化教学所当克服的大病。

生活教学——德性的教学离不开生活。教育与生活本身是一个联系着的整体，语文教育与生活联系更为紧密，不只是其语言教学与人的生活功利性紧密相关，而且是语文所承载的内涵，无不与生活息息相关。这就要求我们的语文教学在实际运行当中，着力于最基础的、来自于生活的东西，并善于运用生活、通过生活、回到生活，在教学实践中开发和利用生活的资源进行生活的教学。苏霍姆林斯基对此深有研究，并成为关注生活的教育的典范，认为教学与教养是相统一的，因为生活是统一的，对学生的知识教学、道德培养、生活训练也是统一的，学生全面和谐发展的教育目标需要在生活的统一性中得以实现。生活就是学生道德问题的展开，表现着学生道德的成熟度。而当今的学生智力学习与道德学习往往是分离的，道德学习的社会意义丧失了，加上过分强调竞争、缺乏社会感知的教学，使得道德的意义不能生发出来。因而认为教学与教养的统一就是生活的统一，就是教育需要回到生活的本真。① 生活教学的视野是广阔的，它首先基于教材内容提供的生活。当前在讨论教育教学要贴近生活、走进生活话题中，往往局限在儿童自身当下的生活，以为只有这个生活才是生活，书本上展现的生活就成为了经验和知识。语文教学中，课文是生活的写真与再现，其中既有着生活事实的展现，也有着生活经验的提炼，还有着生活哲学的思考，富有生活意义与价值。生活教学的“生活”概念包含了文本提供的他人生活、学生日常生活经历与当下生活实景、教师生活阅历与经验和文本、学生、教师在教学状态中的融为一体的教学生活四个方面，这四个方面都是教学中必须关注的重要因素。

德性教学需要生活教学，因为德性寓于生活之中，尊重生活才能尊崇德

① 杨维文. 苏霍姆林斯基教育思想国际研讨会综述. 教育研究，2005（2）：90.

性。语文课堂教学走向生活教学，主要要在教学内容和教学方式上走向生活。从教学内容层面看，要重视以生活为中心开发课程资源。要善于从人类间接经验中，选择生活气息浓郁的教学材料，在古代典籍的选择中，要把贴近生活、反映生活、对当代具有积极的启迪意义的教学资源选择到课堂上来；要注重选材的生活性，注重从教材中挖掘生活因素，优秀的语文教材是富有精神养料意义的教材，教材中选编了大量极富生活趣味的文章，要善于运用和挖掘；要注重从现实生活中寻找有价值的语文教学资源，建设校本课程或者富有个性化的教学内容。从教学方式层面看，实现教学回到生活本身，语文的途径最为宽阔。这里说的生活教学，提出的回到生活，并不是说要在大自然中或社会上去学语文，这是不切实际的，而是说我们的语文教学内容要取自于生活，贴近生活，我们所要告诉学生的事理要来源于生活，教师的教学方法、态度要适应生活。我们所身处的永远是一个生活世界，这个世界以人类生存的场域，为教学世界提供了必要的条件。这就要求我们的教学世界必须依据这个生活世界，遵从这个生活世界，符合这个生活世界，贴近这个生活世界，反映这个生活世界，叙述这个生活世界，理解这个生活世界。语文教学更是如此，语文更多的是用生动的生活图景来构成我们的教学内容，不论是各类文艺作品，还是不视为文学作品的记叙文、说理文、说明文等，它们或对生活的描述，或对生活的思考，或对生活的解释，无不是以生活为核心内容的。

当然，有人担忧，如果教学世界回归到生活世界，会给教学世界带来非常大的风险。他们认为，“生活世界是一种处于自在状态的世界，是以传统、习俗、经验、常识、朴实感情与自然资源等因素构成的人的生存场域”，“教学世界是师生以理解为中心的借助外显的行为表现出的，从感情、认知与行为方面筹划并实现师生生命可能性的场域”。① 认为教学世界是人类设计的结果，认为教学世界向生活世界的回归“是指教学世界逐渐淡化和消解自身特点，从而完全融入生活世界”，并将在此过程中“有痛失自身特点，丧失自身价值的可能性”，回归于生活世界的教学世界的风险将具体在这样几个方面显现出来：失去工具价值，失去自己的独有的主体，弱化教学资料的教育性，淡化发展学生理性认识的价值。事实上，我们从来不把教学世界与生活世界

① 江玲．教学世界向生活世界回归的风险．河南大学学报，2004（4）．

对立起来，这两个概念不是一个总概念下的二元对立，它们实质上是两个不同范畴的概念，生活世界是一个物质的和精神的存在世界，而教学世界是一个行为世界，是借助物质传达精神的过程。教学首先要解决的认识问题是：教学为了什么？就是为了让学生认识世界和未来的改造世界，归根结底是为了人类生活。生活是我们教学的终极目标，那么，生活理应成为教学活动的逻辑起点。

心灵教学——心灵教学就是用心灵教学、为心灵教学。这是德性教学过程论和方法论的要求。语文教学必须充分发挥课程资源优势，为学生生成美好高尚的德性的心灵服务。教师教育教学的心灵，“是人类自身中整合智能、情感、精神和意志的所在”。① 教师要像苏霍姆林斯基所要求的那样，“把整个心灵给孩子”，要以美好高尚的心灵和情操投入到整个教学过程之中。我们常常把教师比喻成蜡烛，意味着一种点燃自己、照亮学生的精神境界。这一说法过去是为了表达、颂扬教师的奉献与牺牲精神，而今天在此看来，则是教学过程中的一种方法论要求，教师一方面要“点燃”教材文本中的德性“燃料”，一方面要“点燃”自己心灵中蕴藉的德性之“烛”，用两两燃烧之光去照耀学生心灵之室，让学生感知德性的崇高和美好，形成学生自主的追求。德性的教师永远是语文教育教学的必需。尽管现代科学技术的广泛普及将会为教育带来极大的好处，学生依靠自己就能获取大量的信息，而且这些信息的形式也可能是鲜活的、生动的，将来学生面对的学习材料是多样化的呈示方式，例如，超文本链接、万维网冲浪、虚拟实验等，对于一门学科的知识，完全可以经过录制放置于网络上，学生只要愿意，在任何时候都可以点击使用。比如，当前的远程教育、网上学校，都是充分利用了网络这种先进的现代技术，这样，师生面对面的直接的、罐装的讲授的需求将会减少。电化教学、远程教育必然严重削弱德性体验“场”的意义，在这样一种虚拟教学交往中，心灵躲在了远处，人与人、人与文以及由人、文、物构成的“境”的交感丢失，德性价值被大大地减损。对于语文，对于这种对师生双边心灵契约有着极高要求的学科，我们永远脱离不了现实教师的需要，我们永远离不开心灵的教学。语文课程的独特的德性价值决定了我们的语文教学永远需要深刻的处身性教学。

---

① ［美］帕克·帕尔默．教学勇气——漫步教师心灵．吴国珍，余巍等译．上海：华东师范大学出版社，2005：11.

心灵与生命一样是语文德性教学的核心概念之一。随着后现代思想的发展，唯理性主义教育模式受到了挑战，存在主义教育哲学流派兴起，主张教师将教材作为自我发展和自我实现的手段，不要让教材支配学生，认为教学是教师和学生间的真正对话，这种对话的实质是融合与创生。这就要求教师在教学过程中注重教会学生自主选择，实现师生在课堂上互相敞开心扉，共享求知进德的喜悦并不断提高，实现教师和学生的内心互动、平等对话与共同成长。由于语文课程的独具特点，作为一个生动宏大的德性体验场，语文课堂将是最便于利用教材和教师自身的道德情感体验，去开启学生心灵的一门课程，语文教学必须始终坚持从心灵到心灵，在具体教学过程中，始终面对心灵，教学的一切为了心灵。

感性教学——语文是感性的语文，人是生命的人，语文教学必须禀持生命根本，实行感性地教学。语文教学是一门艺术，艺术的东西都具有感性的特质，或者首先是以感性的形式出现的。这里所说的感性教学，并非平常所说的包括实物、声像等在内的直观教学或者说是语感教学，这不指一种具体的教学方式方法，而更重要的是一种观念倾向，是指教学过程中持有的一种理念、创设的一种状态、形成的一种精神，是一个整体教学的综合概念。它涉及教师的综合知识、职业道德、性格和个性、能力素养、情感态度等。它相对于理性教学，用歌德的一句名言来理解就是：理论是灰色的，生命之树长青。理性的教学是灰色的，而感性的教学则是一棵生命之树。感性教学实质上是一种教学艺术化要求，它当然包括了教学内容的感性、教学方法的感性，更包括了学生感性地学习和教师感性地教学，并且教师总是处于教学的主导地位，这需要以教师的方法带动学生的方法，教师的态度带动学生的态度，教师的热情带动学生的热情，教师的激情带动学生的激情，教师的智慧带动学生的智慧。这就要求教学过程中，教师不要总是禀持着“师道尊严”传统思想观念和教育心理定势，使课堂成为庄严肃穆的经堂，而要让课堂抛弃昔日宽袍大袖方巾气十足的做派，让课堂里生命的气韵流动起来。感性是语文课程的生命，也是语文课程的重要特征，然而在工具论的观念引领下，内容的语言学化、方法的理性分析化、过程的模式化、评价的知识化，使我们的语文教育教学长期处于灰色的科学理性教学之中，使学生不仅不热爱我们的母语学习，反而普遍陷入厌学状态。语文的感性教学，就是要努力克服现实状况，给理论的灰色贯注生命的绿色，让它亲切起来，生机勃发起来。

感性教学呼唤教师德性，只有在德性状态下，才能实现这种感性的教学，才能引动学生的德性体验，促进学生德性生成。

叙事教学——叙事是语文教学的重要方式，更是语文德性教学的重要方式。因为理寓于事，德亦寓于事，人的德性主要表现在人类生活故事之中。学生德性生成主要来源于过去人类的具体生活和自己当下的生活经历，而这些生活都体现为作为人类活动的“事”之中。叙事教学亦有传统。在西方英雄社会中，在依据古典体系的某些理论来建构道德思想和行为的那些地方，包括希腊、中世纪或文艺复兴的文化地区，道德教育的主要手段是讲授传说。比如6世纪的雅典，正式背诵荷马史诗（尽管它还处于口头流传时期）被确定为一种公共仪式。每一种文化都有自己所特有的传说，宗教文化有宗教传说，我们的文化有我们的传说。“叙事的本质是教师生命在教学实践中的体悟。”故事是重要的叙事方式，“一个好的故事，一个伟大的故事，诱发、鞭策读者去阐释，与文本进行对话。好的故事应具有足够的不确定性以诱使读者参与到对话中来。”① 叙事是人文教育的普遍法则，作为幼教的童话故事是一种简单故事，高年级则是一些复杂而深刻的故事。对于德性的教学，叙事更具价值。真正的德性，总是体现在人们的具体生活情景之中，即德性寓于人的生活。教育的核心是通过叙事，可以把一些艰涩的理论说教还原到生活中去，把生动而真实的生活展现在人们的眼前，通过对生活生动的叙述，使得学生与教师之间的内心发生生命意义上的互动。德性体验和生活阅历的具体情节保持着密切关系，所以诱发和唤醒德性体验一定不能离开具体事件及其情节，因为当体验者把具体情节忽略掉以后，就把诱发和唤醒德性体验的触点也抽掉了，这就降低了德性体验的可能性。生命叙事不仅具有共鸣作用，还具有唤醒沉睡的既往生活经历、经验的作用。沉入潜意识中的自身经历和经验在“生命叙事”式的对话情境中有可能被唤醒。德性教育就是要把生活中一些人类内心的体验得以传承。

现象教学——现象是一种哲学视角。20世纪初期，作为现象学创立者的胡塞尔，以其独到的视野，开拓了哲学的一个新领域。他通过“悬置”自己已有的思想观念，而“面向事情本身”进行直观认识，从而体悟到，世界是一种“流”，一种“现象流”，它不是外在的、强制的、提前设定本质的存

① ［美］威廉姆. E. 多尔. 后现代课程观. 王红宇译. 北京：教育科学出版社，2000：240－241.

在，因此，把回归“日常生活世界”看成把握人的生存的要基性问题，他所提出的“回到事情本身”的口号和“生活世界”的思想，刷新了认识事物的态度和方式，既对西方哲学一直产生着重要影响，也深刻地影响着世界的人文学科，更直接地影响着教育的理念和思维。现象学中的“生活世界”“是一个奠基性的世界，是人类一切知识和认识的前提和基础”。① 而现象学对于教育的意义在于对“故事”的密切关注，使“故事”成为现象学教育学之关键词。“故事”“不是被概念、定义固定下来的，它们是一个个充盈的、丰满而又真实的情境的再现，是‘事情本身’的显现，这是现象学教育学的表现方式，也是现象学教育学中的‘生活世界’和‘回到事情本身’的体现，是对儿童与父母、学生与教师等的生活体验进行描述和解释”。② 也就是说，“事情本身”的显现，不是通过固定的概念和抽象的理论，而是用不为概念所规定的故事显现，而“生活世界”“是前科学、前概念、前理论的”。③ 这里提出的德性教学中的现象教学，也正是立足于“回到事情本身”，用具体的“生活世界”去引导学生的德性生成和德性实践。当然，这与前述的生活教学几乎处于同一教学理想概念，这里用不同的名称，再提出类似概念，也就是为了让我们感知我们的教学实践是蕴藏了许多的教学思想和教学方法的。当然，现象教学与生活教学也不完全就是一回事。语文的内容在主体上体现了这种“故事性”特征，是“一个个充盈的、丰满而又真实的情境的再现”，是“前科学、前概念、前理论的”，是现象教学的重要路径，越是触及现象，越是深入事情（故事）本身，就越具有体验意义，越具有德性意义。可以看出，现象学教育学思想在语文课程中有着最充分的体现，语文课程有着最典型的现象学教育学特征。语文教育教学要把握好这一特征，发挥好这一特征的积极意义。

和乐教学——这里的“和”指的是教学氛围之和，师生关系之和（不小看学生，不歧视任何一个学生），教材与教学方法之和，学生与教学内容之和。这里所指的“乐”，就是学生心灵层面中情意的调整、激情的激发。德性教学必须建立在一种课堂的和乐氛围基础之上，课堂状态没有达到“和乐”，德性体验、德性生成就成为不可能。“和乐教学”应该达到一种怎样的具体情

① 宁虹．教师成为研究者——国际运动、理论、路径、实践．北京：首都师范大学出版社，2002：54.

② 刘洁．现象学教育学中的故事．教育研究，2005（2）：63.

③ 刘洁．现象学教育学中的故事．教育研究，2005（2）：63.

景呢?《吕氏春秋·诬徒》给予了恰切之描绘。“达师之教也，使弟子安焉、乐焉、休焉、游焉、肃焉、严焉。”和乐教学的科学性在于它符合“人之情”，“人之情，不能乐其所不安，不能得其所不乐。为之而乐者，奚待贤者。虽不肖者犹若劝之。为之而苦矣，奚待不肖者?虽贤者犹不能久之。反诸人情，则得所以劝学矣。”“此六者得于学，则邪辟之道塞矣，理义之术胜矣。此六者不得于学，则君不能令于臣，父不能令于子，师不能令于徒。”可以看出，作者吕氏认为，教育的过程，应该是一个和乐的过程，教学过程如果没有达到“和乐”就不可能达到我们所期待的教育目标。吕氏的这种和乐教育观，不论是从目的论还是从方法论来说，都是建立在“以乐和心”的原理基础之上的，这其实也是教育心理学的典范运用。“以乐和心”强调的正是道德教化的作用，与理想人格的培养与造就紧密相连。“乐之务在于和心”，人首先是有自我的身心和谐，然后才会有个体和群体的和谐。从教师层面来说，只有教师德性修养好，才能在具体教学过程中，在情感、理智和行为、语言等各个方面做到平和与适度。没有高尚的道德修养，也就不能够在教学过程中营造较好的“和”的课堂氛围，更不能让学生达到学习中的“和”与“乐”的境界。

“和乐教学”的理论基础在于教育必须充分关注学生的心理体验。学生对学校生活的体验，对课堂情境的体验，会对学生的学习和成长产生极大的影响。任何一个孩子都喜欢被教师关注，得到教师的认可和肯定，受到教师的喜欢。师生之间只有形成了真正的和谐关系，才能形成真正教育关系，只有形成了真正教育关系，才能有益于学生的学习和成长。“一个‘有权威’老师的眼神只能有效地使教室安静下来，但学生们处于受惊吓、害怕或压抑的情绪中，这种权威不是真正教育学的权威，这种纪律也不是真正的教育学的纪律。”①“古尔吉体验”正是我们反思的典型个案。这是马克斯·范梅南教授讲述的一个自然课上被老师提问的学生的体验:

“不笨、不傻，甚至还学得很快”的古尔吉，面对自然老师就“正在实验室里进行的课堂提问时”，要么“感受到很愚蠢”，要么“觉得特别了不起(很少会有这样的情况出现)”。古尔吉总是希望老师不要叫她来回答问题，“因为他那双严厉而又冷酷的眼睛在教室里扫过时”，她的身体“都会感到僵硬和冰冷”。所以她“经常试图藏到课桌和椅子之间”不让老师看到她。当老

① Marx Van Manen. The Tom of Teaching. The Althouse Press，2002，50. 参见刘洁．现象学教育学中的故事．教育研究，2005 (2).

师叫到古尔吉时，她“通常会坐得直直的，努力集中精力”。可是越努力，就越让古尔吉想到老师“会做出什么反应”。“通常都是奚落一通之后他的手指会点向别人”。但一想到老师还可能叫她时，她的喉咙就会“更加哽咽”。今天的问题古尔吉知道答案，但她还是“掌心在出汗”，在轻轻举手的同时心里却“有点希望他不要看到我举手”。老师用怀疑的口吻叫了“古尔吉”这个名字，古尔吉的“声音近乎耳语，几乎听不到”。尽管知道回答的是正确的，却一点自信心都没有，她“忐忑不安地看着他的眼睛”，因为，老师“不同意的眼神”让古尔吉觉得自己错了。当她知道自己的答案对了时，高兴得都没听见老师问的下一个问题。古尔吉“被他的尖锐吓了一跳”，觉得自己“受到了欺骗”，但老师却是相当得意，“他似乎喜欢在学生们不设防的时候抓住他们”，并以此为乐。最后老师用一种轻蔑的口吻自己回答了问题，并讽刺性地对古尔吉说希望她“大脑里的螺丝没有松”。终究还是没有逃脱被奚落一通的古尔吉“一屁股坐到座位上，无声地看着他的手指向别人”。[①]“古尔吉体验”正是一种对德性教学的急切呼唤。

12.5　阅读，作为一种德性自育的语文形式

阅读是语文教学的重要形式，学习性阅读有教学阅读和自学阅读。教学阅读是指教师指令下的一些课堂阅读或课外阅读。自学阅读是指教师指引性的阅读或自觉性阅读。阅读既是一种学习实践，也是一种生活实践。重视阅读，永远是语文教学必须坚持的方向。阅读对工具论意义下的语言掌握，无疑具有重要的意义，现行语文教学中，对阅读价值功能的认识与关注，也更多地倾向于这一方面。事实上，与课堂教学一样，阅读具有崇高的德性培育价值，在这一意义上讲，阅读在读者德性生成方面的价值有时更甚于课堂教学，因为阅读往往带有更多的自主性。语文教育教学什么时候都离不开阅读。语文的德性教学更依赖于丰富的作品阅读。阅读是一种交往，更是一种重要的生活阅历，也是唤醒生活体验和德性体验的重要线索和平台。一个人在阅读的时候，实际上是与作者发生着一种交往，进行一种精神对话，是一个无言而深沉的德性体验过程。如前所论，语文是一个德性宝库，学生的每一次阅读就是一次人生的探宝。每一个作品，或者是对生活的生动描绘，或者是

---

① 刘洁．现象学教育学中的故事．教育研究，2005（2）：63．

对生活的深沉思考，翻阅它们，就是一次一次地翻阅生活，一次一次地走入生活，也就是一次一次地学习生活、参与生活、感悟和体验生活的过程。只有多阅读，才能拥有更多、更宽阔的生活世界，丰富的阅读，可以让学生有更多的机会体悟生活，品味情感，催生精神，蕴育心灵，构建思想，生成德性。我们说的“书香门第”、“大家闺秀”，就有一种德性评价意味，这种意味正是来源于读书的感染与熏陶，使人从“知书”到“知礼”、“达理”。冯友兰的女儿宗璞小时候在父亲的严格指导下读了不少的经典名著，所以她不仅语言优美，德行也有很高的境界。①“腹有诗书气自华”，这里的“气”就是一种由知识与精神共生的状态。阅读量越多，作为一种学习实践，获取的知识就越多；作为一种生活实践，感受的生活阅历就越多；作为一种德性实践，得到的德性体验就越多，生成的德性品质也就越多。

学习性阅读需要“教”，即我们说的阅读指导。然而，作为语文课程的一部分，教师对学生阅读的指导仍然被工具思想左右，被知识功利主导，仍然以语言学习为价值取向，这是阅读教学的大敌。阅读的本质就是对话，是一种超越时空的对话，即现实的人在当下的读书活动中，与古今中外的人在进行一种对话，这种对话显然是精神性的，读者所触及的是他方的一个生命图景和生活世界。阅读的过程就是学生的一种“潜生活”过程，这个过程中最重要的就是在于学生对阅读教材中的情景体验，在于学生对文本中展示的生活图景的处身性感受，即对文本生活的“潜参与”，这样，阅读丰富了学生的生活经验，扩展了学生德性经验的范围，增大了德性体验的机缘，从而使学生自身的德性外延得到伸展和内涵得到丰富。从理论上充分认识这一点，是语文教师作为一个德性意义的教师的基点，也是在阅读教学中对学生德性培育的基点。从方法论意义说，阅读教学中的指导，一方面是读本的指导，一方面是体验的指导。在读本意义上，要着眼于学生的精神培养，以德性内涵为重，确定古今中外那些文质兼美的作品，那些优秀的经典名著，作为学生阅读书目和篇目，这些读物是整个人类发展的精神财富，也是人类后代健康成长的重要精神养料。在这方面，正如前文所论及到的，我国古代的“语文”教育即是典范，在学生阅读书目的选取上，注重中华传统文化精神的承转，关注人的精神建构，重视人的德性教化。新近英国、法国、美国的新课程标

① 刘惊铎. 道德体验论. 北京：人民教育出版社，2003：209.

准，也都强调阅读经典作品，有些学者还具体开列了许多经典作品的书目。近些年来，我国也注意给中小学生推荐优秀阅读书籍，但由于工具论引导下的功利主义原因，在具体教学实践中执行不好，学生的阅读没有得到丰富。在具体教学实践中，教师也往往把推荐书目宽泛地推荐给学生，缺乏具体指导性。从教学效益出发，教师还应当推荐那些自己阅读过的有意义、感触深的作品给学生，这样便于指导阅读和阅读后的师生交流，以深化和提升阅读价值。这就要求教师也有着宽广的阅读面，有深厚的阅读积累。体验指导，就是要告诉学生不能为文本而读，也不能为情节而读，要深入书篇中的生活世界，把自己摆进那个生活的场域中去，去体味其中的生活情景、生活况味、生活风格，去感知人物思想情感、德性品质、精神状态，要善于将自身的生活经验化入作品世界，用已有的生活阅历去响应作品世界，从而去认识世界、认识人类、认识自己。这样的阅读，才是在德性意义上的阅读。值得重视而又往往在实践中被忽略的是自学阅读的指导。学生自学阅读既要充分发挥学生自主性选择、自由式体验，但教师应当在阅读内容、阅读体验和阅读技术上给以必要的指导，尤其要根据学生生命需求、生活需要、精神成长情况，在阅读的内容上给以方向性的指导。

当然，除了学习性阅读，人生中还有更多的生活性阅读。除去了学习的功利性，阅读还会有什么价值取向？阅读生活实践告诉了我们，不论是成年人还是未成年人（学生），阅读的需求价值，除了少数从创作需要出发而去开展阅读的人会比较关注文章的形式、言辞之外，阅读的基本需求取向是获取信息和陶冶心性，这不只是休闲类的阅读、生活类的阅读的取值，也包括一些工作性阅读和功利性阅读的取值。特别是生活阅读，与其说是阅读，毋宁说阅读本身就是一种生活、一种历练。由此我们可以说，意义阅读是阅读价值的永恒取向。太玄在《范文之研究》曾经说过：

> 如惟使儿童为无意味之诵读，但观其发表之事项及外观上之体裁，而直使从事于评论，则其所批评者，岂复有何等之价值乎？昔俄国文豪托尔斯泰以其所著之《复活》公乎于世也，世人对之起种种之訾议。托尔斯泰尝慨然曰："世人真有读此文章，当能与著者好恶之心相契洽。我日夜望之矣。噫，旨哉言乎！"托氏此言，真文者所当玩味者也。盖文章之精神旨趣，绝非可于形式上求之。此好学深思之士，所以可贵耳。然

余非欲专从事于臆测也。其过事深求者，往往有陷于附会穿凿之弊。此亦非余所赞成。读者唯当以明了之心目，平正之态度，为适当合理之解释，务与作者之心情相凑泊斯为善矣。①

太玄的这段话，生动地说明了阅读的要义在于“与作者之心情相凑泊”，要“与作者好恶之心相契洽”，也就是说要感受作者的感受，理解作者的理解，达到与作者心灵上的共鸣。这一理解，正是我们德性教学的一种状态要求。生活性阅读，与其说是为了求知，不如说更多的是为了追求一种精神价值，是一种精神层面上的自觉丰富，是一种对德性的主动征求。

① 太玄范文之研究．教育研究，第七卷第十号，1915．转引自语文建设，2005（3）：1.

第13章　教育本质的德性评价
——从“无意识”到“有意识”

课程评价是课程编制中的重要内容，也是课程实施的重要环节。德性观必须深入到包括课程评价在内的语文课程各个环节，才能真正落实语文的德性理念。语文学科内涵的多维性，决定了语文课程目标、课程评价的多维性。现行的语文课程评价仅仅是以考试为根本方法，那么，考试的样态也就能够反映语文的观念状态。倪文锦教授对语文考试研究颇具影响力，他指出：“语文考试反映了语文学科的本质属性。”① 并进一步认为，“由于语文教学本身有一个弘扬民族文化、继承民族传统的任务，因此从教学内容到考试方法都有着区别于其他学科的不同个性。”② 这个“不同个性”就是语文课程评价不只是单一维度的评价，除了与许多别的学科一样的知识与技能的评价外，还有由“民族文化”和“民族传统”融合的精神层面的评价，甚至这个“精神”还不止于“民族文化”和“民族传统”所包含的精神，而且还包含作为人的生命精神。然而，当前语文课程评价中存在着明显的精神忽略和德性虚无，作为评价主体方式的语文考试，几乎是一种深刻工具观的再现，并且这种状况已经成为整体无意识，在语文课程评价中已经看不到语文精神目标层面的评价内涵。语文德性观主张将语文课程评价中的这种德性“无意识”提升为一种“有意识”，在评价体系中充分关注和彰显德性意义，实现课程固有的精神目标。德性参与评价过程，并非旨在对学生德性的判定，其本质不是“评价”而是通过“评价”开展“教育”，是“评育”。语文德性观重视把德性评价当作一种重要的教育过程和方式，促进课程评价达到“评育”的新境界。

---

① 倪文锦．语文考试论．南宁：广西教育出版社，1993：46．
② 倪文锦．语文考试论．南宁：广西教育出版社，1993：6．

13.1 评价：课程设计的基本向度

课程评价很重要。不论对评价有什么样的说法，事实上现在我们的课程离不开评价环节。泰勒是“教育评价之父”。课程评价在泰勒原理中就成为了重要的部分，成为他确立的课程与教学基本原理的四个问题之一。① 课程评价被积极地引入到课程编制过程，不只是使课程编制增强了科学性，更重的是这一思想带来的课程观念的动态、开放性。因为在泰勒原理中，课程评价的目的不只是评价本身，而是在于评价结果的利用上，与课程编制模式一样，课程评价也遵循着“确立评价目标——确定评价情境——设计评价手段——利用评价结果”四个步骤，利用评价结果很显然地寓意着对教育目标实现状况的改进。在泰勒看来，“评价不仅是对于课程的终结性判断，而且是对于课程的不断完善具有建设性的措施。”② 正如泰勒自己所说：“课程设计有了一个重新设计、重新编制和重新评价的过程；在这种连续环中，课程与教学计划就能年复一年地得到改进。”③ 当然他的具有浓厚行为主义色彩的目标化课程编制模式也受到人们的批评，指出其强调目标行为化的局限性，其行为化评价寓意一次以上行为之间的比较判断，其情境设定要求，在评价情感、审美和思想道德方面是不可操作的。

德性评价有着自己的处身性困境。德性内涵的复杂性和德性形态的抽象性往往为其评价带来尴尬，德性评价不可能以“数字化”形式进行表述。由于人的精神有非常明显的个体性特征，使作为学校集体式教育的模式在“确定使学生有机会表现教育目标所隐含的那种行为情境”④ 难于形成，评价的操作性不强，评价情境的缺失，使德性评价减少了许多机会，并使评价的效度大大降低。同时，圆通人格，一种假性精神状态会使评价者对评价对象认识的偏差，导致德性评价偏差。——这些都是德性评价所要克服的困难。

语文课程中的德性评价必然会体现出三个特征：其一是鲜明的人文主义

---

① 泰勒《课程与教学的基本原理》一书的内容可以简化为四个问题：第一，学校应该达到哪些教育目标？第二，提供哪些教育经验才能实现这些目标？第三，怎样才能有效地组织这些教育目标？第四，我们怎样才能确定这些教育目标正在得到实现？参见丛立新．课程论问题．北京：教育科学出版社，2000：36－45.

② 丛立新．课程论问题．北京：教育科学出版社，2000：44.

③ 泰勒．课程与教学的基本原理//丛立新．课程论问题．北京：教育科学出版社，2000：44.

④ 泰勒．课程与教学的基本原理//丛立新．课程论问题．北京：教育科学出版社，2000：43.

立场。德性评价必须坚持人本位，要克服社会本位的偏执。当前课程价值取向走向多元化，然而这种多元化始终以人文精神为核心，强调人的个性化生存以及人的主体生命的终极关怀。这种多元化，凸显着课程对人的发展的需要，课程评价也当与之相应。其二是永恒的形成性意义。德性评价的目的在于促进人的发展，使学生精神得到初步形成。这种评价不在于对评价对象给予定量定性的结论，而是对德性生成的状态给予基本的把握。其三是不变的教育性价值。语文课程中实施德性评价，是要在评价的过程中实施教育，其成果的运用也在于更好地为德性生成的深化寻找教育的方向和方法。

《普通高中语文课程标准》要求："语文课程评价要突出整体性和综合性，从知识和能力、过程和方法、情感态度和价值观几方面进行全面考察。"① 这一要求坚持全面评价取向，突出了语文课程评价的整体性和综合性，超越了过去只注重对知识和能力的"科学"定量分析，走出了一直以来处于狭窄状态下的评价范围，也为德性评价提供了思考的依据。德性评价推动语文课程评价走向整体性评价，也是落实新课标要求的思维取向。语文学科是一个价值多维的学科，语文课程目标必须充分展现语文学科的这一特征，那么，语文课程评价的取向上也应"摒弃片面的评价观念，尽可能地反映课程的全貌"。② 当然，新课标尽管这么要求，其对语文品质的"全貌"还是缺乏认识的，体现在语文课程标准研制组在解读《语文课程标准》时所表述的：

> 所谓整体性，主要包括两个方面：从内容看，语文课程是一个整体，评价语文课程的内容应该包括识字与写字、阅读、写作（包括写话、习作）、口语交际和综合性学习，而不能像以往那样只重视阅读与写作的评价；从评价领域而言，它的范围不能仅限于知识和能力，即认知领域，还要从过程和方法、情感态度和价值观进行全面评价。也就是说，评价既要对产生这一学习的结果进行描述和判断，又要对产生这一结果的多种因素和动态过程进行描述和判断；既要看到学生智力发展的一面，也要看到他们的动机、兴趣、情感、态度、意志、性格等非智力因素作用

① 中华人民共和国教育部制订．普通高中语文课程标准（实验）．北京：人民教育出版社，2003：21.

② 语文课程标准研制组编写．全日制义务教育语文课程标准（实验稿）解读．武汉：湖北教育出版社，2002：112.

的一面。①

从这一解读来看，新课标所提出的整体性评价还并非真正意义上的整体性评价，在对非智力因素的关注中，仅仅是从学习心理的角度去观照评价内容，还没有把评价的眼光注视到作为精神的"价值观"、作为精神内核的德性评价上来。

13.2 德性：语文课程评价中的虚无

近百年来，尽管"工具论"制导着语文学科的基本命运，然而语文从来不曾也不可能脱离传统文化、民族精神和人类德性。语文教材内容一直以来都隐含着浓厚的德性意蕴，即使在"文革"期间让政治冲淡了人们对人类德性的关注，语文依然作为了人们精神（只是当时这种精神内涵是一种极端政治主义的）建构的重要倚赖。语文教学也一直在关注着对学生的"思想教育"（这种"思想教育"不是本质意义上的德性培育），语文教学中的"德育渗透"（"渗透"是由外而内的，并有偷偷强制感）也是一直被教师们所注意的，并为一些教师精心研究和实践着。也就是说，语文学科课程在设计和实施之中，都有意识地对人的精神层面的教育影响进行着层次深浅不一、内涵多寡不一的思考与实践。然而在课程评价环节中，人们往往只注重对一些具体的语文知识点和语言运用技能的考察评价，而对语文课程目标中的精神目标进行忽略，这种忽略，长期以来形成了一种集体无意识。

语文课程目标总在指向着学生的精神领地。自从语文分科设立以来，语文课程编制中就一直非常注重语文对学生的精神建构价值，并在不同时期的教学大纲中作为教学目标给以明确要求。1903 年张之洞等人根据《奏定学堂章程》制订的《学务纲要》中规定："中小学堂宜注重读经以存圣教。"认为"中国之经书，即中国之宗教。"并进一步指出："若学者不读经书，则是尧舜禹汤文武周公孔子之道，所谓三纲五常者尽废绝，中国必不能立国矣。"② 把语文的精神价值推崇到了极致。当然，这一出发点是在于"保古"，即借中国文辞以保存"国粹"，但这种"保古"也是通过对学习承传，保存到"学者"

① 语文课程标准研制组编写．全日制义务教育语文课程标准（实验稿）解读．武汉：湖北教育出版社，2002：112.

② 张隆华．中国语文教育史纲．长沙：湖南师范大学出版社，1991：146.

的心灵头脑中去，实质上就是对经学教育的目标指向。1903 年第一个新学制试行后，确立了以“端正趋向，造就通才”为目标的教育宗旨，开始正规化地编写中小学国文教科书，如蒋维乔等编的《最新小学国文教科书》、江楚编的《高等国文教科书》等多种版本，尽管这些版本种类多，各具特色，但它们的基本宗旨都是使学生“上知爱国，下足立身”①，对学生的道德精神要求集中而明确。及至建国后，对语文教育中的精神目标的要求有所忽略，特别是在 1959 年开始的语文性质等大讨论的背景下，工具论完全站上了语文教育的主席台，明显表现在 1963 年制订的《全日制中学语文教学大纲（草案）》中就没有明确规定思想教育的任务。尽管如此，这个大纲还是阐述了语文教学中的“文”、“道”关系，教材课文选择也注意做到“文质兼美”。② 在“大跃进”时代和“文革”期间，语文课非常强调思想政治性，在有的地方甚至强调“思想性是首要的”，走上了用语文课的学习来占领学生思想阵地，教化无产阶级道德与价值观念的道路。1978 年试行的《全日制十年制学校中学语文教学大纲（草案）》把“提高思想政治觉悟”、“成长为又红又专的人才”作为教育宗旨。③ 作为课程改革里程碑式的新课标，使语文教育目标进入“语文素养”话语时代，对人生、生命、精神有了更多更深刻的关注。《语文课程标准》也表达了对德性评价的诉求。《全日制义务教育语文课程标准》中说：“九年义务教育语文课程的改革……在培养学生思想道德素质、科学文化素质等方面发挥应有的作用。”④ 在课程基本理念的表述中提出“应重视提高学生的品德修养和审美情趣，使他们逐步形成良好的个性和健全的人格，促进德、智、体、美的和谐发展”⑤，《普通高中语文课程标准》根据学生层次的进步，对精神层面的要求更为突出一些，提出了“弘扬和培育民族精神”、“形成良好的道德素质”、“从‘知识和能力’、‘过程和方法’、‘情感和价值观’三个方面出发设计课程目标”、“充分发挥语文课程的育人功能”的

---

① 张隆华．中国语文教育史纲．长沙：湖南师范大学出版社，1991：155．

② 周庆元．中学语文教学原理．长沙：湖南教育出版社，1992：79－81．

③ 张隆华．中国语文教育史纲．长沙：湖南师范大学出版社，1991：381．

④ 中华人民共和国教育部制订．全日制义务教育语文课程标准（实验稿）．北京：北京师范大学出版社，2001：1．

⑤ 中华人民共和国教育部制订．全日制义务教育语文课程标准（实验稿）．北京：北京师范大学出版社，2001：2．

一些课程理念。① 事实上，在《普通高中语文课程标准》的基本理念中，对学生精神向度的关注已经十分充分，其表述为：

> 高中语文课程必须充分发挥自身优势，弘扬培育民族精神，使学生受到优秀文化的熏陶，塑造热爱祖国和中华文明、献身人类进步事业的精神品格，形成健康美好的情感和奋发向上的人生态度；应增进课程内容与学生成长的联系，引导深长积极参与实践活动，学习认识自然、认识社会、认识自我、规划人生，实现本课程在促进人的全面发展方面的价值追求。

同时，在“课程目标”中也明确表述：“通过阅读和鉴赏，深化热爱祖国的感情，体会中华文化的博大精深、源远流长，陶冶性情，追求高尚情趣，提高道德修养。”② “通过阅读和思考，领悟其丰富内涵，探讨人生价值和时代精神，以利于逐步形成自己的思想、行为准则，树立积极向上的人生理想，增强为民族振兴而努力的使命感和社会责任感。”③ 由此可以看出，在语文教育教学目标上，学生的情感与精神、思想与道德总是受到密切关注的，都把实现这一目标作为了语文课程的基本任务。特别是在《普通高中语文课程标准》这里，已经完全从过去的“工具”理念走向了“人文”理念，在课程基本理念、课程目标上，对学生生命成长作出了高度关注。

杜威指出，课程的目的就是促进学生的生长。④ 这个“生长”既有知识、技能的“生长”，也有体格、心理的“生长”，更有生命的精神与品质的“生长”。有目标就有目标实施和评价，评价与目标应当是对等关系，确立了怎样的教育教学目标，就应当有相应的评价要求和实践。没有评价就没有及时准确的教育教学反馈，教育教学就成为盲目的。然而，语文课程评价上，是否存在与已有的课程目标对应的评价要求和评价实践呢？

---

① 中华人民共和国教育部制订. 普通高中语文课程标准（实验）. 北京：人民教育出版社，2003：1－2.

② 中华人民共和国教育部制订. 普通高中语文课程标准（实验）. 北京：人民教育出版社，2003：6.

③ 中华人民共和国教育部制订. 普通高中语文课程标准（实验）. 北京：人民教育出版社，2003：6.

④ 施良方. 课程理论——课程的基础、原理与问题. 北京：教育科学出版社，2005：86.

诚然，在中国古代语文教育中，由于受教育理念、教育机制和社会形态的影响，从来就是非常注意对学生德性评价的，有时对德性的评价还甚于对才智的评价。《学记》所述，西周时期教育教学包括德育和智育两个方面，其中属于德育方面的有“辨志”、“亲师”、“取友”、“强立而不返”，与此相应，教育教学评价也包括“德行”和“道艺”两方面的内容和要求，在人才荐举选拔制度中，实行“考其德行，察其道艺”①。孔子的教育教学评价思想中，不论“考核”还是“内省”，都注重对学生道德修养和学业练习两方面的内容和要求。② 到后代的一些具有教育教学评价意义的社会荐举选拔中，倡德的理念非常突出。汉魏时期的察举取士考试制度，以及中国古代教育教学评价制度趋向成熟的隋唐宋元明清的科举考试制度，都注重对品德行为的评价与考核，比如在唐代以前，在选官制度上，体现了对“孝”德性的提倡。主要是以乡举里选为特征的察举制和九品中正制，标准和科目都不相同，但“孝廉”一直都是其中共同的重要内容。乡里出名的孝子，地方长官就有责任向上推荐使用。汉武帝以四科取仕，四科各有偏重，但都要求孝悌廉正。唐高祖号召幼童读《孝经》，并设置了童子科，以下能通一经及《孝经》、《论语》，卷诵文十，通者予官。由此产生了中国古代“举孝廉”的历史文化。

然而到了近现代中国语文教育教学理论和实践中，教育教学评价对“德”开始走向虚无。对德性评价的忽略，在科举时代就开始初露端倪，到近现代受适用于科学主义教育观的测量（测验）理论的影响，教育教学评价走向了知识与科学的极端，完全抛弃了对人的精神层面的观照，德性走出了评价的视野，那种被当时人们认为“标准测验，最正确可靠，合乎科学精神”③ 的测量（测验）式的“标准化”考试完全抹杀了语文教育的精神意义，虽则合乎“科学精神”，却完全背离了“人文精神”，背离了人的全面发展的总体目标要求。1978 年以后，当中国教育走向春天的时候，语文课程评价的理论和实践却更深地陷入了科学理念与方法。在理论上，纵览近时代汗牛充栋的课程与教学论著作、语文教育教学理论著作，在我所涉及到的著述之中，除了《思想品德课程》等不能不思考并开展思想道德评价（事实上也还只是停留在

① 周礼·乡大夫.

② 张传燧. 中国教学论史纲. 长沙：湖南教育出版社，1999：244－259.

③ 罗廷光. 普通教学法. 上海：商务印书馆，1932：209. //张传燧. 中国教学论史纲. 长沙：湖南教育出版社，1999：262.

一种思想道德认知评价水平，而不是真正意义上的精神、品质评价）外，其他学科的理论研究都不曾或者极少把精神评价、德性品质评价纳入认识和讨论之中，然而每一个学科却都在应景式地、牵强附会地开展“德育渗透”，那么，“渗透”没“渗透”？“渗透”结果如何？谁来考察与评价？如何考察与评价？人们在理论和实践上都闭门不理。这就显示出我们的学校道德教育其实只是一个没有形成循环的单向教育，亦即一种没有建立在科学基础上的低效教育。在我所目及的一些语文教育理论著述中，对课程评价或教育教学评价，基本上仅仅面向“语文知识、语文能力、语文学习态度和习惯”① 的评价，“终结性”、“形成性”、“过程性”、“发展性”、“质性评定”、“量性评定”等概念都只是运用在知识与技能评价层面，而“形成性”、“过程性”、“发展性”、“质性评定”都是一些精神评价的好概念。有的理论著作还专节专章讨论语文学科德育，在意义、功能、目标、内容、因素、对象、原则、方法、特征、实施，包括教师等方面都进行了深入的思考，而对“评价”却缄口不言。魏本亚教授在其《语文教育学》中讨论“语文教育评价的发展方向”问题时提出了“既评定学生的个性发展，又评定学生的合作精神”② 趋势，涉及了语文教育的精神评价问题，但语文之于人的精神教育意义仅仅是“合作精神”吗？而陶本一、王光龙主编的《语文学科教育学》在讨论语文教育效果评价的主要内容时，就明确提出了精神层面的评价内容，表述为“是否形成了作为一个社会主义公民所必备的正确的美丑观、善恶观、爱憎观、正误观、荣辱观、人生观以及热爱祖国、人民、民族语言文字、文化传统的高尚情操”。③ 这里的可贵之处不仅在于提出了精神评价的内容，而且对评价内容方面概括比较全面。这本书早在1991年出版，但对这一富于价值的思想一直鲜有人呼应。回到眼前，人们寄予了厚望的、作为处于理论与实践衔接点的《语文课程标准》，给出了“评价建议”，但在普通高中的课标中只有对“情感态度和价值观”进行全面考察几个字，与前面所述的课程理念和课程目标所要达到的目标完全不对等、不一致，对教育教学的重要目标进行了忽略。在实践上，课程（教育教学）评价以终结性考试为根本形式，考试题目的设计中均为语文知识和技能要求，对德性评价陷入集体无意识忽略，

---

① 朱绍禹．中学语文教育概说．呼和浩特：内蒙古人民出版社，1983：277.

② 魏本亚．语文教育学．徐州：中国矿业大学出版社，2002：377.

③ 陶本一，王光龙．语文学科教育学．太原：山西高校联合出版社，1991：351.

或在因其难而受到集体有意识忽略。尤其到了近年，由于价值多元化取向，在作文考试中对“观点正确”要求的把握走向泛滥状态，甚至一些充满着并非符合主流意识形态的作文、一些传统德性观念被反弹琵琶的作文，作为“出新”之作被老师们叫好，给出高分，对学生价值观的取向淡化主流指引观念。

13.3　评育：语文课程德性评价的本质

在语文德性论思想下讨论语文课程中德性评价的意义和方法，并不是也不可能要求在语文课程评价之中独立出一个专门的德性评价系统，或者独立给定一个明确的德性评价结果，不是在语文课程范畴内单独给学生德性生成和精神蕴藉状态一个分数或一个等级判定，因为德性的生成源自于整个学校教育、家庭教育和社会教育的合成，而是立足于对语文课程评价整体的改造与完善，使原有的语文课程评价在理念上有所进步，真正具有德性评价的观念、德性评价的内容和德性评价的方法，使语文课程评价既有知识与技能的效度，又有精神与德性的效度，形成完整语文课程评价。这是一件非常艰难的事，但又是非常必要的事。评价制度在课程教学中起着导向与质量控制的重要作用。重视对学生德性评价，直接引导着教师开展德性教学的热情和积极性，影响教师对德性教学的重视和落实。

德性评价必然是作为一种“另类评价”——这也是一种“真实性评价”或“表现性评价”形式，即“致力于学生的表现或对学生表现的记录”① 的评价，与以测验和分数为形式的传统评定有着形态上的完全不同。语文课程德性评价包含两个方面的内涵：一是直接评价，二是参与评价。直接评价即在语文课程实施过程中直接对学生德性作出评价，这是对学生一段学习时期的德性育成状态的直接的质性评价。这种评价要坚持“三个环节”和“四个主体”。“三个环节”就是日常评价、考试评价和期段评价。日常评价就是在学习生活当中，语文教师随时对学生德性状况保持注意，根据具体情况进行德性点评指引，如课堂上的道德性表扬与批评、课下生活的谈话性德性点评指引、作业作文中批语方式的德性点评指引等，并将这些零碎的点评性德性评价意见建立评价档案，在一个阶段综合形成对学生德性育成状态的评价。

① ［美］艾伦. C. 奥恩斯坦，费朗西斯. P. 汉金斯. 课程：基础、原理和问题. 柯森译. 南京：江苏教育出版社，2002：360.

这是一种发展性评价和形成性评价。考试评价就是在语文考试中，根据试卷题目设置或活动设置的德性考评内容，对学生德性知识、德性意识、道德取向、德行能力进行基本估价，形成学生德性育成状况的评价。语文考试的命题，既要贯彻“知识性与能力性”、“客观性与主观性”、“实用性与文学性”、“层次性和多样性”① 等方面结合的原则，又要把精神性评价从主观上主动摆进命题思想之中。期段评价就是一个学期、一个学年或整个学制阶段的阶段性总评，这个评价综合整个阶段中日常评价和考试评价，得出学生这一阶段的总体评价。“四个主体”是指在学生德性评价的形成过程中，要有学生、教师、同学、家长的直接参与，通过面谈、征求意见、公示、讨论等形式，对学生形成鉴定。“四个主体”主要是对阶段评价而言，日常评价与考试评价都可以由教师根据当下情况及时作出评价。

参与评价即让德性的教育内容参与到语文课程评价之中去，在语文课程评价的内容中主观有意地安排饱含德性价值的评价内容，使学生在接受评价的过程中受到德性培育。这样的途径有语文活动和语文考试两种。语文活动如演讲比赛、辩论赛、苏格拉底式研讨②等，确定一些具有丰富德性内涵的主题，让学生在活动的过程中受到教育。

考试中的德性参与是语文德性评价的重要环节。虽然在过去的语文考试内容当中，也选入了不少不乏德性内涵的试题，但那往往是一种无意识，并非主动地进行德性内容安排。这种德性内涵丰富的试题主要体现在阅读选段和作文上。如2005年全国卷高考作文题是以“记忆与铭记”为题目的材料作文，给定的材料是：甲、乙两个好朋友吵架，乙打了甲一拳，甲在沙地上写了“今天我的好朋友打了我一拳”。又一次外出时，甲不小心掉进河里，乙把他救了上来，甲在石头上刻了“今天我的好朋友救了我一命”。乙问甲为什么要这么记录？甲说：“写在沙地上，是希望大风帮助我忘记；刻在石头上，是希望刻痕帮助我铭记。”这道作文题充满了人类德性价值，题目里正蕴藉了我国古代所要求“有德于人不可不忘，有德之人不可忘”的德性精神。“近年

---

① 倪文锦. 语文考试论. 南宁：广西教育出版社，1993：46－48.

② 苏格拉底式研讨评价法是由美国著名学者阿德勒提出来的，这一方法注重在问题的讨论中形成互动，在互动过程中对学生作出评价。他认为这种方法应包括五个方面：明确教育结果、选定文本中学生广泛关注的热点问题、教师提出一个起始问题、记录研讨过程、评价方式灵活多样。参见魏本亚. 语文教育学. 徐州：中国矿业大学出版社，2002：381－383.

来，高考作文承载的意义，越来越体现整个社会文化的取向和价值判断。"①这应当说是一种正确的方向引导。并且要把这样一种命题精神有意识地贯彻到所有学校教育考试甚至社会考试中的命题过程中去，紧紧地把握好课程评价的德性培育机会，形成学生精神培育合力。

德性观下的语文课程评价要张扬这种试题德性化的理念，要在整体语文试卷中，充满真、善、美的意蕴，让学生在考试的深入思索之中深化德性体验，生成德性品质，使语文考试获得语文知识技能测验、德性评价和德性培育多重价值。实现这种试题德性化理念，一是要坚持用德性观指导命题工作。语文教师要树立语文课程评价中的德性评价和德性培育意识，重视考试环节的德性评价和德性培育价值，重视考试评价的一体多能意义，让德性评价和德性培育共生于语文知识和技能测验之中。二是精心设计德性化考试题目。一方面，坚持适当足量的主观题型，使试卷能充分反映学生德性水平；另一方面，坚持选文、引句的真、善、美意蕴，坚持作文命题的生命取向和精神价值。同时还可以结合作文的多元化，适当增加主观评述式的德性案例简析题，用测验方法来观察和评判学生德性育成水平。

进行精神性维度的教育评价是一件极其艰难的事，知识技能评价可以通过试卷和活动来进行，心理评价可以通过科学测量方法来进行，只有道德品质评价不仅不可量化，而且实施的操作性非常差。尽管人的德性水平确实存在着差异性，但是对德性状况的考量是缺乏实质性方法的。因此，我们所说的德性评价，也只是通过一定形式开展的另一种德性培育。语文课程德性评价也难以对学生给出准确的鉴定，如果按照上述方法进行的德性评价所获得的评价结果，也不是对学生的终结性鉴定，而是一个新的德性培育内容，是鼓励学生的德性进步和指引学生德性发展方向的一种切实的依据。那么，语文课程德性评价本质上不是一种精神品质的评定、评价，而是一种教育策略，是通过德性内涵在语文课程评价过程中的参与，达到进一步进行德性培育的目的，是一种以"评"促"育"、"评"中施"育"的过程和方式。

① 黎晓春，张燕．读者成为高考作文的"风向标"．读者，2005（21）：64．

结 语

> 我不想教诲，只想引导，只想表明和描述我所看到的东西。我将尽我的知识和良心首先面对我自己，但同时也面对大家来讲话。
>
> ——胡塞尔：《欧洲科学危机和超验现象学》

写到最后，又回到开头。我抱着对教育的热情和对语文的爱走入这一瑰丽的学术殿堂，我也是满怀了对语文的殷殷期待和美好憧憬，来走着我的学术研究之路。这样一个选题，既有着导师周庆元教授高估不才的期待，他期待着我对语文的品质有所发现，有所感悟；也有我自己对语文无知的神秘感和敬畏心，我痴想探究语文之于人生何以有着如此深沉而美好的影响！我阅读，我访问，我探寻，我冥想，最终我也发现——德性，我发现德性端坐于语文的高堂！

走入这个话题，我惴惴然。德性，人类最高尚的景仰，曾经多少睿智的先人对其进行过叩问和探访！这高山大川我将何以跋越与涉渡？而对于语文，可以说人人皆专家，我有怎样的学术底力来明陈己言？然而，走入这个话题，我也欣欣然。语文，德性，人生，我将由此进入一个怎样温馨美好的学术世界！我将拥有一次多么可贵的学术旅行，这必是一次饱含生命意蕴的精神旅行！于是我就毅然前行了。

站在巨人们的肩膀上，在导师们恢弘的指引和精微的帮助下，我的努力带给我这样一些收获：

之一，感悟了德性人生。本收从哲学视角，通过对德性概念的取精用弘，进行认真梳理和辨析，理解了德性的基本意义，给出了自己对德性概念的尝试性约定：德性是人的内在的一种以道德为核心具有卓越特征和生命力量的精神品质，是真、善、美的统合。并从生命哲学观立场上区别了德性与道德、思想、政治、人格等的特征，由此深入地认识了人与人生，通过对人的本质的理解，提出了“人是德性的动物”、德性的发展是人的根本发展等命题。通过对人生境界理论的浏览，提出了德性人生乃人生的最高境界、德性人生是美好幸福人生的观点。

之二，发掘了语文德性。在现象学的视野中，通过深入语文（课文）内在展现的生活世界的探微，看到了语文内蕴的那个精神生命世界和德性世界，认识到语文是一个德性宝库，是心育之母，是学生德性生成的绿色根据地。语文中的生活世界是他人的现实生活世界，从而也是学生的现实生活世界，与现实生活一样，是学生精神建构的原初基地。

之三，认识了人生语文。从德性之于人生、德性之于语文、语文之于人生的交互关系，我看到了语文的人生意蕴。语文因其语言意义让人终身受用，更因其德性意蕴，生成精神意义，奠定人生基础，提升人生高度，蕴藉人生品质。由此提出了“人生语文”的概念，看到了语文让人生越飞越高、人生让语文越走越远的互动价值，指出了语文走向人生的应然发展方向。

之四，厘定了学科概念。对语文、语文学科、语文教育、语文课程、语文教学等概念及其关系进行了粗略的辨析和厘定，澄明了语文教育教学理论和实践中的概念混乱，确认了“语文”概念的内涵与价值，认为“语文”是教育学属下的一个好概念，提出了“语文就是语文自己”、“语文是 Yuwen（而不是 Chinese）”等观点。

之五，透视了语文本质。本书注意防止了科学与文明的对立，对语文的品质进行了察微观著，批判地继承了语文性质“世纪之争”的精神要义，对“工具论”和“人文论”之争进行了“解围”，对《语文课程标准》所定尊的“工具性和人文性的统一”的语文性质二元论的非科学性展开了质疑，提出了语文学科性质是文化复合性。深入解析了语文客观存在的内涵品质，提出了语文语言维度、智慧维度、德性（“精神”之核心）维度“3D”合构的内涵构成的观点。

之六，彰显了语文价值。品质决定价值。语文的“3D”内涵品质，直接决定了语文言育、智育、德育“3E”价值功能，语言掌握、智慧发展、德性生成成为语文教育的完整职责和应然的目标维度，而这三个目标维度中，德性生成应当成为语文教育的最高纲领，工具价值只能是语文教育最低级、最基础的价值。

之七，提出了语文理念。这个理念就是语文德性观。语文之所以对人生影响深沉而美好，不只是它让我们亲近和享受了祖国语言，更重要的是在于它生动而厚重的生命性意义和精神性意义，它超越了作为自然生命的语言意义和工具意义。语言价值与精神价值的化合成就了语文的伟大与高贵。语文教育要为人的生命生长服务，要为人的精神建构服务，要为人的德性生成服务，要为人的一生的美好与幸福服务。语文课程必须坚持德性观，弘扬德性价值，走向人生，走向学生心灵，由此促进“人”的“形成”，同时促进学科自身的发展。

之八，构建了语文课程。在德性观的引领下，我在语文课程的建构与发展走向上产生了这一些思想：要生成以人格善、人类爱、教育智和职业情为基本品性的品质卓越的德性教师；要努力建设以人为本的、具有真善美品质、生命品质和生活品质的德性教材；要倡导体验统领的德性教学，形成以生命的、生活的、心灵的、感性的、叙事的、现象的、和乐的为特征的课堂教学生态；要建立以教育为本的德性评价方法，让德性培育深入到语文教育的各个层面。

德性是伟大的，人生是可敬的，面对德性和人生，语文是可为而当为的。语文教育定当从“工具论”的束缚中解放出来，在德性观的引领之下，超越以基础知识和基本技能为内容的“双基”目标，实现以基础语言、基础智慧、基础德性为内容的“三基”目标，使我们可亲可敬的语文迎着生命的呼唤，走向德性，走向精神，走向人生，走向自身长远的未来！

伟大的语文，高贵的语文，德性的语文，人生的语文！坚持语文德性观，建设德性引领的语文课程，重视语文德性培育实务，让语文培育真、善、美的人，让人获得真、善、美的人生，让真、善、美的德性人生缔造真、善、美的德性世界，让德性的世界恒久地滋养着我们每一个生命！

写下这些文字，就是写下我对教育的良愿、对语文的良愿，因之更是对世界的良愿，终归是对人的良愿！

参考文献

1．著作类

［1］辞海．北京：中华书局辞海编辑所，1965.

［2］商务印书馆编．辞源．北京：商务印书馆，1988 年版、2001 年（世纪珍藏版）第 1 版.

［3］宋希仁主编．伦理学大词典．长春：吉林人民出版社，1989.

［4］冯契主编．哲学大词典．上海：上海辞书出版社，2001.

［5］顾明远编．教育学大词典．上海：上海教育出版社，1998.

［6］梅益主编．中国大百科全书．北京：中国大百科全书出版社，1996.

［7］梅益主编．不列颠百科全书．北京：中国大百科全书出版社，1999.

［8］王同亿编．语言大典．海口：三环出版社，1990.

［9］中国社会科学院语言研究所词典编辑室编．现代汉语词典．北京：商务印书馆，2005.

［10］李国炎等编．新编现代汉语词典．长沙：湖南出版社，1988.

［11］梁适编．百科用语分类大辞典．上海：上海古籍出版社，1989.

［12］张茂华，亓宏昌主编．中国传统文化典粹．济南：山东人民出版社，1996.

［13］袁祖舍等主编．学校审美教育全书．北京：经济出版社，1999.

［14］马克思恩格斯全集．北京：人民出版社，1979.

［15］马克思恩格斯选集．北京：人民出版社，1972.

［16］马克思．科学社会主义．北京：人民出版社，1988.

［17］马克思．1844 年经济学－哲学手稿．北京：人民出版社，1979.

［18］列宁选集（第二卷）．北京：人民出版社，1972.

［19］斯大林．马克思主义和语言学问题．北京：人民出版社，1971.

［20］毛泽东著作选读．北京：解放军文艺出版社，1986.

[21] 邓小平文选. 北京：人民出版社，1994.

[22] 中共中央文献研究室编. 江泽民论有中国特色社会主义（专题摘编）. 北京：中央文献出版社，2002.

[23] [古希腊] 柏拉图. 郭斌和，张竹明译. 理想国. 北京：商务印书馆，1986.

[24] [古希腊] 柏拉图. 申辩篇（36c）. 北京：商务印书馆，1983.

[25] [古希腊] 亚里士多德. 尼各马科伦理学. 北京：中国社会科学出版社，1990.

[26] [美] 爱德华·萨丕尔. 语言论. 陆卓元译. 北京：商务印书馆，2002.

[27] [法] 卢梭. 社会契约论. 其林译. 北京：商务印书馆，1980.

[28] [美] 希·米勒. 解读叙事. 申丹译. 北京：北京大学出版社，2002.

[29] [德] 费迪南·费尔曼. 生命哲学. 李健鸣译. 北京：华夏出版社，2000.

[30] [德] 康德. 实践理性批判. 关文运译. 北京：商务印书馆，1960.

[31] [德] 卡尔·雅斯贝尔斯. 时代的精神状况. 王德峰译. 上海：上海世纪出版集团，2003.

[32] [德] 恩斯特·卡西尔. 人论. 甘阳译. 上海译文出版社，2003.

[33] [德] 黑格尔. 哲学史讲演录. 北京：商务印书馆，1960.

[34] [美] A. 麦金太尔. 德性之后. 龚群等译. 北京：中国社会科学出版社，1995.

[35] [美] A. 麦金太尔. 谁之正义？何种合理性？. 万俊人等译. 北京：当代中国出版社，1996.

[36] [德] M. 舍勒. 价值的颠覆. 北京：三联书店，1997.

[37] [德] 卡尔·雅斯贝尔斯. 什么是教育. 邹进译. 北京：三联书店，1991.

[38] [德] 蓝德曼. 哲学人类学. 彭富春译. 北京：工人出版社，1988.

[39] [美] 赫舍尔. 人是谁. 隗仁莲译. 贵阳：贵州人民出版社，1994.

[40] [法] A. J. 格雷马斯. 结构语义学. 吴泓缈译. 北京：三联书店，

1999.

［41］［德］威廉·冯·洪堡特．论人类语言结构的差异及其对人类精神的影响．姚小平译．北京：商务印书馆，1999.

［42］［英］怀特海．教育的目的．徐汝舟译．北京：三联书店，2002 年 1 月版。

［43］［德］H. R. 尧斯．审美经验与文本解释学．顾建光等译．上海：上海译文出版社，1997.

［44］［德］海德格尔．人，诗意地安居．郜元宝译．上海：上海远东出版社，2004.

［45］［德］海德格尔．海德格尔存在哲学．孙兴周等译．北京：九州出版社，2004.

［46］［德］埃德蒙德·胡塞尔．生活世界现象学．倪梁康，张廷国译．上海：上海译文出版社，2005.

［47］［奥］维特根斯坦．逻辑哲学论．贺绍甲译．北京：商务印书馆，1996.

［48］［奥］阿尔弗雷德·阿德勒．生命对你意味着什么．周朗译．北京：国际文化出版公司，2000.

［49］［英］约翰·洛克．教育漫话．傅任敏译．北京：教育科学出版社，1999.

［50］［英］齐格蒙特·鲍曼．后现代伦理学．张成岗译．南京：江苏人民出版社，2003.

［51］［美］帕克·帕尔默．教学勇气——漫步教师心灵．吴国珍，余巍译．上海：华东师范大学出版社，2005.

［52］［美］艾伦．C. 奥恩斯坦，费朗西斯．P. 汉金斯．课程：基础、原理和问题．柯森译．南京：江苏教育出版社，2002.

［53］［美］小威廉姆．E. 多尔．后现代课程观．王红宇译．北京：教育科学出版社，2000.

［54］［美］拉尔夫·泰勒．课程与教学的基本原理．施良方译．北京：人民教育出版社，1999.

［55］［奥地利］布贝尔．品格教育//现代西方资产阶级教育思想流派论

著选. 北京：人民教育出版社，1980.

[56] [德] 威廉·狄尔泰. 体验与诗. 胡其鼎译. 北京：三联书店，2003.

[57] [德] 福禄培尔. 人的教育. 孙祖复译. 北京：人民教育出版社，1991.

[58] [美] H. 帕克. 美学原理. 张今译. 南宁：广西师范大学出版社，2001.

[59] 孔汉思，库舍尔编. 全球伦理——世界宗教议会宣言. 成都：四川人民出版社，1997.

[60] [日] 西田几多郎. 善的研究. 何倩译. 北京：商务印书馆，1965.

[61] [法] 拉罗什福科. 道德箴言. 许国政译. 哈尔滨：哈尔滨出版社，2003.

[62] [美] 安乐哲编. 孟子心性之学. 梁溪译. 北京：社会科学文献出版社，2005.

[63] [美] 布龙菲尔德. 语言论. 袁家骅等译. 北京：商务印书馆，2004.

[64] 肖前. 马克思主义哲学原理. 北京：中国人民大学出版社，1994.

[65] 黄颂杰等. 萨特其人及其“人学”. 上海：复旦大学出版社，1986.

[66] 黄藿. 理性、德行与幸福——亚里士多德伦理学研究. 台北：台湾学生书局，1996.

[67] 北京大学哲学系外国哲学史教研室编译. 古希腊罗马哲学. 北京：商务印书馆，1982.

[68] 李文阁. 回归现实生活世界. 北京：中国社会科学出版社，2002.

[69] 罗国杰，张凯之. 东方伦理道德与青少年教育. 上海：上海教育出版社，1994.

[70] 陈根法. 德性论. 上海：上海教育出版社，2004.

[71] 金生鈜. 德性与教化. 长沙：湖南大学出版社，2003.

[72] 金生鈜. 理解与教育—— 走向哲学解释学的教育哲学导论. 北京：教育科学出版社，2000.

[73] 刘铁芳. 生命与教化. 长沙：湖南大学出版社，2004.

[74] 刘铁芳. 走向生活的教育哲学. 长沙：湖南师范大学出版社，2005.

[75] 吴伟赋. 论第三种形而上学. 上海：学林出版社，2002.

[76] 蒋庆. 政治儒学——当代儒学的转向、特质与发展. 北京：三联书店，2003.

[77] 田云刚，张元洁. 人本思想研究. 北京：中国社会科学出版社，2005.

[78] 王坤庆. 精神与教育：一种教育哲学视角的当代教育反思与建构. 上海：上海教育出版社，2002.

[79] 冯建军. 生命与教育. 北京：教育科学出版社，2004.

[80] 张青兰. 人格的现代转型与塑造. 广州：广东人民出版社，2005.

[81] 刘放桐等编. 新编现代西方哲学. 北京：人民出版社，2000.

[82] 肖峰. 科学精神与人文精神. 北京：中国人民大学出版社，1994.

[83] 童庆炳. 现代心理学. 北京：中国社会科学出版社，1993.

[84] 冯增俊. 教育人类学. 南京：江苏教育出版社，1991.

[85] 张立文. 新人类学导论. 广州：广东人民出版社，2000.

[86] 吴安春. 德性教师论. 北京：人民教育出版社，2003.

[87] 刘惊铎. 道德体验论. 北京：人民教育出版社，2003.

[88] 颜青山. 挑战与回应——中国话语中死亡与垂死的德性之维. 长沙：湖南师范大学出版社，2005.

[89] 王兴康. 论语，仁者的教诲. 上海：上海古籍出版社，1997.

[90] 苗润田，杨朝明主编. 儒学与现代文明. 济南：齐鲁书社，2004.

[91] 高恒天. 道德与人的幸福. 北京：中国社会科学出版社，2004.

[92] 朱光潜. 朱光潜全集. 合肥：安徽教育出版社，1987.

[93] 李泽厚. 美学四讲. 天津：天津社会科学院出版社，2001.

[94] 李泽厚. 美的历程. 天津：天津社会科学院出版社，2001.

[95] 朱立元. 接受美学. 上海：上海人民出版社，1989.

[96] 王一川. 审美体验论. 天津：百花文艺出版社，1992.

[97] 北京大学哲学系美学教研室编. 西方美学家论美和美学. 北京：商务印书馆，1980.

[98] 梅树宝主编. 面向新世纪的美育素质教育. 北京：人民出版社，2004.

[99] 单中惠，朱镜人主编. 外国教育经典解读. 上海：上海教育出版社，2004.

[100] 潘知常. 生命美学论稿——在阐释中理解当代生命美学. 郑州：郑州大学出版社，2002.

[101] 江万秀，李春秋. 中国德育思想史. 长沙：湖南教育出版社，1992.

[102] 新中国德育50年. 福州：福建教育出版社，2000.

[103] 胡明扬等主编. 语言学概论. 北京：中国人民大学出版社，2001.

[104] 海然热. 语言人——论语言学对人文科学的贡献. 北京：三联书店，1999.

[105] 陈汝东. 语言伦理学. 北京：北京大学出版社，2001.

[106] 钱穆. 文化与教育. 南宁：广西师范大学出版社，2004.

[107] 叶圣陶集. 南京：江苏教育出版社，1993.

[108] 叶圣陶. 叶圣陶语文教育论集. 北京：教育科学出版社，1980.

[109] 罗廷光. 普通教学法. 北京：商务印书馆，1932.

[110] 张楚廷. 教育论. 长沙：湖南教育出版社，2000.

[111] 张楚廷. 课程与教学哲学. 北京：人民教育出版社，2003.

[112] 张楚廷. 高等教育哲学. 长沙：湖南教育出版社，2004.

[113] 张楚廷. 教学论纲. 北京：高等教育出版社，1999.

[114] 张楚廷. 教学论概要. 长沙：湖南教育出版社，1999.

[115] 张楚廷. 大学教学学. 长沙：湖南师范大学出版社，2002.

[116] 张楚廷. 大学人文精神构架. 长沙：湖南师范大学出版社，1996.

[117] 张楚廷，周庆元等. 学科教育学论稿. 长沙：湖南教育出版社，1997.

[118] 黄济. 教育哲学通论. 太原：山西教育出版社，2005.

[119] 黄济. 教育哲学. 北京：北京师范大学出版社，1985.

[120] 石中英. 教育哲学导论. 北京：北京师范大学出版社，2004.

[121] 陈桂生. "教育学视界"辨析. 上海：华东师范大学出版社，

1997.

[122] 陈桂生. 师道实话. 上海：华东师范大学出版社，2004.

[123] 宁虹. 教师成为研究者——国际运动、理论、路径、实践. 北京：首都师范大学出版社，2002.

[124] 王天一，夏之莲，朱美玉编. 外国教育史. 北京：北京师范大学出版社，1993.

[125] 王道俊，王汉澜. 教育学. 北京：人民教育出版社，1989.

[126] 张人杰. 大教育学. 广州：广东高等教育出版社，2003.

[127] 肖川. 教育的视界. 长沙：岳麓书社，2003.

[128] 肖川. 教育的理想与信念. 长沙：岳麓书社，2002.

[129] 肖川. 主体性道德人格教育. 北京：北京师范大学出版社，2002.

[130] 肖川. 教育的智慧与真情. 长沙：岳麓书社，2005.

[131] 郭思乐. 教育走向生本. 北京：人民教育出版社，2001.

[132] 汪霞. 现代与后现代·课程研究. 上海：上海科技出版社，2003.

[133] 刘志军. 走向理解的课程评价. 北京：中国社会科学出版社，2004.

[134] 钟启泉. 现代课程论. 上海：上海教育出版社，2003.

[135] 黄甫全，王本陆主编. 现代教学论学程. 北京：教育科学出版社，1998.

[136] 施良方. 课程理论——课程的基础、原理与问题. 北京：教育科学出版社，2005.

[137] 靳玉乐，黄清. 课程研究方法论. 重庆：西南师范大学出版社，2000.

[138] 郝德永. 课程研制方法论. 北京：教育科学出版社，2000.

[139] 丛立新. 课程论问题. 北京：教育科学出版社，2000.

[140] 石鸥. 教学病理学. 长沙：湖南教育出版社，1999.

[141] 石鸥. 教育困惑中的理性追求. 长沙：湖南师范大学出版社，2005.

[142] 张传燧. 中国教学论史纲. 长沙：湖南教育出版社，1999.

[143] 夏正江. 教学理论哲学的反思：关于“人”的问题. 上海：上海

教育出版社，2001.

[144] 金元甫．文学解释学——文学的审美阐释与意义生成．长春：东北师范大学出版社，1998.

[145] 孙青培主编．世界教育史．上海：华东师范大学出版社，1992.

[146] 孙青培主编．中国教育史．上海：华东师范大学出版社，2000.

[147] 中央教育科学研究所编．叶圣陶语文教育论集．北京：教育科学出版社，1980.

[148] 吕叔湘论语文教学．济南：山东教育出版社，1987.

[149] 张志公语文教育论集．北京：人民教育出版社，1994.

[150] 张志公．传统语文教育教材论．上海：上海教育出版社，1992.

[151] 实和活——刘国正语文教育论集．北京：人民教育出版社，1995.

[152] 朱绍禹编．中学语文教学法．北京：高等教育出版社，1988.

[153] 朱绍禹，庄文中主编．国际中小学课程教材比较研究丛书．本国语文卷．北京：人民教育出版社，2001.

[154] 张隆华主编．中国语文教育史纲．长沙：湖南师范大学出版社，1991.

[155] 张隆华，曾仲珊．中国古代语文教育史．成都：四川教育出版社，1995.

[156] 张隆华主编．语文教育学．重庆：重庆出版社，1987.

[157] 周庆元．语文教育研究概论．长沙：湖南人民出版社，2005.

[158] 周庆元．语文教学设计论．南宁：广西教育出版社，1996.

[159] 周庆元等．简明中学语文学科教育学．北京：中国人民公安大学出版社，1997.

[160] 周庆元．中学语文教育心理研究．长沙：湖南师范大学出版社，1999.

[161] 周庆元主编．中学语文教材概论．长沙：湖南出版社，1994.

[162] 周庆元主编．中学语文教学原理．长沙：湖南教育出版社，1992.

[163] 周庆元等主编．语文教师职业技能训练教程．北京：高等教育出版社，1996.

[164] 倪文锦，欧阳汝颖主编．语文教育展望．上海：华东师范大学出

版社，2002.

［165］倪文锦．语文考试论．南宁：广西教育出版社，1993.

［166］饶杰腾．语文学科教育学．北京：首都师范大学出版社，2000.

［167］李杏保，陈钟梁．纵论语文教育观．北京：社会科学文献出版社，2001.

［168］曹明海．文学解读学导论．北京：人民文学出版社，1997.

［169］曹明海．语文教育智慧论．青岛：青岛海洋大学出版社，2001.

［170］曹明海，张秀清编．语文教育文化研究．济南：山东人民出版社，2005.

［171］曹明海，陈秀春．语文教育文化学．济南：山东教育出版社，2005.

［172］李维鼎．语文言意论．上海：上海教育出版社，2000.

［173］李维鼎．语文课程初论．杭州：浙江教育出版社，2004.

［174］李维鼎．语文教材别论．杭州：浙江教育出版社，2004.

［175］李海林．言语教学论．上海：上海教育出版社，2000.

［176］于源溟．语文教学过程论．济南：济南出版社，1997.

［177］程达．语文学科论．长沙：湖南教育出版社，1998.

［178］程达．语文教学目标论．长沙：湖南教育出版社，2000.

［179］张良田．教学手段论．长沙：湖南教育出版社，1999.

［180］赵厚玉．语文教育学的现代阐释．北京：中央编译出版社，2003.

［181］十二院校编．中学语文教学法．北京：人民教育出版社，1980.

［182］陶本一，王光龙主编．语文学科教育学．太原：山西高校联合出版社，1991.

［183］白金声编．语文德育渗透艺术．北京：中国林业出版社，2000.

［184］陈黎明，林化君．20 世纪中国语文教学．青岛：青岛海洋大学出版社，2002.

［185］盛晓明．话语规则与知识基础——语作学维度．北京：学术出版社，2000.

［186］索振羽．语用学教程．北京：北京大学出版社，2000.

［187］汉语文化语用学——人文网络语言学．北京：清华大学出版社，

2002.

[188] 黄耀红. 没有语文的语文课. 长沙：湖南少儿出版社，2002.

[189] 邢永富. 素质教育——观念的变革与创新. 太原：山西教育出版社，2003.

[190] 崔相录. 素质教育——中小学教育改革的主旋律. 济南：山东教育出版社，1999.

[191] 杨连登. 教育兴民论. 长沙：湖南人民出版社，2002.

[192] 钱源伟. 社会素质教育论. 广州：广东教育出版社，2001.

[193] 林有祥. 感性教学论. 兰州：甘肃文化出版社，2004.

[194] 王晓春. 今天怎样做教师——点评100个教育案例（中学）. 上海：华东师范大学出版社，2005.

[195] 魏书生语文教育改革探索. 沈阳：辽宁人民出版社，1986.

[196] 王丽编. 中国语文教育忧思录. 北京：教育科学出版社，1998.

[197] 江明主编. 问题与对策——也谈中国语文教育. 北京：教育科学出版社，2000.

[198]《语文学习》编辑部. 教学争鸣录. 上海：上海教育出版社，2000.

[199] 瞿葆奎主编. 中国教育研究新进展——2001. 上海：华东师范大学出版社.

[200] 瞿葆奎主编. 中国教育研究新进展——2002. 上海：华东师范大学出版社.

[201] 瞿葆奎主编. 中国教育研究新进展——2003. 上海：华东师范大学出版社.

[202] 瞿葆奎主编. 中国教育研究新进展——2004. 上海：华东师范大学出版社.

[203] 李定仁，徐继存编. 课程论研究二十年（1979—1999）. 北京：人民教育出版社，2004.

[204] 中华人民共和国教育部、国际合作与交流司组编. 国外基础教育调研报告. 北京：首都师范大学出版社，2001.

[205] 祝怀新. 英国基础教育. 广州：广东教育出版社，2003.

[206] 王学风. 新加坡基础教育. 广州：广东教育出版社，2003.

[207] 钟启泉，安桂清编. 研究性学习理论基础. 上海：上海教育出版社，2003.

[208] 中华人民共和国教育部制订. 全日制义务教育语文课程标准（实验稿）. 北京：北京师范大学出版社，2001.

[209] 中华人民共和国教育部制订. 普通高中语文课程标准（实验）. 北京：人民教育出版社，2003.

[210] 教育部基础教育司组织，语文课程标准研制组编写. 全日制义务教育语文课程标准（实验稿）解读. 武汉：湖北教育出版社，2002.

[211] 秦训刚，蒋红森主编. 高中语文课程标准教师读本. 武汉：华中师范大学出版社，2003.

[212] 课程教材研究所编. 20 世纪中国中小学课程标准 · 教学大纲汇编[课程（教学）计划卷]. 北京：人民教育出版社，2001.

[213] 课程教材研究所编. 20 世纪中国中小学课程标准 · 教学大纲汇编（语文卷）. 北京：人民教育出版社，2001.

[214] 肖启宏. 汉字通易经. 北京：新世界出版社，2004.

[215] 肖启宏. 信仰字中寻. 北京：新世界出版社，2003.

[216] 肖启宏. 中国汉字经. 北京：新世界出版社，2003.

[217] 赵世民. 汉字，中国文化的基因（二）. 南宁：广西人民出版社，2003.

[218] 朱贻庭主编. 中国传统伦理思想史. 上海：华东师范大学出版社，1989.

[219] 郭声健. 艺术教育论. 上海：上海教育出版社，1999.

[220] 郭声健. 艺术教育. 北京：教育科学出版社，2001.

[221] 郭声健. 艺术教育的审美品格. 长沙：湖南师范大学出版社，2005.

2. **论文类**

[1] [韩] 金圣基. 儒教伦理学与二十一世纪//儒学与现代文明. 苗润田，杨朝明主编. 济南：齐鲁书社，2004.

[2] [德] M. 舍勒. 基督教的爱理念与当今世界//爱的秩序. 北京: 三联书店, 1995.

[3] [韩] 金东洙. 儒教与德治//载苗润田, 杨朝明. 儒学与现代文明. 济南: 齐鲁书社, 2004.

[4] [美] 霍华德·加德纳. 未来的教育: 德育的科学基础和价值基础. 教育研究, 2005 (2).

[5] [美] 拉尔夫. W. 泰勒. 20 世纪五大课程事件. 课程·教材·教法, 1991 (6).

[6] 张楚廷. 课程与课程论研究发展的十大趋势. 课程·教材·教法, 2002 (1).

[7] 张楚廷. 素质: 人的内在之物. 湖南师范大学社会科学学报, 1996 (4).

[8] 张楚廷. 新世纪: 教育与人. 高等教育研究, 2001 (4).

[9] 张楚廷. 课程的"五 I"构想. 课程·教材·教法, 2003 (11).

[10] 周庆元. 关于写作教学过程的思考. 课程·教材·教法, 1992 (11).

[11] 周庆元. 语文教育旨在提高语文素养. 湖南师范大学社会科学学报, 1993 (6).

[12] 周庆元. 探讨我国语文学科设科 90 年来的历史经验与发展趋向. 中国教育学刊, 1993 (6).

[13] 周庆元. 语文教师职业技能训练概说. 高等师范教育研究, 1995 (6).

[14] 周庆元. 21 世纪中国语文教育的全方位突破. 湖南师范大学社会科学学报, 1996 (3).

[15] 周庆元. 建构语文教材新模式. 中学语文, 1996 (9).

[16] 周庆元. 论语文学科教育的科学定位. 现代教育研究, 1999 (3).

[17] 周庆元. 实施素质教育三要领. 湖南教育, 1999 (6).

[18] 周庆元. 新世纪语文教育的神圣使命. 语文教学通讯, 2001 (20).

[19] 周庆元. 对语文教育的思考. 湖南教育, 2002 (6).

[20] 周庆元. 语文教学论科学化的不懈求索. 语文教学通讯, 2003

(9).

[21] 周庆元，于源溟. 诵读法的历时演化与现时解读. 中国教育学刊，2004 (10).

[22] 周庆元，胡绪阳. 如何认识学生的全面发展. 教育研究，2005 (7).

[23] 周庆元，胡绪阳. 走向美育的完整. 教育研究，2006 (4).

[24] 石鸥. 素质教育取向研究的思考. 中国教育学刊，1999 (3).

[25] 石鸥. 我们从素质教育那里期望什么——素质教育研究之一. 湖南师范大学社会科学学报，1996 (5).

[26] 石鸥. 我们期望什么样的素质教育——素质教育研究之二. 湖南师范大学社会科学学报，1997 (4).

[27] 石鸥. 我们期望素质教育培养什么样的学生——素质教育研究之三. 湖南师范大学社会科学学报，1998 (5).

[28] 石鸥. 在过程中体验——从新课程改革关注情感体验价值谈起. 课程·教材·教法，2002 (2).

[29] 张传燧. 论21世纪中国教学论发展趋势. 广西师范大学学报（哲学社会科学版），2002 (1).

[30] 张传燧. 魏晋"言意之辨"及其教育思想. 西南师范大学学报（哲学社会科学版），1997 (1).

[31] 张传燧. 教育过程中主体的作用及其转换. 教育理论与实践，1999 (3).

[32] 张传燧. 老师的类型及其素质培养探析. 高等师范教育研究，2000 (1).

[33] 张传燧. 加强课程教材评价，推动课程建设. 课程·教材·教法，1997 (7).

[34] 刘要悟. 教育学的未来发展. 教育评论，2000 (2).

[35] 刘要悟. 试析课程与教学论的关系. 教育研究，1996 (4).

[36] 刘要悟. 论老师与课程评价. 教育科学，2000 (1).

[37] 刘要悟. 教学评价的基本问题和主要工作. 西北师范大学学报，1994 (5).

[38] 胡绪阳. 德性人生，教育的生命视点. 湖南师范大学教育科学学报，2006（3）.

[39] 胡绪阳. 德性本质疏论. 求索，2006（4）.

[40] 马智强. 语文教学的世纪性思考. 中学语文教学，1996（4）.

[41] 车玉玲. 形而上学是人的本性需求. 江海学刊，2004（4）.

[42] 杨维文. 苏霍姆林斯基教育思想国际研讨会综述. 教育研究，2005（2）.

[43] 田慧生. 时代呼唤教育及智慧型教师. 教育研究，2005（2）.

[44] 陈钟梁. 语文学科的德育功能. 上海教育（中学版），1989（11）.

[45] 钟雨. 坚持正确方向不断深化改革——谈中学语文教材思想道德教育. 课程·教材·教法，2005（2）.

[46] 穆济波. 中学校国文教学问题. 中等教育，1923（第2卷第5期）.

[47] 叶绍钧. 小学国文教授的诸问题. 教育杂志，1992（第14卷第1号）.

[48] 吴良俫. 变语文训练为语文教育——关于教材改革策略的若干思考. 中学语文教学，1989（4）.

[49] 吴康宁. 中国大陆小学“品德”教学大纲的社会学研究——兼与台湾小学“道德课程”标准相比较. 南京师范大学学报（社会科学版），2001（3）.

[50] 叶芳云. 中美学校道德教育内容比较及启示. 河南师范大学学报（社会科学版），2001（3）.

[51] 顾黄初. 语文教育研究的理论跋涉. 中学语文教学参考，1989（8）.

[52] 朱小蔓. 当代德育新理论丛书·总序//刘惊铎. 道德体验论. 北京：人民教育出版社，2003（5）.

[53] 阎立钦. 我国语文教育与近代以来社会变迁的关系及启示. 教育研究，1998（3）.

[54] 黄甫全. 大课程论初探. 华南师范大学学报，2000（5）.

[55] 黄甫全. 课程理想与课程评价——世纪之交对课程评价指标体系构建的文化思考. 华南师范大学学报（社科版），1996（6）.

[56] 黄甫全. 新中国课程研究的回顾与展望. 教育研究，1999（12）.

[57] 黄甫全. 整合课程与课程整合论. 课程·教材·教法，1996（10）.

[58] 卫灿金. 中国语文教育的两次重大转变. 语文教学通讯，1995（1）.

[59] 陈钟梁. 期待：语文教育的第三次转变. 语文学习，1996（9）.

[60] 眭依凡. 简论教育理念. 江西教育科研，2000（8）.

[61] 李萍，钟明华. 教育的迷茫在哪里——教育理念的反省. 上海高教研究，1998（5）.

[62] 剖析教师的“口头禅”. 教育参考，2003（5）.

[63] 李协东. 关于日本的教师教育及评价. 教育情报参考，2004（1）.

[64] 王楠，王彦. 教师叙事：在实践中体悟生命. 教育研究，2005（2）.

[65] 于伟，胡娇. 教育哲学专业委员会第十二届学术年会暨教育哲学国际研讨会综述. 教育研究，2005（2）.

[66] 阎立本. “基础教育课程教材改革理论丛书”总序//丛立新. 课程论问题. 北京：教育科学出版社，2002（1）.

[67] 刘洁. 现象学教育学中的故事. 教育研究，2005（2）.

[68] 太玄范文之研究. 教育研究（第七卷第十号），1915//语文建设，2005（3）.

[69] 金生鈜. 反主体教育的反思与主体教育的构想. 教育导刊，1995（12）.

[70] 金生鈜. 教育的多元价值取向与公民的培养. 教育理论与实践，2000（8）.

[71] 梁慧. 康德关于人的本质的论述. 杭州大学学报，1995（2）.

[72] 卢家楣. 教学的基本矛盾新论. 教育研究，2004（5）.

[73] 郭思乐. 德育的真正基础：学生的美好学习生活——论教学生态在德育中的地位. 教育研究，2005（10）.

[74] 为“生命·实践教育学派”的创建而努力——叶澜教授访谈录. 教育研究，2004（2）.

[75] 余秋雨. 评《读者》. 读者，2005（21）.

[76] 黎晓春，张燕. 读者成为高考作文的"风向标". 读者，2005（21）.

[77] 陈秉公."两课"改革要理清的几个范畴. 光明日报，2004-05-20.

[78] 蒋均时. 论小康社会本质及其特征. 中国政治，2005（2）

[79] 于源溟. 预成性语文课程基点批判［博士学位论文］. 湖南师范大学图书馆，湖南师范大学研究生处，2005.

[80] 燕良轼. 教学的生命视野研究［博士学位论文］. 湖南师范大学图书馆，湖南师范大学研究生处，2005.

[81] 刘宇文. 社本主义教育反思［博士学位论文］. 湖南师范大学图书馆，湖南师范大学研究生处，2005 年.

[82] 韩军. 论人的语文生活. www. cbe21. com.

[83] 钟圣校. 生命教育的另类可能——谈情意沟通理论在大学之实践发现. http：//210. 60. 194. 100/lite2000/net-university/paper/net-uni-paper-Dl. htm.

[84] 李海林. 语文本体与语文构成. 湖州教育网：http：//www. huedu. nt2004-05-28.

[85] 黄伟. 语文教育的三维建构——《全日制义务教育语文课程标准（实验稿）》的一种解读. http：//www. pep. com. cn.

3. **英文论著类**

[1] T. T. Aoki（1983）Towards a Dialectic Between the Conceptual World and the Lived World：Transcending Instrumentalism in Curriculum Orientation，Journal of Curriculum Theorizing，5（4），pp. 11-12. .

[2] Marx Van Manen. The Tom of Teaching. The Althouse Press，2002，50.

[3] Carl Rogers. Client-centered therapy. pp. 338，1951.

[4] Carl Rogers. A way of being. pp. 268，1980.

[5] Cuy Cook：principles in Applied Linguistics，上海：上海外语教育出版社，1999.

[6] Penny Ur：A Course in Language：Practice and Theory，上海：上海外语教育出版社，1999.

[7] William H Schubert: Curriculum: Perspective, Paradigm and Possibility, Macmillan Publishing Company 1986.

[8] Apple, M. W. The Politics of Official Knowledge: Does a National Curriculum Make Sense? Teachers College Record, 1995, No. 2.

[9] Apple, M. W. Ideology and Curriculum. N. Y.: Routledge. 1990.

[10] Bourdieu, P. The Field of Cultural Product: Essays on Art and Literature. Cambridge: Polity. 1993.

[11] Jakson, P. W. Life in Classroom. London: Teachers College Press. 1968.

[12] Lortie, D. C. School-Teacher: A Sociological Study. London: The University of Chicago Press. 1975.

[13] Dreeben, R. The Nature of Teaching. Dallas: Foresman and Company. 1970.

[14] Goud, Nelson. Spiritual and Ethical Beliefs of Humanists in the Counseling Profession. Journal of Counseling and Development, 1990, Vol. 68. No. 5.

[15] Castenell, A. and William F. Pinar, (ed.) Understanding Curriculum as RacialText. New York: State University of New York Press. 1993.

后 记

“澹荡春色，悠扬怀抱。”又一个春天的来临！我这段笔耕心耘之路，从秋天走到了春天，走到了我精神收获的春天。

我看见不少的写作人，尤其是那些初次面对长期耕耘而带来艰辛收获的人，总要在书稿之末写上一段动情的话，其中充满了言说不尽的感慨、感动与感谢。此刻，我的心情和他们一样，甚至更早一些，我就想写下我心中的那些感受、这种心情。是啊，经历冬天的人知冷，穿过夏日的人知热，牵手春天的人知美，放步秋天的人知实！

回首攻读博士学位的三年时光，尤其是近一年的论文写作过程，我想起了荷尔德林两句著名的诗句：

充满劳绩，然而人诗意地，
栖居在这片大地上。

诗人怎么能有如此美好的诗句来展示这些时间里我的辛苦与快乐呢！

选择“读博”，是选择一种生活的姿态、一次生命的投入。对有的人来说，读博士可能是为了事业和学术，有的人可能是为了职业与生存，也有的人可能是为了名分和光环，而我却是为了生活的过程和生命的本身，也是为了钟情的教育和爱着的语文。我知道，读博是一段充满着艰辛的路途，尤其像我这样一个以社会工作为业的职员，工作繁忙，职责繁重，再加上自身本来学术理论储备不够，学力不足，要完成高要求的博士学习简直太难。但我也深知，不停的学习有多么重要，学习型社会由每一个学习型的人生组成。一个人，学习的厚度有多厚，人生的底蕴就有多厚；学习的高度有多高，人的生命品质就有多高。因此我珍惜，我投入，我自勉，在学习与写作中我勤勤恳恳，用尽心力。由此，我在触及学术、取得知识与理论收获的同时，也更获得了当下生活的圆融和自我生命的成长，我在读博中经历着、充盈着、享受着应然的生活与生命。

选择专业，是选择一分心灵的感情、一次学术的探险。作为一名社会工作者，我选择课程与教学论作为博士攻读专业，在有的人看来，是一种不明智，这样的选择看不到功利意义，也没有当下社会流行的诸多显学的时髦。然而，我的师范教育背景，我曾经在全国著名的湖南师大附中六年的语文教育教学实践经历，我现任的本职工作也与教育联系紧密，培养了我对教育难以割舍的深情，尤其是对语文教育充满着一种自负的责任感。课程与教学是学校教育的核心所在，课程与教学论又是当前我国教育理论方兴而又还很不成熟的理论园地，正值得每一位深爱教育的人士为之付出心血与智慧。坦白说，导师给我提供的论文方向是多面的，比如说根据自身工作特点选择理论难度相对较小的论题。但我想，身为杏园一棵树，开花理当开杏花，我选择了语文品质研究的论题方向，并最终选定本文的论题。这个论题的学术高度和难度对我来说可想而知，这真正是一次学术的探险！为此我备尝了哲学学习和语文理论研究的艰辛！十月怀胎伴随的是始终的喜悦、幸福与憧憬，而学位论文的写作过程则是精神的一种持久考问、磨难与涅槃。正如许多师长和朋友所看到和感受的一样，我对学习和写作是十分认真的，我乐于笨鸟先飞、愚子多行，尽管学习多有疏漏，论文多有毛糙，但我对自己的行动是欣慰的，甚至于我也有些自我的感动。

往事不依稀，随风到心头。生命的经历已然浸入生命之中。在这里，我要感谢太多的人——那些在我学习和论文写作期间带领与教诲、支持与帮助、关心与鼓励我的人，那些生命中注定相遇并让我生存在他们的情感、思想、智慧和精神中的人。

我首先要感谢恩师周庆元教授。周庆元教授是我大学的老师，也是我妻子的硕士导师，过去交往不多，但精神早已详闻，恩情早已甚厚。他凭借自己的才华与勤奋，凭借自己对教育的深爱和对学术的钟情，在语文教育研究领域矻矻以求，并硕果累累，成为该领域的一代名家。也凭借忠于人、忠于事的美德，凭借严于律己、严于律生、严于治学的崇高师范，赢得了师生的景仰。师从先生，幸甚至哉！从怀着崇敬之心求师门下伊始，我就受到恩师真切的关心、鼓励与支持。三年学习期间，在广为读书、深作思考、增厚理论储备、多加精力投入上对我多有要求和鞭策。在论文撰写期间，经常垂问详情，提供资料，把握方向，引导思维，在写作之路上为我导航。在阅改论文中，为了给我抢出时间，牺牲春节，不顾劳累，对文本字斟句酌，精批细改，亦扬亦质，无有宽懈，仅在论文文本规范上，就多次主动帮助我下载发送了数十页的编写格式资料。在我学业学术之外，还经常过问我的工作情况，关心我的身体，看望我的家小，宣传我的努力。——由此我感知着名师名家之所以成就之由。我心存敬爱，情动终生。

我要由衷地感谢我爱戴的导师张楚廷教授。他是我大学时的校长，我国著名的教育家，真是高山仰止，敬佩之心无以言说。从考博伊始，我就在读着他那些最深刻、最缜密、也最优美的理论著作中培养着理论兴趣，生长着理论品质，他的理论阐述风格让我惊羡不已；我在听着他那些最深奥、最睿智、也最和谐的学术讲课中感受着学术的意味，享受着学术的美妙，他的课堂讲授情境令我不甘离席。更受益的是与他的交谈，他给我谈的是经历的也更是经验的，是感性的也更是理性的，是生活的也更是生命的，在不多次数的访谈中，他教给了我多少的知识与智慧！作为一名社会工作者来投师专业理论的学习与研究，张楚廷教授对我有个从怀疑到观察到认可再到赏识的过程，这本身就告诉我，诚信、勤勉、好学、敬业对一个人是如此地有意义！对论文的指导，张楚廷教授总是微言大义，每说出一个语词，都教我不由得肃然反思或深思，都点明着我的思维进退的方向。他的学术精神、工作精神和人文精神将不断地激励和引领我的成长，在现在，在未来。

我要深情感谢导师组其他各位导师：富有激情与思辨的优秀理论品质的石鸥教授、具有深厚文学文化素养的张传燧教授、具有深厚教育理论学养的真诚的刘要悟教授、有着灵敏的艺术感受力和深厚美学修养的郭声健教授。学习期间，他们都给予了我许多的帮助、指教、关心与鼓励，他们都是我学业的良师和成长的益友，他们的无私教诲，我谨记于怀。

我诚挚感谢刘湘溶校长对我学业的指引和支持，他的教诲、鼓励和严格要求，让我充满着信心和力量。感谢雷绍业博士、黄文彬博士、刘宇文博士在我读博期间学习与生活上的帮助。感谢学兄于源溟博士对我论文真诚的指正。感谢刘铁芳博士、燕良轼博士、颜青山博士对我论文的哲学理论指导。

我深深地感谢我敬爱的同学们：马卫平、常思亮、刘丽群、颜中玉、周劲松、雷冬玉、熊和平、谌安荣、钟虹滨、刘敏、王北海、李祖祥，他们好学上进、勤奋敬业的精神总是深深地感染着我，他们在信息联络、资料借阅、学习事务方面给予了我极大的帮助，更在精神上获得了共同的砥砺与鼓舞。与他们在一起的听课、讨论以及聚会，让我体会到“招君子以偕乐，携淑人以微行”的幸福和温馨，成了我今生美丽的珍藏。感谢硕士研究生张富国、羊巨波同学在图书借阅、收集整理文献资料方面提供的有力帮助。感谢唐一萍同学对我各论文摘要英译细致的指导和审译。他们无私的帮助，他们聪颖的才智，他们真诚可靠的品质，令人不忘。我感谢学校研究生处和教育科学学院的各位领导和老师，他们为我们的学习做了大量艰苦细致的工作，是他们的双手托起了我们今天的学业之成！

我无限感谢单位领导和同事们对我博士学习给予的鼓励与支持。湖南省委组织部副部长何泽中博士是我学习的引路人，他自身永求上进、追求高格的学习型人生的精神风范，他对下属在学习方面的高要求，是我立心博士学习的直接动力和精神源泉。他对我的学位论文给予了许多真灼的建议和睿智的指点。在我博士备考和学习期间，盛荣华、由红军、邓群策处长在工作安排和学习时间上给了我充分的关照和支持。黄爱华、张子云处长给了我诸多的精神鼓励和智慧支持。唐耿同志多次受托帮助我购借书籍，颇有劳顿。学位论文写作阶段，我在参加先进性教育活动督导工作，督导组的领导和同志们给了我大力支持，承担了许多本应由我承担的工作任务，钟波同志还专门为我上网查资料，作论文技术性指导，进行文稿校对，做了大量辅助工作，诚心可鉴，永当铭记。

我要感谢所有关心支持着我的学业的朋友们，他们关心我的学习和写作进展，关心我的身体和生活状况，他们无私的支援、热情的鼓励，给了我莫大的精神慰藉，他们每一句关切的问候，都让我备感温暖，备感力量。

我要好好地感谢我的亲人们，他们为我的进取而骄傲，也为我的辛苦而忧心。七岁的女儿刚学电脑打字，可为了电脑和论文的安全，我要求她暂时少用或不用家中电脑，对此，她有着幼稚的委屈和懂事的服从，她的那篇有着五颜六色的文字的“我爱北京”的小作文一直保持着初写的那三行文字。许多应该是陪着她在草地和阳光之间的时间，我却安然于电脑之前。

“春秫作美酒，酒熟吾自斟。”博士学习定然是我生命中的华章，我将永远深记着蕴藉其中的“劳绩”与“诗意”，深记着定格其中的恩情的人，生动的事，以及美好的时光！

拙文被审评为省重点学科湖南师范大学课程与教学论专业资助出版论文，为此，我深深感谢母校的鼓励与支持！同时深深感谢为此书出版付出辛劳的所有人。出版此书，一方面当然是为了伸张自己的想法，而很重要的一方面，则是为了求得与大家、同仁、读者们共同研究探讨书中的话题，其中的不足有赖于谅解，错误有期于指正。

胡绪阳

2008 年 5 月 5 日于长沙蓉园